OKR
전설적인 벤처투자자가
구글에 전해준 성공 방식

훌륭한 경영자를 꿈꾸는 모든 사람에게 이 책을 권한다.
– 빌 게이츠(Bill Gates), 마이크로소프트 설립자

존 도어는 기업가와 자선 사업가에게 가장 중요한 것은 실천이라는 진리를 가르쳐 주었다. 그는 이 책에서 기업과 팀이 어떻게 목표를 세우고, 신속하게 실행에 옮기고, 최고의 성과를 달성할 수 있는지 보여준다.
– 셰릴 샌드버그(Sheryl Sandberg), 페이스북 COO, 비영리단체 LeanIn.org와 OptionB.org 설립자

이 책은 다양한 분야에서 성과를 책임지는 모든 이들이 환영할 만한 작품이다. 존 도어는 앤디 그로브를 우리 모두의 멘토로 만들어줬다. 모든 조직과 리더, 혹은 개인이 끈기와 상상력을 발휘하여 OKR 시스템을 자신의 조직에 적용한다면 우리 사회는 생산성과 혁신에서 놀라운 성장을 확인하게 될 것이다.
– 짐 콜린스(Jim Collins), 《좋은 기업을 넘어 위대한 기업으로》의 저자

존 도어는 세상을 바꾼 상징적인 실리콘밸리 조직에서 경영 마법의 원천이었다. 이 책은 조직을 혁신하려는 모든 리더의 필독서다.
– 앨 고어(Al Gore), 전 미국 부통령, 기후 프로젝트 회장

존 도어는 앤디 그로브가 남긴 최고의 유산이라 할 수 있는 인텔의 강력한 OKR 시스템을 창조한 이야기 속으로 우리를 안내한다.
– 고든 무어(Gordon Moore), 인텔 공동 설립자이자 전 회장

실리콘밸리에서 경험한 놀라운 기술의 역사를 담은 이 책은 크고 작은 조직을 위한 필수 지침서다. 그가 소개한 방법 모두 즉각적인 실천을 자극한다.
– 다이앤 그린(Diane Greene), VM웨어 설립자이자 CEO, 알파벳 이사, 구글 클라우드 CEO

실리콘밸리의 전설 존 도어가 직접 쓴 OKR 안내서가 드디어 출간되었다. 실리콘밸리의 많은 기업이 혁신적인 성과를 내는 위대한 조직으로 성장할 수 있었던 배경에는 "OKR을 통한 조직 운영"이 있었다. 이 책을 통해 혁신을 지향하는 한국의 기업들이 조직 운영의 인사이트를 얻고 한 단계 더 성장할 수 있기를 바란다.

– 황성현, 카카오 부사장

이 책은 미국 출간 당시부터 스타트업계의 '필독서'로 간주되어 왔다. OKR은 실행 과정에서 두가지 가치를 경험할 수 있다. 하나는 팀의 구성원들이 주인의식을 갖게 되는 것이고, 또 하나는 의미 있고 체계화된 팀워크를 경험하게 된다는 것이다. 이 두 가치가 OKR의 철학이자 핵심목표라고 해도 과언이 아니다. 스타트업뿐만이 아니라, 불확실성 및 복잡함 속에서 빠르고 효율적으로 결과를 만들어야 하는 모든 조직에게 OKR은 큰 도움이 될 것이다.

– 한상협, 구글캠퍼스 한국 총괄

실리콘밸리 기업들은 어떻게 효율적으로 목표를 설정하고 빠르게 실행해 가는지 궁금했다. 이 책은 그 근원에 인텔 앤디 그로브가 만든 OKR이 있고 이 단순한 방법론이 어떻게 실리콘밸리 혁신회사들의 성장엔진으로 작동했는지를 보여준다. 구글부터 다양한 실리콘밸리 스타트업의 OKR사례도 나온다. 누나의 지니 김, 마이피트니스팔 마이크 리 등 한인스타트업의 사례도 자세히 나오는 것이 흥미롭다.

– 임정욱, 스타트업얼라이언스 센터장

이 책은 조직원들이 자율적으로 조직의 사명과 목표에 집중하게 하는 방식인 OKR을 자세하게 소개하는 지침서이다. 조직의 경영 목표를 개인의 업무에 구체적으로 연계해 달성하고 측정하게 하는 OKR 시스템은 불확실성이 증대되는 경영환경에서 모든 조직에 우선적으로 필요한 경영방식이라고 확신한다.

– 최호연, 유한킴벌리 전무·HR부문장

우리 시대의 가장 유명한 벤처투자자 존 도어는 이 탁월한 저서에서 비즈니스 혁신과 성공의 열쇠를 건네준다. 또한 흥미로운 사례와 통찰력 넘치는 개인적인 경험을 하나로 엮어서 OKR이 어떻게 모든 조직에 마법을 더해주는지 보여준다.
– 월터 아이작슨(Walter Isaacson), 《스티브 잡스》와 《이노베이터》 저자

경험 많은 CEO든 신참 기업가든 이 책에서 의미 있는 교훈과 도구, 영감을 반드시 발견하게 될 것이다. 존이 자신의 아이디어를 세상에 공유해줘서 기쁘다.
– 리드 호프먼(Reid Hoffman), 링크드인 공동 설립자이자 《어떻게 나를 최고로 만드는가》 저자

개인과 조직의 목표 설정 방식을 완전히 바꿔놓을 책이다. 소규모 신생 기업이든 대규모 글로벌 기업이든, 존 도어는 모든 리더가 핵심적이고 목표 지향적인 비즈니스 환경을 구축하는 데 깊이 고민하도록 한다.
– 멜로디 홉슨(Mellody Hobson), 아리엘 인베스트먼츠 대표

존 도어는 실리콘밸리의 전설이다. 이 책은 투명한 방식으로 목표를 세우고 OKR을 정의함으로써 조직을 정렬해 성과를 향상시킬 획기적인 방법을 소개한다.
– 조너선 레빈(Jonathan Levin), 스탠퍼드 경영대학원 원장

이 책은 투명하고, 책임감 강하고, 효율적인 조직을 만들고자 하는 모든 리더와 기업인들을 위한 선물이다. 존 도어는 우리에게 조직을 혁신시킬 담대한 도전을 시작하라고 촉구한다.
– 존 체임버스(John Chambers), 시스코 회장

한국의 많은 기업들이 성과관리 체계의 대안을 찾기 위해 고심하고 있다. 컨설턴트 시절, OKR을 기반으로 고객 기업의 성과관리 체계 개선을 도우면서, OKR이 그 대안이 될 수 있다는 확신이 들었다. 이 책 《OKR》은 OKR의 원칙, 실행 가이드와 함께 다양한 사례를 담고 있어 혁신 기업들이 OKR의 교과서로 삼을 만하다.
– 정민호, ㈜에프엔에프 HR Director

회사에 다닐 때, MBO가 굉장히 좋은 목표관리 방법인데 실행이 잘 안 되는 것에 아쉬움이 있었다. 이후에 스타트업에 투자했을 때도 비슷한 좌절을 하면서 느낀 것이다. 이 책은 목표 수립과 결과 달성에 대해서 여러 다양한 형태의 조직에 훌륭한 지침서가 되리라 생각한다. 그리고 이는 존 도어가 구글과 아마존 같은 회사에 투자를 하고 어떻게 OKR을 전파했는지 살펴봄으로써 확신할 수 있을 것이다.
– 정장환, 아쇼카 한국 부대표

문제의 핵심은 모두가 목표에 동의하고 있을 것이라고 착각하고 열심히만 달려가는 습관이다. 심지어 3명이 모인 스타트업 내에서도 서로 다른 목표를 가지고 있었다는 사실을 알고 놀라는 일이 의외로 많다. 쉬운 일은 아니지만, OKR이 강조하는 목표의 공유와 투명성 원칙을 스타트업이 받아들인다면 우리는 "한국적 조직문화"를 바꿀 기회를 드디어 얻게 될 것이다.
– 박상현, 메디아티 콘텐츠랩장

우리나라가 IMF 이후 KPI와 MBO 기반의 상대평가를 글로벌 스탠다드라는 이름으로 열심히 도입하고 있을 즈음, 구글은 인텔이 1970년대 시작한 OKR을 받아들였다.

지금까지 우리가 사용해 왔던 평가체계인 MBO는 그 원조가 피터 드러커라고들 한다. 반은 맞고, 반은 틀린 말이다. 피터 드러커가 말한 MBO는 엄밀히 말하자면 MBO & 자기통제(self-control)다. 즉 자율적으로 조직의 사명과 목표에 근거하여, 스스로 목표를 세우고, 자기통제를 통해 조직 성과를 창출하는 것을 말한다. 하지만 아쉽게도 자기통제 개념의 MBO를 쓰는 곳은 찾아보기가 어렵다. 우리가 글로벌 스탠다드라고 받아들였던 MBO는 자기통제(self-control)가 아닌 그냥 통제(control)식의 테일러식 MBO라고 하는 것이 정확할 것이다. 바로 효율적인 통제와 관리 중심의 MBO로서, 목표 대비 달성률에 따라 보상을 결정하는 기계적인 기준 마련에만 집중하여 활용되었다.

그 결과, 구성원들은 도전적이고 창의적인 목표를 수립하기보다는 보상을 더 받기 위해 최대한 달성 가능성이 높은 목표와 쉬운 일만 추구하게 만드는 조직 문화를 강화시켜 왔다. 또한 경영층에서 지시하는 소위 '수명업무'를 빨리 그리고 많이 처리하는 것이 일을 잘하는 것으로 인정받는 분위기 속에서, 조직은 목표에 대한 집중력을 상실해 가고 성과 없이(혹은 낮은 성과로) 일만 많이 하는 '일 포화 상태'에 빠져가고 있다. 성과와 성장을 잊은 채, 업무에 지쳐가고 있는 우리의 일터 문화가 점점 더 우려스러워지는 현실이다.

변화의 시작

많은 기업들이 글로벌 경쟁환경에서 더 큰 성과를 내지 못하는 경쟁력의 한계를 경험하면서, 더 이상 내부 경쟁과 상대평가로 직원을 구분하는 것이 성과 창출에 있어 효과가 없다는 것을 경험으로 알아가고 있다. 심지어는 스타트업들조차도 매력적인 사업 아이디어와 비즈니스 모델로 초기 투자유치에 성공한 후, 내부적으로 성과를 창출하지 못하고 정체를 겪거나, 급기야는 성과 급락을 경험하기도 한다.

대기업이나 중견기업들은 성과 정체의 현실을 뚫고 갈 대안을 찾고 있고, 중소기업과 스타트업들은 성과를 지속적으로 낼 수 있는 방법에 목말라 있다. 이제는 직원들이 주어진 일만 받아서 처리하기보다는 '어떻게 하면, 자율적으로 협력해서 도전적인 일을 하고, 조직의 성과를 창출할 수 있을까?'라는 질문에 답을 해야 할 때가 되었다.

OKR이라는 선물

피터 드러커 철학의 신봉자였던 앤디 그로브는 MBO & 자기통제(Self-control)의 철학을 명확하게 이해한 바탕 위에서 1970년대에 OKR을 만들었고(2장의 'MBO의 선조' 참고) 탁월한 성과를 수십 년째 이어오고 있다. 탁월한 경영자 앤디 그로브의 선물인 OKR을 경험한 존 도어가 구글에 이 선물을 들고 찾아갔을 때, 구글의 창업자들은 당시 30년이나 된 낡은 (?) 이 선물을 흔쾌히 받아들여 기적과 같은 성장을 이루어 냈다.

늦었지만 지금이라도 이 선물이 우리에게 전해져 왔다는 사실이 너무나도 감사하다. 존 도어처럼 나도 최근에 스타트업 및 변화를 원하는 기업들에게 이 '선물'을 들고 찾아가고 있다. 그러나 아직 우리 기업들은 OKR을 선물이 아닌, 부담스러운 '일'로 보는 것 같다. 뿐만 아니라, 여전히 우리는 새로운 변화를 받아들이는 데 조심스럽다. "OKR 하나 한다고 뭐가 달라지겠어?", "OKR도 처음에 열심히 구축해 놓으면 결국 형식적인 평가로 전락할걸?", "결국 다른 형태의 평가일 뿐이야"라는 우려와 체넘이 존재한다. 하지만 이 장애물들을 뛰어넘어야 한다. 이 책은 장애물을 뛰어넘는 뜀틀의 구름판과 같은 역할을 해줄 것이다.

존 도어의 OKR

이 책은 OKR의 원조라고 할 수 있는 존 도어의 책이다. OKR의 처음과 끝, OKR의 성공요인을 모두 알려준다. 존 도어의 책이라는 사실만으로 모든 것이 설명되기에 충분하다. 필자는 이 책을 원문으로 읽고 주체할 수 없는 감동을 느껴서 감수까지 하게 되었다. 독자들도 이 책을 읽고 나면 지금까지 책과 인터넷 블로그, SNS에서 얻은 OKR에 대한 모든 지식은 단편적인 조각들에 지나지 않는다는 것을 알게 될 것이다.

이 책은 OKR의 원리와 더불어 성공적 실행의 비밀을 알려준다. 바로 CFR(대화, 피드백, 인정—Conversations, Feedback, Recognition)이다. 반드시 주의 깊게 읽고 적용하기를 바란다. OKR과 CFR이 조직문화를 바꾸고 성과를 내는 가장 확실한 방법임을 알게 될 것이다.

이 책의 백미를 꼽으라고 한다면, 주저 없이 풍부한 사례라고 말하고 싶다. 사례가 주는 장점은 "나도 할 수 있다"는 적용 가능성과 자신감일 것이다. OKR의 개념을 이해하고 나면, "그래서 어떻게?"라는 질문에 부딪히게 된다. 이때 다양한 사례를 통해 "어? 우리도 이런 문제가 있는데"라고 공감할 수 있고, 사례 속의 해결책들 중에서 우리 조직에 적용해 볼 수 있는 방법을 찾을 수도 있다.

나는 이 책의 풍부한 사례에서 두 가지 특징을 발견했다.

첫째는 모든 사례를 해당 기업의 CEO와 경영진이 직접 기록했다는 점이다. 그것도 한두 페이지 분량이 아닌 한 챕터 분량이라는 점이 너무나도 놀랍다.

도대체 존 도어로부터 배운 OKR 때문에 회사가 얼마나 좋아졌고, OKR의 실행 경험이 얼마나 대단했으면, 세상에서 가장 바쁘다고 해도 과언이 아닌 경영자가 직접 자신들의 이야기를 이렇게도 상세하게 적어줄 수 있단 말인가? 이 사실만으로 책의 가치를 충분히 대변하고도 남음이 있다.

둘째는 OKR을 도입할 때, CEO와 경영진에서 먼저 변화를 받아들이고 적극적으로 변화를 추구하는 데 앞장섰다는 점이다. 이들은 OKR 도입 과정에서 직원들이 어려움을 겪을 때도 포기하지 않고 문제를 해결해 나갔다.

변화는 어렵다. 그렇기에 CEO가 의지를 가지고 강력하게 밀고 나가기를 요청 드린다. 직원들이 일하는 이유와 목표를 잊지 않게 하고, OKR과 CFR을 끝까지 실행하여 성공시키는 것은 오로지 CEO의 몫이다.

얼마 전, OKR을 2017년 말부터 도입하여 현재까지 꾸준히 사용해온 스타트업 CEO를 만났다. 그는 5분기째 시행해온 과정을 들려주었는데, 평가라고는 한번도 경험해보지 못했던 직원들이 이 낯선 방법을 실행하는 과정에서 겪은 어려움을 다양한 실험들로 채워왔다고 했다. OKR의 주기를 조정해보기도 하고, 목표와 핵심결과 개수를 늘렸다 줄여보기도 하고, 전사 OKR 수립(Top-down)부터 해보기도 하고, 어떤 분기는 오직 직원 OKR 수립(bottom-up)만 해보기도 했다고 한다. 어쨌든 그 CEO는 OKR을 조직의 문화로 반드시 정착시키겠다는 의지가 확고했다.

개인에게도 유익한 OKR

성공한 사람들은 자기가 해야 할 일에 고도로 집중한다.

《원칙Principles》이라는 책의 저자 레이 달리오(Ray Dalio, 브리지워터 어소 시에이츠 CEO)는 사업 초창기부터 '데일리 리포트'를 성실하게 썼다고 한 다. 데일리 리포트는 그의 평생 습관인 셈이다. 데일리 리포트 습관의 힘 은 고스란히 미국과 세계의 금융위기를 여러 차례 예견하고 사회와 고객 을 보호한 결과로 나타났다. 레이 달리오를 통해 자기 스스로를 사명과 목표에 더 집중시키고 흔들리지 않는 것이야말로 큰 성과를 창출하는 길 이라는 진리를 다시 한번 확인할 수 있다.

나는 세상의 변화에 기여하려는 좋은 회사들이 성공하고 성장하도록 돕는 사람이다. CEO는 조직 성과를 책임지는 사람이기에, 조직의 성공 을 돕는 첫걸음은 CEO가 더 집중하도록 돕는 것이라고 믿는다. 그래서 주변의 여러 CEO들과 일일 혹은 주간 OKR 쓰기를 함께하고 있다.

조직의 사명과 목표를 위한 우선순위에 집중하고, 전념하고, 조직 내 사람과 자원을 목표에 연결하고, 돌아보고, 또다시 열 배의 성과에 도전하는 '혁신적인 문화(Moonshot Culture)'를 만드는 것이 바로 CEO의 본분이다. 이 본분에 집중하도록 돕는 일이 위대한 기업을 만드는 시작이라고 확신한다.

2018년에 만난 어떤 CEO는 1년간 개인 OKR을 매일매일 기록하면서 자신이 경영자로서 집중해야 할 것에서 벗어나지 않기 위해 치열하게 노력했고, 그 노력의 결과 회사 외형이 전년 대비 약 8배 성장했고 모든 지표가 2배에서 9배까지 성장했다는 엄청난 증언을 들려주었다.

많은 CEO와 경영자, 중간관리자들이 이 책을 꼭 읽으면 좋겠다. 그래서 OKR을 통해서 조직성과를 창출하는 리더로 성장해가면 좋겠다. 또한 모든 이가 이 책을 읽고 자신의 삶에서도 OKR과 함께 사명과 목표에 집중하고 열매를 맺어가는 자기경영자가 되기를 응원한다.

이길상

TIP **이 책의 활용법**

방법 ❶

우선 빠르게 전체를 훑어보자. 그리고 신중하게 다시 읽으면서 원리와 사례에서 적용점을 찾아보자. 마지막으로 책 후반부의 요약 부분을 참고해 중요한 핵심 포인트를 기억하자.

방법 ❷

팀 단위로 OKR 적용 스터디를 한다. 21일간 하루 한 챕터씩 완벽하게 마스터해 보자. (약 1개월이 소요될 것이다.) 팀 전체가 약속을 굳건히 하고, 포기하지 않고 완수한다면 한달 후 달라진 자신들을 확인하게 될 것이다.

전설적인 벤처투자자가
구글에 전해준 성공 방식

OKR

존 도어 지음 | 박세연 옮김 | 이길상 감수

세종
서적

무한한 사랑의 기적을 보여준

앤과 메리, 에스더에게

차 례

OKR

서문

래리 페이지
알파벳 CEO, 구글 공동 설립자

구글을 공동으로 설립했던 19년 전에 이 책을 만났더라면 얼마나 좋았을까? 혹은 내가 내 자신에게만 신경을 써도 되었던 더 이전의 시절에 만났더라면 더 좋았을 것이다! 있는 그대로 말하자면, 훌륭한 실행과 함께하는 훌륭한 아이디어는 우리가 마술을 만들어내는 방식이다. 그리고 바로 여기에 OKR^{Objective, Key Results}이 모습을 드러낸다.

1999년 어느 날, 존 도어는 우리를 찾아와서 목표와 핵심결과(OKR), 그리고 그의 인텔 경험을 기반으로 하는 경영 방식을 주제로 강의를 했다. 당시 우리는 인텔의 선진 경영을 익히 들어 알고 있었고 존의 이야기는 지혜로 가득했다. 우리는 그의 조언을 한번 따라 해보기로 결심했다. 지금 돌이켜보건대 그것은 훌륭한 선택이었다.

OKR은 다양한 형태의 조직을 앞으로 나아가게 만들어주는 간단한 절차다. 우리는 수년간에 걸쳐 OKR 시스템을 받아들였다. OKR을 일종의 청사진으로 생각하고, 우리가 원하는 것을 기반으로 OKR을 우리 것으로 만들고자 했다!

리더는 OKR을 통해 조직을 투명하게 만든다. 그리고 한 걸음 물러서서 생산적인 방법을 모색한다. 우리는 이렇게 물었다. "유튜브 사용자가 동영상을 즉각 올리지 못하는 이유는 무엇일까? 이 문제를 해결하려는 노력은 다음 분기에 계획 중인 다른 목표보다 더 중요한가?"

존은 이 책의 마지막에서 빌 캠벨Bill Campbell에 얽힌 소중한 추억을 떠

래리 페이지와 저자 존 도어, 2014년.

올린다. 나 또한 그를 추모하는 데 참여하게 되어 기쁘다. 무엇보다 빌은 따뜻한 사람이었다. 또한 그는 거의 모든 것에 대해, 특히 사람에 대해 옳았다. 그리고 누구에게나 "거짓말로 가득하다"는 핀잔을 주는 데 주저함이 없었다. 그래도 사람들은 그를 좋아했다. 빌이 매주 회의 시간에 열변을 토하던 모습이 정말 그립다. 아마도 그를 아는 모두는 각자의 삶 속에서 그를 추억하고 있을 것이다. 혹은 그 코치와 조금이라도 더 비슷하게 살아가기 위해 애쓰고 있을 것이다.

나는 좀처럼 서문을 쓰지 않는다. 하지만 이번에는 흔쾌히 수락했다. 그동안 존은 구글에 많은 선물을 주었기 때문이다. OKR은 오랜 기간에 걸쳐 우리가 열 배 성장에 도전하도록 재촉했다. 그리고 "세상의 모든 정보를 체계적으로 수집"하겠다는 우리의 목표를 성취 가능한 것으로 만들어주었다. 이뿐 아니라 나와 모든 구글 사람들이 가장 중요한 것을 향해 제시간에 올바로 나아가도록 만들어주었다. 이제 나는 그 이야기를 더 많은 이들에게 들려주고 싶다.

OKR

1부
OKR의 시작

─ 1장 ─

구글, OKR을 만나다

지금 어디로 가는지 모른다면
결국 목적지에 이르지 못할 것이다.
- **요기 베라**Yogi Berra, **뉴욕 양키스의 전설적인 포수**

1999년 어느 가을날, 나는 101번 고속도로를 타고 가다가 실리콘밸리 중심부에 위치한 L자형 2층 건물에 도착했다. 그곳은 초창기 구글의 본사였다. 나는 선물을 가지고 그 사무실에 들어섰다.

2달 전, 구글은 팰로앨토 번화가에 있는 그 사무실을 임대하면서 아이스크림 가게 위층을 확장했다. 그리고 그 무렵 나는 벤처 자본가로서 살아온 19년의 세월 동안 가장 큰 내기를 걸었다. 스탠포드 대학원을 중퇴한 두 젊은이가 설립한 신생 기업에 투자하기로 결심한 것이다. 나는 그 회사 지분의 12퍼센트를 1180만 달러에 사들였다. 그리고 이사회 구성원으로 합류하면서 물심양면으로 최선을 다하겠다고 다짐했다.

설립 후 1년이 지나지 않아 구글은 이렇게 선언했다. "세상의 모든 정보를 체계적으로 수집하고, 사람들이 이것을 언제 어디서나 접근하고 활용할 수 있도록 만들 것이다." 당시로서는 너무도 벅찬 꿈이었다. 그래도 나는 래리 페이지와 세르게이 브린Sergey Brin을 믿었다. 두 사람은 확신으로 가득했고 호기심이 많았으며 생각도 깊었다. 그들은 사람들의 말에 귀를 기울였고 실천력이 강했다.

세르게이는 활력 넘치고, 쾌활하고, 고집이 셌으며 지성적인 통찰력이 돋보였다. 소련 출신 이민자인 그는 신중하면서도 창조적인 협상가이자 원칙을 중시하는 리더였다. 그는 쉬지 않고 일했고, 언제나 더 많은 것을 추구했다. 회의를 하다가 갑자기 바닥에 엎드려 팔굽혀펴기를 하기도 했다.

래리는 컴퓨터 과학 분야를 개척한 선구자의 아들로 진정한 공학자였다. 그는 부드러운 목소리로 말하는 전사이자 더 나은 인터넷 세상을 만들겠다는 거대한 사명감으로 무장한 혁명가였다. 세르게이가 기술을 상품으로 만들면 래리는 그것을 만지작거리며 불가능해 보이는 아이디어를 상상했다. 그는 땅에 발을 디딘 이상주의자였다.

파티 지각생들

1999년 초, 두 젊은이는 열일곱 쪽짜리 파워포인트 자료를 들고 내 사무실을 찾아왔다. 그중 숫자가 들어간 슬라이드는 두 쪽뿐이었다(보충 설명을 위한 삽화 세 컷과 함께). 두 사람은 〈워싱턴 포스트The Washington Post〉와 작은 계약을 맺었지만 그들이 내세우는 키워드 타깃 광고는 아직 시작하지 못하고 있었다. 구글은 검색 엔진 시장에 열여덟 번째 주자로 입성했다. 파티 지각생이었던 것이다. 경쟁이 치열한 시장에서 지각은 치명적인 약점으로 작용한다. 게다가 기술 분야라면 더욱 그렇다.*

이런 상황에서도 래리는 기존 검색 엔진의 조악한 품질, 무한한 개선 가능성, 그리고 잠재력에 대해 거침없이 일장 연설을 늘어놓았다. 래리와 세르게이는 혁신 가능성을 확신했고, 아직 제대로 된 사업 계획을 수립하지 않았다는 사실에는 별로 신경 쓰지 않았다. 내가 보기에, 그들이 개발한 페이지랭크 알고리즘은 베타 버전이었지만 다른 경쟁자들의 것보다 월등히 나았다.

나는 그들에게 물었다 "얼마나 성장할 거라고 예상합니까?" 그때 나는 이미 머릿속으로 셈을 하고 있었다. 모든 조건이 충족된다면, 구글의 시가총액은 아마 10억 달러에 이를 것이라고 전망했다. 하지만 두 젊은이의 야망을 직접 들어보고 싶었다.

래리의 대답은 이랬다. "100억 달러로 예상합니다." 나는 분명히 확인하고자 이렇게 물었다. "시가총액을 말하는 거죠?" 래리가 말했다. "아뇨. 시가총액이 아니라 매출액을 말씀드리는 겁니다."

무척 당황스러웠다. 수익성 좋은 IT 기업의 일반적인 성장을 감안할 때

---

* 구글은 예외다. 또 다른 예외로, 아홉 개가 넘는 브랜드가 이미 자리 잡은 상황에서 디지털 오디오 플레이어 시장으로 뛰어든 아이팟이 있다. 아이팟은 3년 만에 70퍼센트가 넘는 시장 점유율을 차지했다.

구글이 탄생한 멘로파크 산타마르가리타 232번가 창고에서 래리 페이지와 세르게이 브린, 1999년.

100억 달러 매출은 곧 1000억 달러의 시가총액을 의미한다. 그것은 마이크로소프트나 IBM, 혹은 인텔이 살아가는 규모의 세상이었고 유니콘보다 더 발견하기 힘든 존재였다. 그러나 래리의 표정에서 허세를 읽을 수는 없었다. 그는 차분하고 신중했다. 나는 그 숫자의 근거를 따져 묻지 않았다. 정말로 강한 인상을 받았기 때문이다. 래리와 세르게이는 세상을 뒤엎고자 했고 어쩌면 정말로 그럴 수 있겠다는 생각이 들었다.

지메일과 안드로이드, 크롬이 세상에 나오기 오래 전부터 구글은 이미 놀라운 아이디어로 가득했다. 두 설립자는 열정적인 기업가 정신과 비전으로 무장해 있었다. 그들에게 부족한 것은 경영 경험뿐이었다.* 구글은 실질적인 영향력을 행사하기 위해, 혹은 비즈니스를 시작하기 위해 결정을 내리고 팀을 조직하는 방법을 배워야 했다. 기꺼이 위험을 감수하려는 열정으로 패자의 신세에서 서둘러 벗어나야 했다. 다시 말해, 빨리 실패를 경험해야 했다.**

무엇보다 그들은 적절하고 유효한 데이터가 필요했다. 발전 상황을 추적하고, 중요한 것을 측정하기 위한 데이터 말이다.

그래서 나는 선선한 가을날에 마운틴뷰 구글 사무실로 선물을 들고 찾아갔던 것이다. 그 선물이란 세계적인 차원에서 비즈니스를 준비하기 위한 정교한 도구였다. 나는 1970년대에 인텔에서 엔지니어로 일하던 시절에 그 도구를 사용했다. 그 무렵 인텔은 위대한 경영자로 손꼽히는 앤디 그로브가 이끌고 있었다. 나는 나중에 인텔을 떠나 멘로파크에 위치한 벤처캐피털 기업 클라이너 퍼킨스로 자리를 옮기고 나서도 앤디의 복음을 50곳이 넘는 기업으로 전파했다.

분명히 밝히건대, 나는 기업가를 누구보다 존경한다. 나는 혁신의 제단에 무릎 꿇은 전형적인 IT 업계 사람이다. 그리고 많은 신생 기업이 성장하는 과정에서 어려움을 겪는 모습을 오랫동안 지켜봤다. 이러한 경험을 바탕으로 도달한 결론은 다음과 같다.

'아이디어는 쉽다. 중요한 것은 실행이다.'

---

* 2001년, 두 사람은 나의 제안을 따라 선마이크로시스템즈에 있던 나의 오랜 동료 에릭 슈미트를 CEO로 영입했다. 슈미트는 구글에서 기차가 제시간에 출발하고 도착하도록 했다. 그다음으로 나는 이들 세 사람에게 빌 캠벨을 자문으로 소개했다.

** 나는 그 교훈을 1970년대에 인텔에서 얻었다. 앤디 그로브에 앞서 인텔을 이끈 전설적인 인물 고든 무어는 이렇게 말했다. "올해의 실패는 내년에 다시 도전할 기회다."

정상의 자리로 우리를 안내하는 가이드, OKR

1980년대 초, 클라이너 퍼킨스로부터 안식년을 받아 14개월 동안 선마이크로시스템즈 데스크톱 사업부를 이끌게 되었다. 갑자기 수백 명의 사람을 책임져야 하는 처지에 놓인 것이다.

걱정스러웠지만 앤디 그로브에게서 물려받은 시스템은 폭풍 속 요새이자 내가 이끈 모든 회의에서 투명함의 원천이 되어주었다. 나는 그 시스템을 바탕으로 경영진에 권한을 부여했고, 조직에 활력을 불어넣었다. 앤디의 시스템을 적용해 책임을 조직 전반에 분산한 결과, 놀라운 성과를 이룩했다. 이후 선마이크로시스템즈가 워크스테이션 시장을 장악하게 만든 새로운 형태의 RISC 마이크로프로세서 아키텍쳐도 그 과정에서 탄생했다. 이렇게 나는 내 자신의 가치를 입증했다. 그로부터 3년 후, 나는 앤디의 시스템을 들고 구글에 왔다.

인텔에서 나를 일으켜 세우고, 선마이크로시스템즈에서 나를 구해준 도구는 다름 아닌 OKR 시스템이다. 지금도 나는 그로부터 많은 영감을 얻는다. OKR은 목표Objective와 핵심결과Key Results의 약자로서 기업과 팀, 혹은 개인이 협력해 목표를 세우기 위한 규약을 의미한다. OKR은 물론 만병통치약이 아니다. 그 무엇도 합리적 판단과 강력한 리더십, 창조적 조직 문화를 대체할 수는 없다. 그러나 이러한 기반이 마련되었을 때 OKR은 우리를 정상의 자리로 안내한다.

래리와 세르게이는 마리사 메이어Marissa Mayer, 살라 카만가Salar Kamangar,

수전 워치츠키를 비롯하여 30명가량의 직원들(당시 구글의 전체 인원)과 함께 내 강의를 들었다. 몇몇은 탁구대(회의실 책상보다 두 배나 컸다) 주변에서, 몇몇은 대학 기숙사 풍경처럼 빈백 쿠션에 몸을 기댄 채 내 이야기에 귀를 기울였다. 나는 파워포인트 첫 번째 슬라이드에서 OKR의 정의를 이렇게 소개했다. "조직 전체가 동일한 사안에 관심을 집중하도록 만들어주는 경영 도구."

'목표'는 다름 아닌 성취해야 할 대상이다. 목표는 대단히 중요한 것으로서 구체적이고 행동 지향적(이상적으로)이어야 하며, 영감으로 가득해야 한다. 효과적으로 수립된 목표는 애매모호한 생각과 행동으로부터 조직을 지켜주는 백신이다.

그다음으로 '핵심결과'는 목표 달성을 위한 방안을 모색하고, 달성 여부를 확인할 수 있도록 만들어준다. 효과적으로 마련된 핵심결과는 구체적인 일정을 기반으로 삼고, 공격적이면서 동시에 현실적이다. 무엇보다 핵심결과는 측정과 검증이 가능해야 한다(나의 뛰어난 제자 마리사 메이어는 이렇게 말했다. "숫자가 포함되지 않으면 핵심결과가 아닙니다."[1]) 핵심결과는 기준을 충족시키거나 충족시키지 못하거나 둘 중 하나다. 중간은 없다. 특정 기간 마지막에(일반적으로 분기 말에) 조직의 구성원은 핵심결과를 달성했는지 발표하는 시간을 갖는다. 목표는 1년 이상 장기간 동안 이어질 수 있다. 반면 핵심결과는 업무 진척에 따라 변화한다. 핵심결과를 모두 성취했다면 목표는 당연히 이뤄져야 한다(그렇지 않다면 애초에 OKR를 잘못 설계한 것이다).

그날 나는 구글 젊은이들에게 계획수립 모형을 소개하는 것이 내 목표라고 설명했다. 그리고 다음 세 가지를 핵심결과로 제시했다.

- KR #1: 프레젠테이션을 정해진 시간 안에 끝낸다.
- KR #2: 구글의 분기 OKR 샘플을 만든다.
- KR #3: 3개월짜리 OKR을 시범적으로 실행해보기 위한 관리 규약을 마련한다.

나는 OKR 시나리오를 도표로 보여주었다. 첫 번째 도표는 가상의 미식축구 팀 감독이 팀의 목표를 수직 조직에 걸쳐 전달하는 과정을 묘사한 것이었다. 그리고 두 번째는 내가 직접 경험한 실제 사례인 '크러시 작전'을 설명하는 것이었다. 이는 인텔이 마이크로프로세서 시장을 다시 장악하기 위한 마케팅 전략을 말한다(두 사례 모두 나중에 다시 한번 자세히 살펴볼 것이다).

그날 나는 오늘날에도 여전히 유효한 가치 제안과 함께 프레젠테이션을 마무리 지었다. OKR은 중요한 목표를 상기시키고 노력과 협력을 자극한다. 그리고 팀을 서로 연결하고 조직 전반에 목표를 전하고 결속을 강화한다. 나는 정확하게 90분 만에 이야기를 마쳤다. 이제 실행은 구글의 몫으로 남았다.

2009년, 하버드비즈니스스쿨은 〈미쳐 날뛰는 목표〉라는 제목의 논문을 발표했다.[2] 그 논문은 "파괴적인 목표 추구"에 해당하는 다양한 사례를 소개하며 시작되는데 여기에는 포드 핀토의 연료탱크 폭발 사고, 시어스 자동차 정비소의 극단적인 바가지 행태, 엔론의 무모한 세일즈 목표, 사망자 8명을 낳은 1996년 에베레스트 등반 사고가 포함되었다. 논문의 저자들은 이렇게 경고했다. 목표는 "신중하게 복용해야 하는 (……) 그리고 엄격한 관리가 필요한 처방약이다." 또한 "잘못된 목표는 관심 범위의 축소, 비윤리적 행동, 과도한 위험 감수, 협력 부재, 사기 저하 등 조직적인 문제를 일으킬 수 있다"[3]고 지적했다. 목표의 단점은 다른 모든 장점을 삼켜버린다는 점에서 그들은 다음과 같은 경고 문구를 실었다.

⚠ 경 고

잘못된 목표는 관심 범위의 축소, 비윤리적 행동,
과도한 위험 감수, 협력 부재, 사기 저하 등
조직적인 문제를 일으킬 수 있다.

목표를 세울 때 각별한 주의가 요망됨.

그들의 논문은 많은 이들의 공감을 얻었고 지금도 널리 인용된다. 그 경고는 분명한 의미를 담고 있다. 다른 모든 관리 도구와 마찬가지로 OKR 역시 성공적으로 적용될 수도, 그렇지 않을 수도 있다. 이 책의 목표는 모두가 이 도구를 효과적으로 활용하도록 돕는 것이다. 그러나 오해는 말자. 좋은 성과를 올리기 위해 애쓰는 모두에게 목표 수립은 선택이 아닌 필수 과제다.

인텔이 설립되던 해인 1968년, 메릴랜드 대학 심리학과 교수 에드윈 로크는 앤디 그로브에게 강한 영향력을 미친 논문을 발표했다. 여기서 로크는 두 가지를 강조했다. 첫째, "어려운 목표"는 쉬운 목표보다 성과 개선에 더 많은 도움을 준다. 둘째, '구체적인' 어려운 목표는 추상적인 어려운 목표보다 "성과를 더 높여준다."[4]

그 이후로 반세기에 걸쳐 나온 1000편이 넘는 논문들은 로크의 발견이 "경영 분야에서 엄격한 실험을 거쳐 입증된 아이디어"임을 확인시켜주었다.[5] 그리고 이와 관련된 실험의 90퍼센트는 구체적으로 정의된 어려운 목표가 생산성을 높여준다는 사실을 입증했다.

갤럽은 해마다 "근로자 참여 의식에서 드러나는 전 세계적인 직원 몰입 위기worldwide employee engagement crisis"를 주제로 설문조사를 실시한다. 이 조사에 참여한 미국 근로자들 중 "업무와 직장에서 적극적이고 열정적이며 책임감을 느낀다"라고 답한 비중은 3분의 1이 되지 않았다. 그리고 절반이 넘는 수백만 명은 다른 곳에서 연봉 20퍼센트 인상을 제안받으면 지금 다니는 직장을 당장 그만두겠다고 답했다.[6] 특히 IT 분야에서는 3명 중 2명이 2개월 안에 지금보다 더 나은 일자리를 찾을 수 있다고 확신하는 것으로 드러났다.[7]

비즈니스 세상에서 이와 같은 소외 현상은 추상적이거나 철학적인 문제가 아니다. 이것은 수익 감소로 직결되는 핵심적인 문제다. 몰입도가 높은 집단의 경우, 생산성은 높고 직장 내 갈등은 낮은 것으로 나타났다.[8]

경영 리더십 컨설팅 업체 딜로이트는 이렇게 설명했다. "인재를 회사에 붙잡아두고 근로자들을 더욱 능동적으로 업무에 몰입시키는 것은 경영자들이 글로벌 리더십을 구축하는 과제 다음으로 중요하게 생각하는 사안이다."[9]

그렇다면 근로자의 몰입도를 '어떻게' 끌어올릴 수 있을까? 2년에 걸친 딜로이트 연구 결과는 "업무를 분명하게 정의하고, 내용을 문서로 작성하고, 목표를 자유롭게 공유하는" 것을 가장 중요한 요소로 꼽았다. 그들은 이렇게 언급했다. "목표는 조직에 질서와 투명함을 구축하고, 업무 만족감을 높인다."[10]

물론 목표를 세웠다고 모든 문제가 해결되는 것은 아니다. "저마다 우선순위가 다르고, 목표가 불투명하고 의미 없는 데다 임의로 변할 때 근로자는 오히려 혼란을 느끼고 냉소적인 태도를 드러내며 동기를 상실한다."[11] 효과적인 목표 관리 시스템인 OKR은 목표를 조직의 광범위한 사명으로 높인다. 그리고 주어진 상황에 따라 성취 대상과 일정을 신중하게 고려하도록 만들고, 피드백을 강화하고, 규모와 상관없이 성과를 인정한다. 더 중요하게는 한계를 밀어붙인다. 직원들이 불가능을 넘어 앞으로 나아가도록 한다.

"미쳐 날뛰는 목표"를 추구했던 이들도 인정했듯이, 목표는 "직원에게 영감을 불어넣고 성과를 개선시킨다."[12] 나 역시 래리와 세르게이를 비롯한 구글 조직 전반에 그런 메시지를 전하고자 했다.

질의 응답 시간에 구글의 청중은 많은 관심을 보였다. 나는 그 강도를 예측할 수는 없었지만 그들이 OKR에 반박할 것이라고 예상했다. 먼저 세르게이가 입을 열었다. "조직을 구축하기 위한 원칙이 필요합니다. 우리는 아직 그러한 원칙을 찾지 못했습니다. 어쩌면 OKR이 대안이 될 수 있겠군요."

훌륭한 실패

구글과 OKR의 만남은 우연이 아니었다. 둘의 만남은 메신저 RNA를 통해 완벽한 유전자 정보를 구글에 심어주는 특별하고 소중한 기회였다. OKR은 탄력적이다. 그렇기 때문에 자율성을 중요시하고 데이터를 숭배하는 기업을 위한 정보 기반의 유용한 도구가 될 수 있다.* OKR은 오픈소스와 오픈시스템, 오픈웹을 바탕으로 언제나 구글 조직을 개방적으로 유지했다. 게다가 오늘날 가장 담대한 두 젊은이에게 "훌륭한 실패"와 더불어 막대한 보상을 안겨주었다.

그렇게 구글은 OKR을 만났다. 그것은 완벽한 결합이었다.

———

래리와 세르게이는 실질적인 경영 지식은 부족했지만 목표를 구체적으로 종이에 적어놓아야 실현할 수 있다는 사실을 알았다.** 두 사람은 구글에서 가장 중요한 것을 종이에 적어 모든 직원에게 공개하고자 했다.

그리고 치열한 경쟁 상황과 급격한 성장 속에서 어떻게 OKR을 활용하여 조직을 정상 궤도에 올려놓을 수 있을지를 직관적으로 이해했다.

래리와 세르게이, 그리고 2년 뒤에 구글 CEO로 취임한 에릭 슈미트는 OKR에 대한 서로 다른 입장 때문에 심한 갈등을 빚었다. 에릭은 스티븐 레비에게 이렇게 말했다. "구글의 목표는 규모의 혁신가가 되는 겁니다. 혁신가는 완전히 새로운 존재를 의미하죠. 그리고 규모란 반복 가능한 형태로 업무를 처리하는 거대하고 체계적인 업무 방식을 말합니다."[13] 어쨌든 세 사람은 힘을 모아 OKR을 성공적으로 활용하기 위한 핵심 요인을 찾아냈다. 그것은 바로 경영진의 확신과 수용이었다.

———

나는 투자자로서 OKR 개념에 익숙하다. 구글과 인텔의 많은 동료가 그 훌륭한 시스템을 널리 전파해준 덕분에 오늘날 수많은 기업이 체계적인 목표 설정에 많은 관심을 기울이고 있다. OKR은 스위스 군용 칼과 같다. 모든 상황에서 유용하다. 특히 민첩함과 팀워크가 요구되는 IT 분야에서 OKR 개념을 가장 광범위하게 받아들였다(이 책에서 소개하는 기업들 외에도 AOL, 드롭박스, 링크드인, 오라클, 스포티파이, 트위터 등이 OKR 시스템을

---

* 스티븐 레비는 《In The Plex 0과 1로 세상을 바꾸는 구글 그 모든 이야기》에서 이렇게 표현했다. "존 도어는 구글을 측정하고자 했다."

** 초창기 구글은 개별 직원의 업무에 관한 3~4단계 상황 보고서인 "스니펫(snippet)"을 활용했다.

받아들였다). OKR의 영향력은 실리콘밸리의 경계를 넘어선다. 가령 앤호이저부시, BMW, 디즈니, 액손, 삼성 등이 대표 사례다. 오늘날 비즈니스 세상에서 변화는 피할 수 없는 숙명이다. 과거의 성공에 집착해서는 최고가 될 수 없다. 발전을 향한 새로운 길을 헤쳐나가기 위해서는 날카로운 낫이 필요하다.

모두가 같은 방향을 바라보아야 할 소규모 신생 기업에게 OKR은 생존 도구다. 특히 IT 분야의 신생 기업은 자본이 고갈되기 전에 새로운 투자를 받기 위해서 빠른 성장세를 보여주어야 한다. 여기서 체계적인 목표는 투자자에게 성공의 척도를 제시한다. '우리는 앞으로 이러저러한 제품을 개발할 것이며, 25명의 고객과 이야기를 나누는 동안 시장성과 함께 그들이 얼마를 지불할 의사가 있는지 확인했습니다.' 성장 속도가 빠른 중간 규모 기업의 경우에 OKR은 공통어로서 기능한다. OKR은 조직의 기대를 구체적으로 만들어준다. '무엇을 얼마나 빨리 처리해야 하는가? 그리고 누가 책임을 지는가?' OKR은 조직 내 구성원을 수직적으로, 수평적으로 질서에 맞춰 정렬한다.

대기업의 경우, OKR은 선명한 도로 표지판으로 기능한다. 파벌을 조장하는 장벽을 허물고 구성원들 사이에서 관계를 강화한다. 그리고 일선 근로자의 자율성을 높여줌으로써 새로운 아이디어를 이끌어낸다. 또한 성공을 향한 흐름에 박차를 가한다.

비영리 분야 역시 비슷한 혜택을 누린다. 200억 달러 규모의 자선단체 빌&멀린다 게이츠 재단의 경우, OKR은 게이츠 부부가 말라리아와 소아마비, 에이즈 등 다양한 질병과 전쟁을 벌이기 위해 필요한 정보를 실시간으로 제공한다. 게이츠 재단 회장을 역임했던 실비아 매튜스 버웰Sylvia Mathews Burwell은 나중에 OKR 시스템을 미 연방 예산관리국에 옮겨 심었다. 그리고 더 나아가 미 보건복지부에도 이식함으로써 미국 정부가 에볼라에 맞서 싸우는 과정에 큰 기여를 했다.

하지만 인텔을 비롯하여 그 어떤 조직도 구글만큼 OKR을 효과적으로 활용하지는 못했다. 앤디 그로브가 처방으로 제시한 OKR 시스템은 단순하지만, 엄격함과 강한 의지, 구체적인 생각과 적극적인 의사소통을 필요로 한다. 단지 목표를 만들고 점검하는 것으로 끝나지 않는다. OKR을 실질적으로 활용하기 위해서는 목표 달성을 위한 역량을 구축하고 그에 따른 고통을 감내해야 한다. 그 과정에서 구글 경영진은 흔들리지 않았다. 학습과 발전을 위한 구글의 욕망은 만족할 줄을 몰랐다.

에릭 슈미트와 조너선 로젠버그는 《구글은 어떻게 일하는가》에서 "설립자의 '싱크빅' 정신을 실현하기 위한 단순한 도구"로서 OKR을 활용했다고 밝혔다.[14] 래리 페이지는 구글 초창기 시절에 분기마다 이틀의 시간을 할애해서 프로그래머들의 OKR을 일일이 검토했다(나도 그 작업에 참여했다. 다양한 영역에서 패턴을 발견해내는 래리의 신비한 분석 기술은 참으로 인상적이었다). 구글 조직이 성장하면서 래리는 매분기 관리자들과 함께 목표 수립을 위한 마라톤 회의를 열었다.

탁구대를 둘러싼 구글 직원들에게 프레젠테이션을 한 지 어느덧 20년의 세월이 흐른 지금, OKR은 이제 구글의 일상이 되었다. 점점 성장함에 따라 조직 구조가 복잡해지는 과정에서 구글 경영진은 관료주의에 안주하거나 OKR을 포기하고 최신 경영 기법을 받아들일 수도 있었다. 하지만 그들은 OKR을 절대 포기하지 않았다. 구글의 OKR 시스템은 지금도 건재하며 핵심적인 성공 사례로 남았다. 이들 사례에는 각각 10억 명 이상의 사용자를 거느린 일곱 가지 제품, 즉 구글 검색, 크롬, 안드로이드, 구글맵, 유튜브, 구글플레이, 지메일이 있다. 2008년 구글은 레이턴시 latency에 대해 코드 옐로(기업에 심각한 영향을 미치는 문제를 일컫는 구글의 내부 용어-옮긴이)를 발령했다.[15] 레이턴시란 클라우드 시스템에서 데이터를 검색하는 과정에 걸리는 응답 시간을 의미하는 것으로, 구글은 레이턴시 지연 문제를 대단히 심각하게 생각했다. 구글의 상향식 OKR은 "20퍼센트 시간"과 더불어 프로그래머들이 가능성 있는 부차적인 프로젝트에 집중할 수 있도록 자유를 선사한다.

오늘날 많은 기업이 "7의 법칙"을 준수한다. 7의 법칙이란 한 관리자가 담당하는 부하 직원의 수를 최대 7명으로 제한해야 한다는 원칙을 말한다. 하지만 구글은 7의 법칙을 거꾸로 '최소' 기준으로 활용한다(조너선 로젠버그가 구글에서 제품 개발을 이끌었을 무렵, 그는 20명가량의 직원을 관리했다[16]). 관리자 1명이 담당하는 직원이 많을수록 조직표는 수평적인 형태를 취한다. 그리고 하향식 관리 비중을 줄이고, 업무 현장의 자율성을 강화하고, 차기 혁신을 위한 풍요로운 기반을 마련한다. OKR은 이러한 형태의 관리를 현실적으로 가능하게 만든다.

2018년 10월이면 구글 CEO는 75분기 연속으로 조직 전반에 걸쳐 기업 목표와 핵심결과를 기준으로 분기 성과를 평가하게 될 것이다. 그리고 각각의 팀은 11월과 12월에 걸쳐 내년 계획을 수립하고 이를 다시 OKR로 압축할 것이다. 또한 CEO 순다르 피차이는 내게 말했듯이 이듬해 1월에는 "모든 직원을 대상으로 이런 발표를 할 것이다. '우리의 기업 전략은 이러이러하며, 올해 OKR은 다음과 같습니다.'"*(구글 경영진은 전통에 따라 작년도 OKR을 평가하고 실패 사례를 객관적으로 분석한다.)

그리고 수천 명의 구글 직원들은 몇 주, 몇 달에 걸쳐 팀과 개인 차원에서 OKR을 세운 뒤, 함께 논의하고 수정하고 평가해왔다. 항상 그렇듯이 그들은 인트라넷을 통해 자유롭게 OKR을 검토하고 다른 팀이 자신의 OKR을 어떻게 평가하는지 확인할 수 있다. 그리고 자신의 업무가 위, 아래, 옆으로 어떻게 연결되는지, 또한 구글의 큰 그림 속에서 어떤 위치를 차지하는지 이해할 수 있다.

나를 놀라게 했던 래리의 전망은 설립 후 20년이 지나지 않은 지금 오히려 보수적으로 보이기까지 한다. 이 글을 쓸 무렵, 구글의 모기업 알파벳은 시가총액 7000억 달러를 넘어서면서 세계에서 두 번째로 거대한 기업이 되었다. 2017년 기준으로 구글은 6년 연속으로 《포춘》이 선정한 "일

---

* 원래 구글은 분기별 OKR만 활용하다가 나중에 연간 OKR을 추가해서 이중으로 관리했다. 래리 페이지가 CEO로 취임하고 난 뒤, 순다르 피차이는 연간 OKR만 활용하는 것으로 수정했다. 마감이 정해진 목표를 추적하는 실질적인 과정으로 OKR 절차를 유지하기 위해 각 부서는 상황을 분기, 혹은 6주마다 보고한다. 래리가 알파벳 CEO로 취임한 이후로, 다른 자회사들 역시 OKR 시스템을 도입하고 있다. 또한 래리는 분기마다 개인적인 OKR을 세운다.

하기 좋은 기업" 1위를 차지했다.[17]

구글의 성공은 강력하고 안정적인 리더십, 풍부한 기술 자원, 투명성과 팀워크, 끊임없이 혁신을 추구하는 가치 기반의 조직 문화에 뿌리를 두었다. 그러나 OKR 역시 중요한 역할을 한다. 나는 OKR이 없는 구글플렉스(알파벳이 위치한 구글 본사 건물 단지-옮긴이)를 상상할 수 없다. 또한 OKR을 버린 래리와 세르게이도 상상할 수 없다.

나중에 다시 살펴보겠지만 목표와 핵심결과는 투명함과 책임, 위대함을 향한 자유로운 추구를 뒷받침한다. 에릭 슈미트는 OKR 속에 "비즈니스를 완전히 변화시키는" 힘이 있다고 말한다.

———

수십 년 동안 나는 OKR의 조니 애플시드 Johnny Appleseed(미국 전역에 사과 씨를 뿌리고 다녔다는 개척 시대의 전설적 인물-옮긴이)로서 진지한 제안을 담은 스무 쪽짜리 슬라이드를 가지고 앤디 그로브의 천재성을 널리 알리기 위해 최선을 다했다. 그러나 언제나 깊이 파고들지 못하고, 전도사로서의 임무를 제대로 수행하지 못하고 있다는 느낌을 지울 수 없었다. 그리고 몇 년 전, 새로운 방식으로 다시 한번 도전해야겠다는 생각이 들었다. 그리고 이번에는 책을 통해서 그 주제를 다루기로 했다. 나는 이 책에서 오랫동안 간직했던 소망을 여러분께 보여주고자 한다. 여러분 모두가 내 이야기 속에서 소중한 가치를 발견하기 바란다. 또한 그 가치 덕분에 내 인생이 바뀌었다는 사실도 이해해주기 바란다.

나는 거대한 꿈을 품은 비영리단체와 아일랜드의 세계적인 록스타에게도 OKR 시스템을 소개했다. 그리고 수많은 사람이 목표와 핵심결과를 매개로 깊이 생각하고, 활발하게 의사소통을 하고, 목표를 향해 달려가는 모습을 목격했다. OKR의 시선으로 이 책을 바라볼 때, 나는 그 목표를 독자들에게 영감을 불어넣음으로써 모두가 충만한 삶을 살아가게 도움을 주는 것이라고 말하고 싶다.

그로브는 시대를 앞선 인물이었다. 집중, 개방과 공유, 정확한 측정, 무한한 상상. 그 모든 것은 오늘날 목표 과학goal science의 특징이다. OKR이 뿌리를 내린 조직에서는 언제나 능력이 연공서열을 압도한다. 관리자는 코치이자 멘토, 건축가로 활동한다. 그리고 행동과 데이터는 백 마디 말보다 더 많은 이야기를 들려준다.

결론적으로 말해서 목표와 핵심결과는 구글을 위해, 우리 모두를 위해 객관적으로 입증된 최고의 경영 도구다.

———

OKR 시스템처럼 이 책은 상호 보완적인 부분으로 구성되었다. 1부에서는 OKR의 주요 특성, 아이디어를 실행으로 옮기고 업무 만족감을 높이는 방법을 살펴본다. 앤디 그로브가 인텔 시절에 경험했던 OKR과 관련한 특별한 이야기로 서두를 시작할 것이다. 나는 인텔에서 OKR의 열렬한 추종자가 되었다. 그다음으로 OKR의 네 가지 "슈퍼파워"로서 집중focus, 정렬align, 추적track, 도전stretch의 개념을 소개한다.

슈퍼파워 #1 - 우선순위에 대한 집중과 전념(4, 5, 6장)

효율적인 조직은 주요 과제에 집중한다. 또한 무엇이 주요 과제가 아닌지도 분명하다. OKR은 리더가 어려운 선택을 내리도록 촉구한다. 그리고 부서와 팀, 혹은 모든 구성원이 정확하게 의사소통을 나눌 수 있게 한다. 또한 혼란을 제거함으로써 성공을 향한 집중력을 높인다.

슈퍼파워 #2 - 팀워크를 위한 정렬과 연결(7, 8, 9장)

OKR은 CEO에서 일반 직원에 이르기까지 모든 구성원이 목표를 투명하게 공개하고 공유하도록 한다. 덕분에 모든 구성원은 자신의 목표와 기업의 전략이 어떻게 연결되는지 확인하고, 상호의존성을 이해하고, 다른 팀과 적극적으로 협력할 수 있다. 하향식 OKR은 조직 내 모든 구성원을 연결함으로써 개별적인 업무 활동에 의미를 부여한다. 한편 상향식 OKR은 모든 구성원의 주인의식을 강화함으로써 참여와 혁신을 촉진한다.

슈퍼파워 #3 - 책임 추적(10, 11장)

OKR은 데이터를 기반으로 흘러간다. 정기 점검, 목표 평가, 지속적인 재평가를 거듭하며 비난이 아닌 책임의 차원에서 조직에 활기를 불어넣는다. 그리고 위험에 처한 핵심결과를 다시 정상 궤도로 올려놓고, 타당한 근거가 있을 때는 핵심결과를 수정하거나 다른 항목으로 대체하도록 한다.

슈퍼파워 #4 - 최고를 향한 도전(12, 13, 14장)

OKR은 우리가 가능하다고 생각하는 것보다 훨씬 더 많은 것을 성취하도록 격려한다. 또한 자신의 한계를 시험하고 실패할 자유를 허락함으로써 가장 창조적이고 도전적인 자아로 나아가게 재촉한다.

2부에서는 OKR 활용법을 소개하고 새로운 비즈니스 세상을 전망한다.

CFR(15, 16장)

연간 성과 평가 시스템의 폐해를 겪는 기업들은 지속적 성과 관리를 대안으로 모색하고 있다. 여기서 나는 OKR의 동생이라 할 수 있는 CFR(대화Conversation, 피드백Feedback, 인정Recognition) 개념을 소개한다. 또한 OKR과 CFR이 어떻게 연결되어 관리자와 직원, 조직 전반을 새롭게 도약하도록 만드는지 보여준다.

끊임없는 발전(17장)

체계적인 목표 설정과 지속적 성과 관리를 위한 좋은 사례로, 생산에서 마케팅, 세일즈에 이르기까지 운영의 모든 측면에서 OKR을 활용한 최첨단 피자 기업을 소개한다.

조직 문화의 중요성(18, 19, 20장)

직장 내에서 OKR의 영향력을 살펴보고, 조직 문화를 어떻게 바꾸고 강화할 수 있는지 살펴본다.

보노의 아프리카 원ONE캠페인에서 유튜브, 그리고 구글의 열 배 성장에 이르기까지 다양한 사례의 여정을 따라가는 동안, 그 뒤에 숨어 있는 OKR과 CFR의 역할에 주목할 것이다. 이들 사례는 체계적인 목표 설정의 범위와 잠재력, 지속적 성과 관리를 보여주며 이를 통해 어떻게 업무 방식을 바꿀 수 있는지 생생하게 증명한다.

— 2장 —

OKR의 아버지

많은 이들이 열심히 일하고 조금밖에 거두지 못한다.

− 앤디 그로브 Andy Grove

이 모든 이야기는 헤어진 내 여자 친구로부터 시작됐다. 어느 날, 앤은 나를 떠났다. 실리콘밸리에서 일한다는 소식은 들었지만 정확하게 어느 회사에 들어갔는지는 몰랐다. 하버드비즈니스스쿨을 다니던 1975년 여름방학이었다. 무작정 차를 몰고 요세미티를 거쳐 실리콘밸리로 향했다. 일자리도, 살 집도 구하지 않은 채 말이다. 어떤 앞날이 펼쳐질지 알 수 없었다. 그래도 컴퓨터 프로그래밍 실력만큼은 자신 있었다.* 라이스 대학원에서 전기공학을 공부하는 동안에 그래픽 소프트웨어 기업을 공동

---

* 나는 기술 마니아들이 열광했던 미니컴퓨터 PDP-11를 가지고 프로그래밍을 공부했다.

으로 설립했고, IBM에 맞서 싸우는 "일곱 난쟁이" 중 하나인 버로우스에 납품하기도 했다. 참으로 즐거운 시절이었다.

실리콘밸리에 도착하자마자 벤처 캐피털 기업에서 인턴십을 알아보기 시작했다. 하지만 나를 받아주는 곳은 없었다. 결국 실리콘밸리 중심부 산타클라라에 있는 칩 제조사에 원서를 내보기로 했다. 그 업체의 이름은 인텔이었다. 그곳에서 전화로 닿을 수 있는 가장 높은 인물인 빌 데이비도우와 통화를 했다. 당시 데이비도우는 마이크로컴퓨터 사업부를 이끌고 있었다. 나는 벤치마킹 작업을 할 수 있다는 점을 강조했고, 그는 면접을 제안했다.

인텔 산타클라라 본사에 들어서자 낮은 파티션들이 탁 트인 공간을 분할한 모습이 보였다. 당시만 해도 이러한 광경은 일반적인 사무실의 모습이 아니었다. 간단한 이야기를 나눈 뒤, 데이비도우는 내게 마케팅 매니저 짐 랠리Jim Lally를 소개시켜주었다. 이어서 랠리가 팀원들을 소개시켜주었다. 그렇게 오후 5시부터 나는 앞으로 폭풍처럼 성장하게 될 상징적인 IT 기업 인텔에서 여름 인턴십을 시작했다. 게다가 뜻밖의 행운도 따랐다. 내 자리에서 그리 멀지 않은 곳에 앤의 책상이 있었던 것이다. 내가 얼굴을 들이밀었을 때 그녀는 썩 반가운 표정은 아니었다. 그래도 우리는 노동절 휴일에 데이트를 했고, 다시 만나보기로 했다.

오리엔테이션이 진행되는 동안에 데이비도우는 나를 불러 이렇게 말했다. "존, 알아둬야 할 게 있네. 우리 조직을 실질적으로 이끄는 인물은 앤디 그로브라는 사람이야." 당시 그로브의 직함은 부사장이었다. 그는 그로부터 12년 후 고든 무어Gordon Moore의 뒤를 이어 인텔 CEO가 되었다. 앤디는 인텔의 의사소통자이자 경영자, 최고업무관리자였다. 모두들 그를 실질적인 책임자로 여겼다.

사실 앤디는 30년 동안 조직을 이끌어온 '인텔 삼인방'의 구성원이 되기에 유리한 위치는 아니었다. 가장 먼저, 고든 무어는 수줍음 많은 존경받는 사상가이자, 기술의 기하급수적 발전 속도를 예측한 무어 법칙의 창시자였다(무어 법칙은 컴퓨터 프로세싱 파워가 2년마다 두 배로 성장한다고 말한다). 그다음으로 집적회로, 즉 마이크로칩의 공동 개발자 로버트 노이스Robert Noyce는 카리스마 넘치는 아웃사이더였다. 그 산업의 대표적인 인물인 노이스는 의회 청문회에 있을 때나, 웨건휠에서 술을 마실 때나 한결같이 편안한 표정이었다(반도체 분야 사람들은 광란의 파티를 벌이는 것으로 유명했다).

마지막은 앤디 그로브다. 그는 헝가리 난민(원래 이름은 András István Gróf)으로 스무 살에 나치를 피해 미국으로 망명했다. 당시 앤디는 빈털터리에 영어는 한마디도 하지 못했고, 청각 장애도 있었다. 곱슬머리의 그는 열정적이고 의지가 강한 인물이다. 앤디는 노력과 역량만으로 실리콘밸리에서 유명한 기업의 수장이 되었고 조직을 성공적으로 이끌었다. 그가 CEO로 있었던 11년 동안, 인텔은 연간 40퍼센트가 넘는 수익을 주주에게 돌려주었다. 무어의 법칙에 필적할 만한 놀라운 성과였다.

인텔은 경영 혁신을 위한 앤디의 실험실이었다. 그는 가르치는 일을 좋아했다. 그리고 인텔은 그로부터 많은 도움을 얻었다.* 입사하고 나서 머칠 후, 나는 iOPEC Intel's Organization, Philosophy, and Economics이라는 전략과 경영을 주제로 한 세미나에 참석하게 되었다. 그 세미나의 강연자는 다름 아닌 앤디 그로브 박사였다.

그로브는 한 시간 강의에서 인텔 역사를 연대기 형태로 설명했다.[1] 그리고 인텔이 이룩한 중요한 성취를 이렇게 요약했다. 수익성은 산업 평균의 두 배였고 출시한 모든 제품군에서 리더의 자리를 지켰으며 모든 구성원에게 "도전 과제"와 "성장 기회"를 안겨주었다.** 이것은 객관적인 평가였다. 그 비슷한 이야기를 하버드 시절에 듣기도 했었다.

앤디 그로브, 1983년.

나는 그로브의 강연에서 강한 인상을 받았다. 그는 예전에 몸 담았던 페어차일드에 관한 이야기도 들려줬다. 그로브는 그곳에서 노이스와 무어를 처음 만났고, 실리콘웨이퍼silicon wafer(집적회로 생산의 기반이 되는 얇은 규소판－옮긴이)를 만드는 새로운 방법을 발견했다. 당시 페어차일드는 산업의 표준과 같은 존재였지만 한 가지 문제가 있었다. 그곳에는 "성취 지향성"이 부족했다.

앤디는 이렇게 설명했다. "페어차일드는 기술 전문성을 가치 있게 여기는 기업이었습니다. 전문성은 직원의 채용과 승진을 결정하는 기준이었죠. 하지만 그러한 전문성을 실질적인 성과로 전환하려는 노력은 부족했습니다." 그의 이야기는 계속되었다. 그러나 "인텔은 정반대였죠. 무엇을 알고 있느냐는 중요하지 않습니다. 인텔이 정말로 중요하게 생각한 것은 무엇을 아는지, 그것으로 무엇을 성취할 수 있는지였습니다." 이러한 생각은 "인텔은 실현한다"라는 슬로건과 일맥상통한다.

'무엇을 아는가는 중요하지 않다.' 중요한 것은 지식이 아니라 실행이다. 그것은 내가 하버드에서 배운 것과는 전혀 다른 접근 방식이었다. 나중에 나는 그 슬로건이 신뢰를 구하기 위한 현실적인 주장이라는 사실을 깨달았다. 그로브의 강의는 거기서 멈추지 않았다. 마지막으로 그는 인텔이

---

* 스탠포드 대학 시절, 그로브는 매년 100시간을 60명의 경영대학원 학생을 위해 썼다.

**그로브의 세미나 영상은 www.whatmatters.com/grove에서 볼 수 있다.

세 살이던 1971년에 개발을 시작한 시스템의 내용을 대략적으로 설명해주었다. 그때가 바로 내가 처음으로 공식적인 목표 설정 시스템을 접했던 순간이었다. 나는 그의 이야기에 흠뻑 빠져들었다.

그때 OKR의 아버지가 들려준 이야기를 부분적으로나마 소개한다.*

> 중요한 두 가지 개념은 목표와 핵심결과입니다. 이 둘은 서로 다른 목적을 갖고 있습니다. 우선 목표는 방향을 의미합니다. 가령 "미드레인지 마이크로컴퓨터 컴포넌트 시장을 장악할 것이다"는 목표입니다. 목표는 우리가 가고자 하는 목적지입니다. 그다음으로 "8085 모델의 열 가지 새로운 형태를 설계하기"는 핵심결과입니다. 핵심결과는 목적지로 나아가는 과정에서 마주치는 이정표입니다. 목표와 핵심결과는 그런 차이가 있습니다.
>
> 핵심결과는 측정 가능해야 합니다. 마지막 시점에 그 성취 여부를 분명하게 판단할 수 있어야 합니다. 결과가 나타났는가, 아닌가? 그게 전부입니다. 여기에는 주관적인 판단이 끼어들 여지가 없습니다. 반면에 미드레인지 마이크로컴퓨터 시장을 장악했는가? 그것은 논의의 대상입니다. 그러나 열 가지 새로운 설계를 내놓았는지는 분기 말에 분명히 확인할 수 있습니다.

그로브는 OKR이 "지극히 간단한 시스템"이라고 설명했다. 그는 단순함이야말로 당시 청중석에 앉아 있던 엔지니어들이 진정으로 선호하는 특성이라는 사실을 잘 알고 있었다. 그의 설명은 대단히 상식적이면서 논리적이었고 열정을 자극했다. 기존 관리 방식에 염증을 느끼던 엔지니어들에게 OKR 개념은 신선하면서 특별했다. 하지만 엄밀히 말해서 "목표와 핵심결과"라는 개념을 그로브 혼자서 만들어낸 것은 아니다. 비엔나 출신의 전설적인 혁신가이자 최초의 "현대적인" 경영 사상가인 피터 드러커, 그가 바로 이 시스템의 전조였다.

MBO의 선조

20세기 초 경영 이론의 선조들 중 프레더릭 윈슬로 테일러Frederick Winslow Taylor와 헨리 포드Henry Ford는 성과를 체계적으로 측정하고 개선하는 방법을 처음으로 분석하기 시작했다. 그리고 두 사람은 수직 조직이야말로 가장 효율적이고 수익성 높은 시스템이라고 결론 내렸다.** 테일러의 주장에 따르면 과학적 경영이란 "직원의 임무에 대한 구체적인 정의와 가장 효율적으로 임무를 처리하는 방법에 대한 이해"로 구성된다.[2] 그로브는 이렇게 설명했다. "그들의 결론은 확실하고 체계적인 시스템이었다. 그 속에는 지시를 내리는 자와 그 지시를 무조건 수행하는 자가 있다."[3]

---

* 그로브의 말투에는 헝가리인의 온화한 억양이 살짝 남아 있었다.

** 당시 매사추세츠주의 메리 파커 폴릿(Mary Parker Follett)은 더욱 진보적인 시스템을 제시했지만 널리 인정받지 못했다. 폴릿은 자신의 글 〈The Giving of Orders〉(1926)에서 경영자와 근로자 간의 권한 공유와 협력적 의사 결정을 통해 더 나은 비즈니스 모형을 구축할 수 있다고 주장했다. 테일러와 포드가 수직 체계에 주목했다면 폴릿은 네트워크 조직에 관심을 기울였다.

그리고 반세기가 흘러 교수이자 저널리스트, 역사가인 피터 드러커가 등장해서 테일러-포드 모형을 허물기 시작했다. 드러커는 자신의 새로운 경영 이론을 이상적이고 성과 중심적이면서 동시에 인간적인 것이라고 설명했다. 그는 기업이 "그저 돈 버는 기계가 아니라 근로자의 신뢰와 존경을 기반으로 구축된" 공동체가 되어야 한다고 주장했다. 더 나아가 근로자가 기업 목표를 수립하는 과정에 참여해야 한다고도 말했다. 그리고 기존의 위기관리 대신 데이터에 기반을 둔, 근로자들 사이의 정기적인 논의를 거쳐 장기적 계획과 단기적 계획 사이의 균형점을 찾아야 한다고 강조했다. 또한 드러커는 "개인이 자신의 장점과 권한을 완전하게 발휘하고 동시에 공동의 비전과 방향에 따라 팀워크를 구축하고 개인의 목표를 조직의 성공과 일치시키는 경영 원칙"의 지도를 그리고자 했다.⁴ 그는 인간 본성의 기본적인 특성을 잘 알았다. 또 사람들이 실행 절차를 결정하는 과정에 참여할 때 목표를 더욱 분명하게 이해하게 된다고 생각했다.

1954년에 발표한 기념비적인 저서 《경영의 실제The Practice of Managament》에서 드러커는 이러한 생각을 "목표와 자기 통제를 기반으로 한 경영Managament by Objective and Self-control"이라는 개념으로 설명했다. 이것은 이후 앤디 그로브가 구축한 사상의 기반이 되었고, 또한 오늘날 OKR 시스템의 출발점이 되었다.

1960년대에 시대를 앞섰던 많은 기업이 목표관리management by objectives, 이하 MBO 이론을 받아들였다. 대표적인 기업으로 휼렛 패커드가 있다. 사실 MBO는 당시 널리 찬사를 받았던 "HP 방식"의 일부였다. 많은 기업이 여러 가지 주요 과제에 집중하면서 인상적인 성과가 하나둘 나타나기 시작했다. 70건에 달하는 연구에 대한 메타 분석에 따르면 MBO를 향한 기업의 뜨거운 관심은 56퍼센트 생산성 향상으로 이어졌다. MBO에 대한 관심의 온도가 낮았던 기업군이 보인 6퍼센트 향상과 비교해 실로 놀라운 수치였다.[5]

그러나 MBO는 곧 한계를 드러냈다. 많은 기업이 중앙 집중적인 방식으로 목표를 수립했고, 그렇게 정한 목표를 수직 체계를 거쳐 천천히 하달했다. 그러나 목표에 대한 정기적인 수정이 이뤄지지 못하면서 실행은 정체되었다. 결국 목표는 조직 내에 애매모호한 형태로 남거나 애초의 취지와 맥락이 사라진 핵심성과지표key performance indicator, KPI라는 형식적인 숫자로 전락했다. 그중 가장 치명적인 피해는 MBO가 연봉 및 보너스 기준과 직접적으로 연결되기 시작했다는 점이었다. 위험을 감수했다가 불이익을 받을 수 있다면 왜 굳이 힘든 과제에 도전한단 말인가? 이러한 문제로 MBO 시스템에 대한 열광은 1990년대에 시들어버렸다. 드러커 역시 이렇게 비판했다. MBO는 "한 가지 도구"에 불과하며 "경영의 비효율성을 해결해줄 새로운 대안이 아니다."[6]

결과 측정하기

앤디 그로브는 제조와 생산 분야의 원칙을 관리적·전문적·경영적 직군인 "소프트 분야"로 확대해 적용했다는 점에서 위대하다. 그로브는 "결과를 중요하게 생각하는 작업 환경"을 구축하고자 했다.[7] 그리고 드러커가 언급한 "활동의 덫"(관리자가 일상적인 업무에 너무 깊이 개입하면서 주요한 목표를 잊게 되는 위험-옮긴이)을 피하고자 했다. "업무 활동을 확대하는 것과 달리 결과에 집중하는 것이야말로 생산성 향상의 핵심이다." 생산 근로자의 경우, 결과와 업무 활동을 구분하는 것은 어렵지 않다. 하지만 지식 근로자의 경우는 그렇지 않다. 이와 관련하여 그로브는 두 가지 수수께끼를 놓고 씨름했다. "지식 근로자의 성과를 어떻게 정의하고 측정할 것인가? 그리고 그 성과를 높이기 위해 무엇을 해야 하는가?"

그로브는 경영 과학자였다. 그는 막 떠오르기 시작하던 행동과학과 인지심리학 분야에서 아이디어를 얻었다. 당시 최신 경영 이론들은 헨리 포드의 전성기보다 "근로자를 더 열심히 일하게 만드는 방법"에 주목했지만 이에 대한 여러 대학의 연구 결과는 이런 평가를 내렸다. "특정 경영 방식이 다른 방식보다 더 낫다는 사실을 보여주지 못했다. 최고의 경영 방식이 존재하지 않는다는 결론을 부정하기 힘들다." 인텔 시절에 그로브는 "공격적이면서 동시에 내향적인" 그리고 문제를 빠르고 객관적이고 체계적이며 실질적으로 해결할 역량을 갖춘 인재를 뽑았다.[8] 그 인재는 그로브에게서 동료를 공격하지 않으면서 문제를 해결하는 기술을 배웠다. 그들은 조직 정치에서 벗어나 빠르고 효율적이고 협력적인 방식으로 의사 결정을 내렸다.

인텔은 시스템을 기반으로 운영됐다. 그로브는 드러커를 추모하는 차원에서 자신이 개발한 목표 설정 시스템을 "iMBO Intel Management by Objectives, 인텔목표관리"라고 이름 붙였다. 그러나 이것은 기존 MBO와는 완전히 다른 개념이었다. 혼동을 피하기 위해 그로브는 목표에 대해 이야기할 때마다 자신이 만들어낸 용어인 "핵심결과"를 항상 함께 언급했다. 이 책에서 나는 그로브의 뜻을 이어받아 목표와 핵심결과로 구성된 그 경영 방식을 "OKR"이라고 부를 것이다. OKR은 거의 모든 측면에서 기존의 경영 방식을 부정했다.

내가 인텔에 입사했던 1975년에는 그로브의 OKR 시스템이 활발하게 돌아갔다. 인텔의 모든 지식 근로자는 iOPEC 세미나가 끝나고 며칠 안에 월 주기로 각자의 목표와 핵심결과를 작성했다. 나의 상사 역시 그렇게 하도록 지시했다. 그때 나는 인텔이 막 진입했던 8비트 마이크로프로세서 시장에서 최고의 우위를 자랑하던 8080 모델의 벤치마킹 작업을 맡고 있었다. 나는 인텔 칩이 얼마나 빠르고 경쟁력이 높은지 구체적으로 보여주는 것을 목표로 잡았다.

MBO vs. OKR

MBO	인텔 OKR
무엇	무엇과 어떻게
1년 주기	분기 혹은 월 주기
개인별 혹은 부서별	공식적이고 투명한
하향식	상향식 혹은 수평식(~50%)
보상과 연결	대부분 보상과 관련 없음
위험 회피적	공격적이며 도전적

인텔에서 내가 작성했던 OKR 자료는 클라우드 서비스가 없던 시절이라 대부분 사라져 남아 있지 않다. 그래도 처음 작성한 OKR의 핵심 내용은 아직도 기억한다.

목표
모토롤라 6800과 비교하여 8080의 뛰어난 성능을 보여주기

핵심결과(평가 기준)

1. 5가지 벤치마킹 작성
2. 데모 개발
3. 현장 근로자를 위한 세일즈 교육 자료 개발
4. 고객 업체 세 군데를 방문하여 자료의 유용성 확인

인텔의 활력소

그 시절 나는 IBM 셀렉트릭 타자기로 OKR을 타이핑했다(상업용 레이저 프린트가 나오기까지 1년 넘게 기다려야 했다). 그리고 타이핑한 종이를 사람들이 쉽게 볼 수 있도록 내 자리에 붙여놓았다. CEO를 비롯한 모두가 볼 수 있게 개인적인 목표를 큼직하게 붙여놓은 것은 그때가 처음이었다. 그리고 얼마 지나지 않아 나는 OKR이 내 주요 업무를 공식적으로 드러낸다는 것을 이해하게 되었다. 누군가 데이터를 들고 찾아와 타이핑을 해달라고 부탁해도 자연스럽게 요청을 거절할 수 있었다. OKR이 나를 보

호했던 것이다. OKR은 나를 찾는 모든 이에게 내 주요 업무가 무엇인지 분명하게 보여주었다.

앤디 그로브가 있었던 동안에 OKR은 인텔의 활력소였다. 사무실 출입문과 중앙에는 직원들의 OKR이 매주 하나씩 돌아가며 붙었다. 그리고 직원 회의에서는 2주일에 한 번, 부서 회의에서는 월별, 분기별로 OKR에 대해 논의했다. 인텔은 OKR을 통해 수만 명의 직원이 수백만 개의 실리콘과 구리선에 대해 100만 분의 1미터의 정확성을 구현하도록 했다. 반도체 생산은 까다로운 일이다. 엄격한 공정 없이는 아무것도 만들 수 없다. OKR은 인텔 조직 전반에 걸쳐 무엇에 집중해야 하는지 끊임없이 상기시켰다. 그리고 우리가 무엇을 추구해야 하고, 무엇을 하지 말아야 하는지 구체적으로 일러주었다.

벤치마킹 작업을 하는 동안 나는 인텔의 국내 세일즈 팀을 대상으로 하는 교육 프로그램 진행도 함께 맡았다. 입사 후 몇 주가 흘러, 8080 모델을 가장 잘 아는 직원이 스물세 살의 인턴이라는 소문이 그로브의 귀에 흘러들어 갔다. 어느 날, 그로브는 느닷없이 나를 불러 이렇게 말했다. "자네, 나랑 같이 유럽에 가볼 텐가?" 여름철 인턴 사원에게는 파격적인 제안이었다. 그렇게 나는 그로브와 그의 아내 애바와 함께 파리와 런던, 뮌헨으로 출장을 떠났다. 우리는 유럽 지역의 세일즈 직원을 대상으로 교육을 했다. 그리고 세 군데 업체를 방문해서 두 곳과 계약을 체결했다. 그 과정에서 나도 최선을 다했다. 나중에 우리는 미슐랭 가이드에서 별점을 받은 레스토랑에서 만찬을 즐겼다. 그로브는 와인에 해박했다. 그는 나를 마음에 들어 했고 나는 그를 존경했다.

캘리포니아로 돌아온 뒤, 앤디는 빌 데이비도우에게 내가 졸업 후 정식 직원으로 입사하게 하라는 서신을 보냈다. 그해 여름은 놀랍고 흥미진진한 배움의 시간이었다. 나는 하버드를 중퇴해도 괜찮겠다는 생각까지 했다. 하버드보다 인텔에서 더 많은 것을 배울 수 있다고 확신했기 때문이다. 하지만 결국 타협을 했다. 나는 하버드로 돌아갔고, 그동안 인텔의 DEC Digital Equipment Corporation 계정에서 파트타임으로 일하며 인텔이 마이크로프로세서 제품을 출시하고 널리 홍보하는 과정에 기여했다. 이후 학위를 받자마자 인텔로 돌아갔다. 그리고 4년 동안 그곳에 머물렀다.

앤디 그로브, OKR의 화신

개인용 컴퓨터 산업이 시작된 1970년대 중반은 신선한 아이디어와 신생 기업이 모습을 드러내던 때였다. 입사 첫 해에 나는 프로덕트 매니저로서 PC 산업의 제단에 무릎을 꿇었다. 그로브와의 각별한 관계는 그대로였다. 어느 봄날, 나는 그로브와 함께 샌프란시스코 시민회관에서 처음으로 열린 웨스트코스트 컴퓨터 박람회를 찾았다. 거기서 우리는 한 전직 인텔 임원이 첨단 그래픽 디스플레이 기술을 갖춘 애플 II를 시연하는 모습을 보았다.

나는 그로브에게 말했다. "우리도 이미 운영 시스템을 개발했습니다.

마이크로칩도 완성되었고 컴파일러도 있습니다. BASIC 사용 허가도 받았습니다. 인텔도 이제 개인용 컴퓨터를 출시해야 합니다." 하지만 그로브는 칩과 부품으로 가득한 우리의 가방을 뚫어지게 바라보는 업자들을 지나 복도를 걸어가면서 나를 빤히 쳐다보았다. 그리고 이렇게 말했다. "그건 취미용에 불과해. 우리는 절대 PC 시장에 뛰어들지 않을 거야." 나는 실망했다. 실제로 인텔은 PC 시장에 진출하지 않았다.

그로브는 자신의 주장을 분명하게 드러내는 성격은 아니었지만 열정적인 경영자로서 충분한 자질을 갖추었다. 어떤 관리자가 역할을 다하지 못할 때, 그로브는 그에게 새로운 역할을 찾아주었다(조금은 낮은 직급의 역할을). 그리고 그 관리자가 성공하면 기존의 지위와 명예를 다시 회복시켜주었다. 또한 그는 해결사였다. 한 인텔 역사가가 언급했듯이[9] 그는 "자신이 무엇을 원하고 어떻게 얻을지 정확히 알았다." 말하자면 그로브는 걸어 다니는 OKR이었다.

인텔은 버클리의 자유언론운동(캘리포니아 대학 버클리 캠퍼스에서 시작된 사회운동으로 학생의 정치 활동을 추구했다-옮긴이), 헤이트 애쉬베리 지역의 꽃의 아이들(기득권과 자본주의를 거부하고 사랑과 평화의 공동체를 이상으로 삼았던 히피족-옮긴이) 시대에 탄생했다. 당시 젊은이들은 엄격함을 시대에 뒤떨어진 태도라고 보았다. 젊은 엔지니어들 역시 마찬가지였다. 젊은 신입 사원들이 제시간에 출근하지 않는 것 때문에 인텔은 많은 어려움을 겪었다.

이 문제를 해결하기 위해 그로브는 사무실 입구에 출석표를 붙여놓았다. 그는 8시 5분 이후로 사무실에 들어오는 모든 직원에게 출근 시각을 이 표에 기록하도록 했다. 우리는 그것을 "앤디의 지각 명단"이라고 불렀다. 그로브는 매일 아침 정각 9시에 그 명단을 회수했다(나는 지각할 때면 9시 5분까지 주차장에 쭈그려 앉아 있곤 했다). 그 명단에 이름을 기입하지 않은 사람은 지각 여부를 알 수 없었다. 하지만 어쨌든 앤디의 지각 명단은 엄격함을 강조하는 인텔의 상징이었다.

그로브는 모두에게 엄격했다. 무엇보다 자기 자신에게 그랬다. 자신감 넘치는 자수성가형 인물인 그로브는 자칫 오만해 보일 수도 있었다. 그러나 잘못된 행동이나 잡담만 나누는 회의, 혹은 틀린 정보를 담은 제안서 때문에 어려움을 겪는 법은 없었다(그의 책상 위에 놓인 여러 개의 도장 중 하나에는 '엉터리 bullshit'라는 문구가 새겨져 있었다). 그로브는 최고의 문제 해결 방법은 "창조적 직면", 다시 말해 "있는 그대로 말하고 변명을 늘어놓지 않는 태도"로 사람을 대하는 것이라고 믿었다.*

앤디 그로브는 다혈질이었지만 현실적이고 친근했으며 좋은 아이디어에는 언제나 마음이 열려 있었다. 그는 예전에 〈뉴욕타임스〉 인터뷰에서 이렇게 말했다.[10] 인텔의 관리자는 "회의에 참석해서는 직급을 완전히 내려놓아야 합니다." 그리고 중요한 의사 결정은 "자유로운 논의, 즉 효율적이고 평등한 절차를 통해 이뤄져야" 한다고 믿었다. 그로브에게 인정을 받으려면 다른 의견을 제시하고, 자기의 입장을 고수하고, 최종적으로 그 입장이 옳다고 말할 수 있는 근거를 내놓아야 했다.

내가 프로덕트 매니저로 18개월을 보내는 동안 시스템 마케팅 책임자이자 존경하는 스승 짐 랠리는 이런 이야기를 들려주었다. "도어, 훌륭한 관리자가 되려거든 지금 하는 일 외에도 물건을 팔고, 거절을 당하고, 목표를 달성하는 법을 배워야 하네. 전문적인 기술 분야에 안주할 수도 있겠지만, 비즈니스 세상에 뛰어든다면 팀 성과에 따라 자네의 성공과 실패가 결정 날 걸세."

1978년, 나는 앤과 결혼한 뒤 시카고로 넘어갔다. 중서부 지역을 담당하는 기술 영업사원으로 자리를 옮긴 것이다. 내가 원하던 최고의 자리였다. 나는 고객 기업이 첨단 투석 기계나 신호등 통제기를 개발할 수 있도록 돕는 일을 좋아했다. 그리고 이들에게 컴퓨터에서 두뇌 역할을 하는 인텔 마이크로프로세서 제품을 판매하는 일을 좋아했다. 다행스럽게도 나는 그 일을 매우 잘했다(솔직하게 말해서, 영업사원으로서 재능은 물려받은 것이다. 나의 아버지 루 도어 역시 사람과 영업 일을 좋아하는 엔지니어였다). 나는 예전에 벤치마킹 작업을 직접 수행했기 때문에 프로그래밍의 경쟁력을 확신하고 있었다. 영업사원으로 자리를 옮긴 첫 해, 내게 떨어진 매출목표는 무려 100만 달러였다. 그래도 나는 해냈다.

시카고 시절을 마무리하고 나서는 마케팅 매니저 자격으로 다시 산타클라라로 돌아왔다. 내게는 작은 팀이 주어졌다. 나는 갑작스럽게 팀원의 업무를 관리하고, 목표를 기준으로 그들의 성과를 평가하는 일을 맡게

＊ 우리는 그로브가 가까우면서도 복잡한 관계를 맺고 있던 스티브 잡스에게 미친 영향을 확인할 수 있다.

되었다. 이를 위해 그로브의 목표 설정 시스템을 보다 완전하게 이해하고자 했고, 이를 통해 나의 기술 영역을 한층 넓힐 수 있었다. 또한 상사의 도움으로 더 많은 원칙을 마련함으로써 일관성을 높였다. 나는 OKR 시스템을 기반으로 투명하게 의사소통을 하고, 팀원이 핵심 업무를 효율적으로 처리할 수 있도록 도왔다. 물론 그 어떤 일도 저절로 이뤄지지 않았다. 그래도 노력하는 과정에서 목표와 핵심결과의 중요성을 다시 한번 깊이 있게 깨닫게 되었다.

이후 1980년에는 클라이너 퍼킨스로부터 함께 일해보자는 제안을 받았다. 나는 그 기회를 잡아 기술적인 전문성을 새로운 조직에서 활용할 수 있겠다는 생각이 들었다. 그리고 결국 인텔을 떠나기로 결심했다. 그로브는 나의 결정을 이해하지 못했다(그는 손자를 제외하고 회사 일을 최고의 우선순위로 두었다).

그로브는 자신의 마음을 있는 그대로 상대에게 드러내 보이는 놀라운 재능이 있었다. 당시 인텔 사장이었던 그는 이렇게 말했다. "도어, 임원으로 승진해서 손익계산서를 직접 검토하는 기회를 잡아봐야 하지 않겠어? 난 자네가 인텔의 소프트웨어 사업부를 맡아줬으면 하는데 말이야." 사실 소프트웨어 사업부는 그때 존재하지 않았던 부서였다. 그러고는 이렇게 덧붙였다. "벤처 캐피털은 자네가 갈 만한 데가 아냐. 그저 부동산 중개인이 되는 거라고."

앤디 그로브가 남긴 것

파킨슨병으로 오랫동안 고생했던 그로브는 79세의 나이로 세상을 떠났다. 그때 〈뉴욕타임스〉는 그를 "컴퓨터와 인터넷 시대를 살아가는 동안 많은 존경을 받고 영향력을 발휘했던 인물"이라고 평가했다.[11] 물론 그로브는 고든 무어처럼 불멸의 이론가나 밥 노이스Bob Noyce 같은 유명인은 아니었다. 또한 경영학 신전에서 피터 드러커와 나란히 앉을 만한 거물도 아니었다. 하지만 그로브는 우리의 삶을 바꿔놓았다. 페어차일드에서 첫 번째 실험을 시작하고 30년의 세월이 흐른 1997년, 《타임》은 그로브를 올해의 인물로 선정하면서 "마이크로칩 파워와 그 혁신적인 잠재력을 크게 높였다"고 선정 이유를 밝혔다.[12] 앤디 그로브는 최고의 엔지니어와 최고의 경영자를 결합한 보기 드문 유형의 인물이었다. 나는 지금도 그가 몹시 그립다.

그로브 박사의 기본적인 OKR 관리법

건강한 OKR 문화의 핵심 가치라 할 수 있는 지성적으로 극단적인 솔직함, 이타주의, 조직에 대한 헌신은 앤디 그로브의 삶에서 비롯됐다. 그리고 OKR 시스템의 실질적인 운영 방식은 그로브가 품은 엔지니어 정신에서 나왔다. OKR은 그로브의 유산이자 가장 중요한 경영 실천이다. 여기서는 OKR의 대가인 그로브, 그리고 그의 제자이자 나의 스승인 짐 랠리로부터 얻은 몇 가지 교훈을 소개하고자 한다.

적은 것으로 더 많은 것을 얻는다. 그로브는 이렇게 말했다. "적절하게 선택한 소수의 목표는 '예', 혹은 '아니오'라고 말해야 할 것에 대해 분명한 메시지를 들려준다." 주기당 3~5개로 OKR의 수를 제한해 기업, 팀, 개별 구성원이 중요한 가치에 집중하도록 만들 수 있다. 한 가지 목표에 다섯 가지 핵심결과가 대응되는 것이 좋다(4장 참조).

명령은 없다. OKR은 우선순위를 선택하고 성과를 어떻게 측정할 것인지 정의하는 협력적인 상호 계약이다. 조직의 목표에 대한 논의가 모두 끝났다고 해도 핵심결과는 여전히 협의의 대상이다. 조직 구성원의 동의는 목표 달성의 핵심이다(7장 참조).

유연성을 유지할 것. 시장 환경이 변하면서 목표가 현실적인 의미를 잃는다면 핵심결과는 얼마든지 수정되거나 폐기될 수 있다(10장 참조).

과감한 실패. 그로브는 이렇게 말했다. "모두가 쉬운 목표가 아닌 힘든 목표를 향해 달릴 때 더 위대한 결과를 얻을 수 있다. (……) 자신과 팀원이 최고 성과를 올리기 바란다면, 도전적인 목표 설정은 무엇보다 중요하다." 구체적인 업무 목표는 완전하게 달성해야 하지만 도전적인 OKR은 쉽게 도달할 수 없는 부담감을 주는 것이어야 한다. 그로브가 말하는 "도전적인 목표"는 조직이 새로운 차원으로 도약해야 한다고 재촉한다(12장 참조).

무기가 아닌 도구. 그로브가 생각하는 OKR 시스템은 "일종의 페이스 메이커다.

OKR은 사람들에게 스톱워치를 나눠주고 스스로 기록을 확인하도록 만든다. 단지 성과 검토의 기준을 정의한 형식적인 문서가 아니다." 위험 감수를 자극하고 갈등을 예방하기 위해 OKR과 보상은 따로 구분해야 한다(15장 참조).

끈기와 단호함. 모든 과정은 도전과 실패를 요구한다. 그로브가 iOPEC 참석자들에게 말했듯이 인텔은 OKR을 도입하고 나서 "수차례 실패를 겪었다. 우리는 그 핵심 목적을 제대로 이해하지 못했다. 그리고 익숙해지기까지 오랜 시간이 필요했다." 기업이 OKR 시스템을 받아들이려면 4~5번의 분기를 거쳐야 한다. 게다가 목표 달성을 위한 충분한 역량을 갖추려면 그보다 더 오랜 시간이 필요하다.

— 3장 —

크러시 작전: 인텔 스토리

빌 데이비도우-Bill Davidow
- 전 인텔 마이크로컴퓨터 시스템 사업부 부사장

초창기 인텔의 생존을 위한 크러시 작전은 OKR에 관한 첫 번째 이야기 주제다. 크러시 작전의 사례는 OKR의 네 가지 슈퍼파워, 즉 집중focus, 정렬alignment, 추적tracking, 도전stretching의 개념을 잘 설명해준다. 그리고 무엇보다 OKR이라는 목표 설정 시스템이 어떻게 여러 부서와 수천 명의 직원이 공동 목표를 향해 일사분란하게 움직이도록 만드는지 보여준다.

나의 인텔 시절이 끝나갈 무렵, 인텔은 심각한 생존 위기에 봉착했다. 당시 앤디 그로브가 이끄는 인텔 경영진은 4주 동안 기업의 주요 과제를 새롭게 검토했다. 그들은 OKR을 기반으로 분명하고, 정확하고, 신속하게 전략을 실행에 옮겼다. 그리고 모든 구성원은 전열을 가다듬고 최고의 목표에 집중하기 시작했다.

1971년으로 돌아가서, 인텔 엔지니어 테드 호프Ted Hoff는 마이크로프로세서를 다목적 "컴퓨터칩" 방식으로 개발했다. 그리고 1975년, 빌 게이츠와 폴 앨런Paul Allen은 3세대 인텔 8080을 활용해 개인용 컴퓨터 혁명을 준비했다. 1978년, 인텔이 고성능 16비트 마이크로프로세서 8086을 출시하면서 가능성 있는 시장을 발견했다. 그러나 얼마 지나지 않아 인텔은 더 쉽고 빠르게 프로그래밍을 가능하게 만들어준 두 경쟁 모형에 일등 자리를 내주고 말았다. 그 둘은 모토롤라의 68000, 신생 기업 지로그Zilog의 Z8000이었다.

1979년 11월 말, 돈 벅아웃Don Buckout이라는 세일즈 매니저가 8쪽짜리 텔렉스를 황급히 본사로 보내왔다. 벅아웃의 상사 케이시 파웰Casey Powell은 그 메시지를 곧장 앤디 그로브에게 보여줬다. 이후 그로브는 다섯 차례에 걸쳐 조직의 위기에 대해 언급했고, 기업 혁신을 공식적으로 발표했다. 그리고 일주일 동안 인텔 경영진은 부정적인 소식에 직면했다. 다시 일주일 후, 인텔은 고위급 태스크포스 팀을 소집했고 이를 주축으로 시장에 대한 반격을 모색했다. 인텔 사람들은 지로그는 그리 위협적인 상대가 아니라고 생각했지만, 모토롤라는 그렇지 않았다. 시장의 골리앗이자 세계적인 브랜드 모토롤라는 인텔에 심각한 위협이 될 수 있었다. 짐 랠리는 다가올 전쟁을 이렇게 설명했다.

우리는 단 하나의 상대와 싸움을 벌였다. 바로 모토롤라다. 68000은 우리의 경쟁 상대다. 모토롤라를 죽여야 한다. 그게 게임의 목표다. 그 망할 녀석들을 박살 내야crush 한다. 본때를 보여 다시는 일어나지 못하도록 만들어야 한다.[1]

랠리의 이 말은 인텔의 시장 탈환 마케팅 캠페인인 크러시 작전의 모토가 되었다.* 1980년 1월, 크러시 작전 팀은 조직 전반의 혁신을 촉구하는 앤디 그로브의 영상을 들고 전 세계 현장으로 날아갔다. 인텔 영업사원들은 두 번째 분기부터 새로운 전략을 본격적으로 실행에 옮겼다. 그리고 세 번째 분기로 접어들면서 기술 역사에서 가장 도전적인 목표를 달성하기 위한 궤도에 올랐다. 그들은 2000번의 "디자인 승리design win"(반도체 분야에서 특정 기업의 칩이나 부품이 표준으로 인정받아 상당한 판매를 기록하는 현상 – 옮긴이), 다시 말해 8086 제품을 기존 시스템에 집어넣는 계약을 따내고자 했다. 인텔은 전쟁을 벌였고 압승을 거뒀다.

인텔은 크러시 작전 동안 단 하나의 제품도 수정하지 않았다. 그로브와 인텔 경영진은 단지 참여의 개념만 바꿨을 뿐이다. 그들은 조직의 장점을 극대화하기 위해 새로운 마케팅을 실시했다. 이로써 고객 업체들이 장기적인 시스템과 서비스, 단기적인 편의성 간의 차이에 주목하도록 했다. 그리고 프로그래머가 아니라 CEO를 대상으로 판매에 주력했다.

그로브는 당시 마이크로컴퓨터 시스템 사업부를 이끌던 빌 데이비도

---

* 이 명칭은 1970년대 말 미국 프로미식축구 팀 덴버 브롱코스(Denver Broncos)의 강력한 수비진을 일컫던 "오렌지 크러시"에서 따온 것이다.

우를 크러시 작전 지휘관으로 "임명했다." 데이비도우는 엔지니어이자 임원, 마케팅 전문가, 벤처투자자, 사상가, 저자로서 인텔에 오랫동안 많은 기여를 했다. 그중에서도 나는 한 가지 측면을 특히 중요하게 생각한다. 그것은 빌이 "기준에 따른 측정"이라는 개념을 인텔의 기업 OKR에 심어주었다는 것이다. 말하자면 그건 이런 뜻이다. "우리는 다음과 같은 핵심 결과를 기준으로 특정 목표를 성취할 것이다." 빌의 개념은 추상적인 것을 구체적인 것으로 바꿔놓았다.

컴퓨터역사박물관에서 열린 2013년 공개 토론회에서, 크러시 작전에 참여한 베테랑들은 인텔의 체계적인 목표 설정 방식을 떠올렸다.[2] 그리고 목표와 핵심결과를 어떻게 "현장 속에서" 활용했는지 설명했다. 이 책 81쪽에 소개된 크러시 작전의 OKR은 적절하게 배치된 '무엇', '어떻게'와 더불어 구체적인 마감 시간이 포함된 전통적인 형태의 OKR이다. 무엇보다 이 OKR은 실질적인 성과를 보였다.

짐 랠리는 이렇게 말했다. "그로브에게서 OKR이 왜 중요한지에 대한 설명을 듣기 전에는 목표와 핵심결과에 다소 회의적이었습니다. 직원들에게 유럽으로 날아가 일부는 프랑스로, 다른 일부는 독일이나 이탈리아로 진격하라고 명령한다 해도 아무런 쓸모가 없습니다. 스위스로 가라고 해도 마찬가지입니다. 그들이 서로 다른 방향을 바라보고 있다면 아무것도 이뤄지지 않을 겁니다. 반면 모두 같은 목적지를 향한다면 최고의 성과가 나올 겁니다. 이건 그로브가 내게 했던 말입니다. 그러고는 내가 이것을 가르쳐야 한다고 말했죠."

빌 데이비도우가 언급한 것처럼, OKR은 크러시 작전에서 그로브의 비밀 병기였다. OKR은 다각화된 대규모 조직에 새로운 활력을 불어넣었고 크러시 작전은 놀라운 진척 속도를 보였다. 모토롤라는 통합적인 목표를 지향했던 인텔을 상대로 단 한 번의 반격도 하지 못했다.

———

빌 데이비도우: 핵심결과는 실천을 뒷받침하기 위한 앤디 그로브의 접근 방식이다. 앤디는 인텔을 위대한 기업으로 만들기 위해 쉼 없이 애썼다. 그는 임원들이 외부 이사회 활동을 하지 못하도록 막았다. 인텔이 그들의 삶이 되길 원했기 때문이다. 목표와 핵심결과는 그러한 열정을 강화하는 역할을 한다.

조직에서 높은 지위를 차지한 사람은 가르침을 줄 수 있는 유리한 위치에 있다. 앤디는 그러한 위치를 적극 활용했다. 목표와 핵심결과는 인텔의 경영 시스템에 각인되어 있다. OKR은 또한 경영 철학이자 교육 시스템을 의미한다. 인텔의 모든 사람은 측정을 통해 성과를 개선할 수 있다는 사실을 직접 깨달았다.

인텔 임원들은 경영진 회의에서 앤디와 함께 기업 목표를 정했다. 모두 테이블에 둘러앉아 이렇게 최종 결정을 내렸다. "이것으로 결정합시다." 나는 사업부 관리자로서 기업 OKR의 핵심결과를 목표로 받아들였다. 또한 그 목표를 팀원들에게 보여줬고, 일주일 동안 다음 분기 과제에 대해 함께 이야기를 나눴다.

인텔의 OKR 시스템이 강력한 힘을 발휘할 수 있었던 것은 앤디가 직접 "우리가 할 일은 이것입니다"라고 말하고, 모두가 그를 적극적으로 지지했기 때문이다. 우리 모두는 승리한 팀의 일원이었고, 그런 분위기가 끝까지 이어지길 원했다.

일반 직원의 경우, OKR은 100퍼센트 성과에 다다르는 것을 의미한다. 그러나 관리자의 경우, 여기에 일상적인 책임이 추가된다. 목표가 장미 덤불을 아름답게 키우는 것이라면, 잔디를 푸르게 관리하는 것 역시 마땅히 해야 할 일이다. 이러한 의미에서 "직원의 사기를 높이기 위해 최선을 다할 것"은 핵심결과가 아니라 당연히 해야 할 일이다. 핵심결과는 따로

인텔 본사에서 촬영한 앤디 그로브와 빌 데이비도우, 1980년.

강조해야 할 것만 적어놓은 것이다.

인텔의 긴박함

1979년 12월, 나는 앤디 그로브가 소집한 경영진 회의에 참석해 불만을 잔뜩 털어놓았다. 마이크로프로세서를 담당한 임원들이 8086의 디자인 승리와 관련하여 더 높은 성과를 올리기를, 확신을 갖고 다시 한번 맞서 싸워보기를 원했기 때문이다. 이후 앤디는 나를 불러 이렇게 말했다. "그렇다면 자네가 한번 문제를 해결해보게." 그렇게 해서 나는 크러시 작전에 투입되었다.

8086 모델은 그 자체로 매출에 크게 기여하지는 못했지만 강력한 물결 효과를 보여줬다. 우리 사업부는 인텔 마이크로프로세서를 탑재한 시스템에 대해 설계보조기라고 부르는 소프트웨어 개발 시스템을 함께 판매했다. 성장세는 높았지만 여전히 고객 업체가 인텔 마이크로칩을 선택해주길 기다리는 처지였다. 8086을 들고 시장에 발을 들여놓고 난 뒤, 인텔은 EPROM(1971년 인텔이 개발한 프로그래밍이 가능한 ROM)은 물론 주변기기와 콘트롤러 칩도 함께 판매했다. 전체적으로 그 사업은 8086 매출의 열 배에 달할 것으로 보였다. 이러한 상황에서 8086이 죽는다면, 우리 사업부의 시스템 비즈니스 역시 위기에 처할 게 뻔했다.

그만큼 위험은 높았다. 인텔은 메모리칩 개발사로서 명성을 쌓은 이후에 집중 공격을 받았다. 또 얼마 후 DRAM(가장 널리 사용되는 경제적인 방식의 컴퓨터 메모리) 시장에서 신생 기업에 선두를 뺏겼다. 다시 정상을 탈환할 가능성은 높아 보이지 않았다. 게다가 일본 기업들은 수익성 높은 EPROM 시장까지 공격하기 시작했다. 마이크로프로세서는 인텔의 미래를 위한 상징적인 희망이었고 우리는 어떻게든 시장을 되찾아야 했다. 나는 당시 발표했던 프레젠테이션의 첫 장을 아직도 기억한다.

크러시 작전의 목적: 긴박함에 대한 인식을 촉구하고, 생존을 위협하는 경쟁자의 도전에 대처하기 위해 기업 차원에서 주요한 의사 결정을 내리는 것과 더불어 실행 계획을 세우기.

인텔의 태스크포스는 12월 4일 화요일에 소집되었다. 팀원들은 3일에 걸쳐 회의를 했다. 그것은 엄청나게 힘든 퍼즐을 풀기 위한 지성적인 도전이었다. 8086을 새롭게 개발할 시간은 없었다. 그래서 우리는 무엇을 팔 것인지, 그리고 모토롤라에 빼앗긴 경쟁력을 어떻게 회복할 것인지에 집중했다.

우리는 새로운 이야기를 만들어내야 한다고 결론 내렸다. 그리고 그 이야기로 고객들에게 오늘 선택한 마이크로프로세서가 향후 10년을 결정할 것이라는 사실을 설득해야 했다. 모토롤라는 분명히 이렇게 주장할 것이다. "우리는 분명한 명령어 집합을 갖추고 있다." 그러나 그들은 인텔의 광범위한 제품군이나 시스템 성능을 따라잡을 수 없었다. 기술 지원이나 관리 비용에서도 경쟁이 안 됐다. 그래서 우리는 인텔의 주변기기와 함께하면 제품을 더 신속하고 저렴하게 판매할 수 있다는 점을 고객 업체에 강조했다. 동시에 인텔 설계보조기를 활용해 엔지니어의 업무 효율성을 높일 수 있다고 주장했다.

당시 모토롤라는 무전기에서 휴대용 TV에 이르기까지 다양한 제품을 생산하는 다각화된 대기업이었다. 반면 인텔은 메모리칩과 마이크로프로세서, 그리고 이를 지원하는 시스템에 집중하는 전문적인 기술 기업이었다. 우리는 이렇게 물었다. "문제가 발생하면 누구한테 먼저 전화하겠습니까?" "시장의 리더가 되기 위해 누구와 손을 잡겠습니까?"

우리는 다양한 아이디어를 함께 활용했다. 가령 짐 랠리는 화이트보드에 이렇게 써놓았다. "카탈로그에 앞으로 출시할 제품을 포함하기. 50번의 세미나에서 써먹을 수 있는 설득력 있는 근거 찾기. 모든 참석자에게 카탈로그 나눠주기." 금요일에는 조직 전체를 동원하기 위한 계획을 세웠다. 그리고 다음 화요일에는 아홉 단계로 이뤄진 프로그램에 대한 승인을 받았다. 그 프로그램에는 수백만 달러 규모의 광고, 인텔이 한 번도 시도해본 적 없는 계획이 포함되었다. 그리고 일주일 후, 나는 그 프로그램을 세일즈 팀에 전했고 세일즈 팀원들은 이를 널리 알리기 위해 최선을 다했다. 결국 경영진에게 위기 상황을 알린 것은 바로 이들이었다. 그 모든 일이 크리스마스 전에 다 이뤄졌다.

모토롤라는 효율적으로 운영되는 조직이었는데도 급박함의 인식에서는 인텔을 따라잡지 못했다. 케이시 파월이 공격받았을 때 우리는 2주일 만에 반응했다. 그러나 우리가 모토롤라를 공격했을 때, 그들은 신속한 대응을 보여주지 못했다. 모토롤라의 한 관리자는 내게 이런 말을 했다.

"인텔이 마케팅 캠페인을 벌이던 동안, 시카고에서 애리조나로 날아가기 위한 승인조차 받지 못했습니다."

인텔은 거대한 목표를 정하고 이를 실행 가능한 협력 프로그램으로 전환하는 데 익숙했다. 우리의 아홉 가지 프로젝트는 모두 기업 OKR의 핵심결과였다. 크러시 작전에서 기업 OKR, 그리고 이와 관련하여 1980년도 2분기 기술부가 내놓은 OKR은 다음과 같다.

인텔의 기업 목표
8086을 최고 성능의 16비트 마이크로프로세서 제품군으로 만들기
평가 기준은 다음과 같다

핵심결과(1980년 2분기)

1. 8086 제품군의 뛰어난 성능을 입증하는 5가지 벤치마킹을 개발하고 발표하기(응용)
2. 8086 제품군 전체 포장 바꾸기(마케팅)
3. 8MHz 부품을 집어넣기(기술, 생산)
4. 연산보조처리기 샘플을 6월 15일까지 완성(기술)

기술부 목표(1980년 2분기)
8MHz 8086 부품 500개를 5월 30일까지 CGW에 납품하기

핵심결과

1. 사진 구성에 대한 최종 결과물을 4월 5일까지 완성
2. Rev 2.3 마스크를 4월 9일까지 공장으로 배송
3. 테스트 테이프를 5월 15일까지 완성
4. 레드태그 제작을 5월 1일 이전에 시작

급선회

그해 초, 밥 노이스와 앤디 그로브는 크러시 작전 출범식을 산호세 하얏트 하우스에서 서둘러 열었다. 인텔 경영진에 대한 두 사람의 요구는 간단명료했다. "16비트 마이크로프로세서 시장을 장악해야 합니다. 여기에 집중합시다." 그로브는 이를 위해 우리가 무엇을 해야 하는지, 왜 해야만 하는지 설명했다. 그리고 완전히 마무리될 때까지 그 목표를 최고의 우선순위로 삼아야 한다고 강조했다.

행사장에는 100명에 가까운 사람이 참석했다. 당시 출범식의 메시지는 두 번째 관리자 집단으로 즉각 전달됐다. 그리고 24시간 안에 세 번째 관리자 집단으로 전해졌다. 그렇게 메시지는 아주 빠른 속도로 퍼져나갔다. 그 메시지 속에서 10억 달러 규모 기업인 인텔은 급선회를 공식적으로 선언했다. 지금까지도 그와 같은 과감한 선택을 보지 못했다.

이러한 선택은 OKR 시스템 없이는 불가능한 일이었다. OKR 시스템이 없는 상태에서 산호세 출범식을 열었다면, 그로브는 아마도 크러시 작전을 위한 활동을 그처럼 일사분란하게 추진할 수 없었을 것이다. 회의실을 나서는 사람들이 "세상을 정복하러 가야겠군" 하고 호언장담하지만 3개월이 흘러도 아무런 일도 일어나지 않는 것을 수도 없이 지켜본다. 리더는 직원의 열정을 자극하기 위해 애쓴다. 그러나 정작 직원들은 무슨 일을 해야 하는지 정확하게 알지 못한다. 그렇기 때문에 조직이 위기에 직면했을 때 변화를 빠른 속도로 추진하게 만드는 시스템이 무엇보다 필요하다. 인텔의 경우, 그것은 OKR 시스템이었다. 인텔 경영진은 이 시스템을 기반으로 신속한 실행을 추진했고, 경영진은 직원들이 보고한 성과를 평가할 구체적인 기준을 마련했다.

크러시 작전은 일련의 OKR 형태로 조직 아래로 흘러갔다. 물론 경영진이 OKR 시스템을 강력하게 주도했지만 관련된 정보는 조직 하부에서 유입된 것이었다. 앤디 그로브를 비롯하여 인텔 임원들은 전쟁에서 승리하기 위한 구체적인 전술은 알지 못했다. 그래서 조직 하부로부터 많은 정보를 받아들여야 했다. 우리는 직원에게 쓰레기를 치우라고 지시할 수 있다. 하지만 어떤 빗자루를 사용해야 하는지 일일이 간섭할 필요는 없다. 인텔 경영진이 "모토롤라를 무찔렀다!"라고 말할 때 현장 근로자들은 아마도 이렇게 한탄했을지 모른다. "우리의 벤치마킹은 형편없었다. 내가 했더라면 더 나은 벤치마킹 자료를 만들었을 것이다." 이것이 바로 인텔이 추구한 업무 방식이었다.

최고를 향하여

인텔은 6개월 동안 전쟁을 벌였다. 당시 나는 아무런 권한 없는 일반 직원이었지만 필요한 지원은 충분히 받을 수 있었다. 그것은 앤디가 그 전쟁을 얼마나 중요하게 생각하는지를 조직 전체가 이해했기 때문에 가능한 일이었다. 각각의 사업부가 핵심결과를 내놓았을 때 이에 대한 이견

수신: 인텔 세일즈 엔지니어
발신: 앤디 그로브
제목: 크러시 작전

INTEL CORPORATION
3065 Bowers Avenue
Santa Clara, California 95051
(408) 987-8080

크러시 작전은 지금껏 우리가 수행해온 마케팅 전략 중 가장 거대하고 중요한 것입니다. 우선 조직의 열정의 차원에서 중요합니다. 크러시 작전은 인텔의 첫 번째 핵심 결과입니다. 다음으로 인력의 측면에서 중요합니다. 향후 6개월 동안 50인년(人年, 한 사람이 1년에 하는 작업량)을 투자할 계획입니다. 또한 매출의 측면에서 중요합니다. 향후 3년 동안 1억 달러 이상의 매출에 영향을 미칠 것입니다.

하지만 크러시 작전이 중요한 것은 규모와 비즈니스에 미치는 영향 때문만은 아닙니다. 크러시 작전의 성공은 전략적 차원에서 현재 진행되고 있는, 그리고 앞으로 계속해서 이어질 중요한 진화를 분명하게 보여줄 것입니다. 우리는 VLSI 방식으로 완전한 컴퓨터 시스템 솔루션을 제공하는 기업으로 성장해나갈 것입니다. 그리고 앞으로 18개월에 걸쳐 출시할 4개의 CPU, 15개의 주변장치, 25개의 소프트웨어 제품, 12개의 시스템 제품은 작전의 성공을 보여주는 뚜렷하고 의미 있는 이정표가 될 것입니다. 크러시 작전은 전략적 차원에서 분명한 선언을 의미합니다.

인텔 세일즈 엔지니어 모두가 크러시 작전에서 중요한 역할을 맡게 될 것입니다. 다음 두 가지 중요한 영역에서 여러분의 활약을 기대합니다.

- 완전한 마이크로컴퓨터 솔루션 판매. 첨부 자료의 정보와 지시 사항을 바탕으로 단지 개별 부품이 아니라, 하드웨어와 소프트웨어를 모두 포함하는 완전하고 통합된 마이크로컴퓨터 솔루션을 고객에게 판매하기
- 모든 인텔 자원을 동원하여 경쟁에서 승리하기. 크러시 작전의 전체 자원을 활용하는 활동 계획을 적극적으로 수립하기

여러분의 열정으로 크러시 작전과 1980년대 인텔이 성공을 거둘 것이라 확신합니다!

앤디 그로브는 크러시 작전의 사령관이었다. 1980년 1월.

은 없었다. 모두가 한 배를 탄 것이다. 우리는 자원을 즉각적으로 새롭게 배치했다.

결국 인텔의 경영진, 세일즈 팀, 마케팅 네 개 부서, 세 지역이 크러시 작전에 참여했다. 이들은 힘을 모아 서로를 이끌었다.* 인텔의 특징은 정치성이 없다는 것이었다. 관리자는 대의를 위해 개인의 권한을 내려놓았다. 가령 마이크로프로세서 사업부가 향후 출시될 제품으로 카탈로그를 제작했을 때 누군가는 이렇게 생각했을 것이다. "이런, 주변장치가 완전히 사라졌잖아?" 그 카탈로그는 아마도 주변장치 사업부와 기술 자원 분배 과정에 상당한 파장을 미쳤을 것이다. 세미나를 조직한 것은 세일즈 팀이었지만, 그들은 어플리케이션 엔지니어와 마케팅, 우리 사업부와 협력했다. 그리고 홍보 팀은 산업신문 기사를 놓고 조직 전반에 걸쳐 논의를 이끌었다.

지금도 크러시 작전이 성공했다는 사실이 믿기지 않는다. 그동안 나는 조직 문화가 중요하다는 사실을 배웠다. 그로브는 직원이 경영진에게 문제를 들고 찾아오는 것을 환영했다. 가령 현장 기술자는 총괄 매니저에게 이렇게 불만을 토로한다. "지금 시장에서 무슨 일이 벌어지는지 모르시는 것 같군요." 그럴 경우, 인텔은 2주일 동안 조직을 수직적인 차원에서 새롭게 정렬했다. 그리고 모두가 이렇게 수긍했다. "그 지적이 타당합니

---

* 당시 2000명의 인텔 직원 중 절반이 넘는 사람들이 크러시 작전에 참여했다. 그밖의 직원들은 대기 상태에 있었다.

다. 다른 방식이 필요합니다." 당시 돈 벅아웃과 케이시 파월은 비판에 대한 두려움 없이 생각을 솔직하게 표현할 수 있었다. 그렇지 못했다면 크러시 작전은 실패로 돌아갔을 것이다.

앤디 그로브는 이런 말을 하곤 했다. "나쁜 기업은 위기에서 몰락하지만 좋은 기업은 위기에서 살아남는다. 그리고 위대한 기업은 위기를 통해 성장한다." 이 말은 크러시 작전에도 그대로 해당된다. 1986년, 인텔이 마이크로프로세서 비즈니스에 집중하기 위해 당시 성장세였던 메모리칩 사업을 포기했을 때 8086은 16비트 시장에서 85퍼센트 점유율을 회복했다. 그리고 8086의 경제적인 버전이라 할 수 있는 8088을 출시하면서 개인용 컴퓨터의 표준을 제시한 최초의 IBM 컴퓨터에서 수익과 인지도를 끌어올릴 기회를 발견했다. 오늘날 컴퓨터, 자동차, 스마트 온도제어기, 혈액 은행 원심분리기 안에 들어 있는 수백억 개의 마이크로 콘트롤러는 모두 인텔 아키텍처를 기반으로 한 것이다.

한 번 더 강조하자면 이 모든 일은 OKR 덕분에 가능했다.

— 4장 —

슈퍼파워 #1: 우선순위에 집중하기

능력보다 우리의 참모습을 더 잘 보여주는 것은 (……) 우리가 내리는 선택이다.

– J. K. 롤링 J. K. Rowling

중요성에 대한 측정은 다음과 같은 질문으로 시작된다. '앞으로 3개월 (혹은 6개월이나 12개월) 동안 가장 중요한 것은 무엇인가?' 성공적인 조직은 실질적인 성과를 만들어낼 수 있는 몇 가지 전략에 '집중'하고, 그렇지 않은 것은 뒤로 미룬다. 성공하는 리더는 말과 행동으로 자신이 선택한 것에 '헌신'한다. 그들은 OKR을 고수함으로써 평가의 방향과 기준을 조직 전반에 전한다(결과가 부정적으로 드러나기 시작할 때, 잘못된 선택은 수정할 수 있다. 그러나 선택을 미루거나 일찍 포기한다면 아무것도 얻지 못한다). '향후 주요 과제는 무엇인가? 조직의 역량을 어디에 집중해야 하는가?' 효과적인 OKR 시스템은 경영자의 올바른 판단에서 시작된다. 다시 말해, 시간과 에너지를 투자해서 중요한 것을 결정하는 리더의 선택에서 시작된다.

우선순위 목록을 작성하는 일은 언제나 힘들다. 그러나 노력을 기울일 충분한 가치가 있다. 노련한 리더는 이렇게 말한다. 어떤 기업이나 개인도 "모든 일을 할 수는 없다." 그렇기 때문에 OKR 시스템을 기반으로 계획과 일정에 따라 몇 가지 목표에 집중해야 한다.

처음에는

기업 OKR은 경영자의 책임이다. 경영자는 OKR 과정 전반에 걸쳐 열정을 쏟아야 한다.

경영자는 어디서 시작해야 하는가? 무엇이 정말로 중요한지 어떻게 선택할 수 있는가? 구글은 '세상의 모든 정보를 수집해서 누구나 쉽게 접근할 수 있도록 정리하기'라는 사명에 집중했다. 안드로이드, 구글 어스, 크롬 및 새롭게 개선된 유튜브 검색 엔진을 비롯하여 구글의 모든 제품은 하나의 혈통에서 탄생했다. 즉, OKR을 기반으로 기업 사명에 집중한 구글의 설립자와 경영진이 모든 제품 개발을 이끌었다.

물론 획기적인 아이디어는 수직 체계 속에서 만들어지지 않는다. 활기를 불어넣는 강력한 OKR은 종종 현장 근로자에게서 시작된다. 유튜브 프로덕트 매니저 릭 클라우Rick Klau는 세상에서 세 번째로 방문자가 많은 사이트인 유튜브를 맡았다. 이 사이트의 문제는 소수의 사용자만이 로그인을 한다는 것이었다. 로그인을 하지 않는 사용자는 동영상 저장에서 채널 구독에 이르기까지 다양한 유튜브 서비스를 누리지 못한다. 실제로 전 세계 수억 명의 유튜브 사용자들이 다양한 기능의 존재를 몰랐다.

다른 한편에서 구글은 이 때문에 소중한 사용자 데이터를 얻지 못했다. 릭은 이러한 문제점을 해결하기 위해, 즉 사용자 로그인을 장려하기 위해 6개월짜리 OKR을 작성했다. 그리고 이를 유튜브 CEO 살라 카만가에게 보고했다. 카만가는 다시 구글 CEO 래리 페이지에게 보고했다. 결국 래리는 릭의 OKR을 구글의 기업 OKR로 격상시켰다. 그리고 그 기간을 6개월이 아니라 3개월로 줄였다.

자신의 OKR이 기업 OKR이 되었을 때 릭은 이렇게 말했다. "기업 내 모든 눈이 우리 팀을 주목하고 있습니다. 아주 많은 눈들이 말이죠! 3개월 안에 이 문제를 해결할 수 있을지 확신할 수 없습니다. 하지만 우리의 OKR이 기업 OKR로 격상되었다는 사실은 우리의 업무가 기업의 우선순위 목록에 들었다는 사실을 말해주는 겁니다." 래리는 프로덕트 매니저의 OKR을 강조함으로써 다른 팀에게도 분명한 메시지를 전했다. 또한 크러시 작전 때처럼 릭의 팀이 성공하도록 모두 힘을 합쳐 집중 지원을 했다. 유튜브 관리자들은 일주일 늦게 출발하긴 했지만 결국 제시간에 결승점에 도달했다.

기업 목표에 대한 선택과는 별개로, 경영자는 동시에 개인의 목표도 세워야 한다. 메모만으로 가치를 전할 수 없는 것처럼,* 체계적인 목표 설정은 지시만으로 이뤄지지 않는다.[1] 6장에서 다시 살펴보겠지만, 누나의 지니 김은 OKR이 조직에 뿌리내리려면 리더가 말과 행동으로 열정을 보여

쥐야 한다는 사실을 깨달았다. CEO가 "모든 목표는 조직의 목표다"라고 말하는 것은 위험한 발언이다. OKR 시스템의 장점을 강조하는 것만으로는 충분하지 않다. 인튜이트의 CEO를 지내고 이후에는 구글 임원들에게 자문을 주었던 고故 빌 캠벨은 이렇게 말했다. "기업의 CEO나 설립자라면 이렇게 말해야 한다. '우리는 이러저러한 일을 해야 합니다.' 그리고 동시에 스스로 모범을 보여야 한다. 리더가 솔선수범하지 않는다면 누구도 실천하지 않는다."[2]

명확한 의사소통

훌륭한 의사 결정을 위해, 조직의 결속을 위해, 그리고 놀라운 성과를 위해 경영자는 기업 목표를 조직 전반에 확실하게 전달해야 한다. 그러나 경영자들 스스로도 인정하듯이 기업 세 곳 중 두 곳은 그렇게 하지 못한다.[3] 1만 1000명의 임원 및 관리자를 대상으로 실시한 설문조사에서 드러났듯이 기업의 우선순위 목록을 정확하게 아는 사람은 소수에 불과했다. 목록 중에서 하나라도 아는 사람은 고작 절반이었다.[4]

리더는 '무엇'은 물론 '왜'를 이해시켜야 한다. 조직 내 모든 구성원에게

---

* 앤디 그로브는 이를《하이 아웃풋 매니지먼트》에서 언급했다.

동기를 부여하기 위해서는 일정표 이상의 것을 제시해야 한다. 직원들은 자신의 목표가 기업 사명과 어떻게 연결되어 있는지 이해하길 원한다. 그리고 자신의 일에서 의미를 발견하고 싶어 한다. 따라서 분기 회의 때 기업 OKR을 발표하는 것만으로는 충분치 않다. 링크드인 CEO 제프 와이너 Jeff Weiner는 이렇게 말하곤 한다. "말하기가 싫증 날 즈음에 직원들은 귀를 기울이기 시작한다."

핵심결과: 보호와 양육

목표와 핵심결과는 OKR의 음과 양이다. 이론과 행동이자 전망과 실천이다. 목표는 지평선 저 멀리서 영감을 전하고 핵심결과는 땅에 뿌리를 내려 기준을 제시한다. 핵심결과는 숫자로 나타나는 하나 이상의 기준을 포함한다. 가령 매출, 성장, 사용자 수, 품질, 안전성, 시장 점유율, 고객 참여도 등이 그것이다. 피터 드러커는 성장을 위해서 관리자는 "목표에 따른 결과를 측정할 수 있어야 한다"고 말했다.[5]

다시 말해, 핵심결과란 목표를 조준하는 가늠자다. 올바른 목표를 선택했다면 핵심결과는 3~5개로 충분하다. 너무 많은 지표는 집중력을 흩뜨리고 측정을 까다롭게 만든다. 각각의 핵심결과는 그 자체로 벅찬 도전 과제가 되어야 한다. 누가 봐도 쉬운 일이라면 아무도 최선을 다하지 않을 것이다.

언제, 무엇을, 어떻게

OKR은 기존 시스템에 대한 반격이다. 그렇기 때문에 OKR은 가급적 익숙한 방식으로 만들어야 한다. 몇몇 기업은 연간 목표를 개인적인 차원에서 공식적인 차원으로 옮기거나 하향식 절차를 상호 협력 절차로 바꾼다. 가장 좋은 접근은 단기(지금 당장을 위한) OKR로 장기 OKR과 기업 전략을 뒷받침하는 이중 방식이다. 실질적인 업무 처리를 위해서는 단기 목표가 필요하다는 사실을 잊지 말자. 이것은 연간 목표를 투명하고 실천 가능하게 만든다.

구체적인 일정은 집중과 열정을 강화한다. 마감만큼 우리를 열심히 달리도록 재촉하는 것은 없다. 오늘날 세계 시장에서 살아남으려는 기업은 예전보다 더 민첩하게 움직여야 한다. 내 경험으로 비춰볼 때 분기별 OKR은 현재 가장 경쟁이 치열한 시장을 따라잡을 수 있도록 세워야 한다. 이러한 점에서 분기 OKR은 지연을 억제하고 실질적인 이익을 창출하기 위한 것이어야 한다.

앤디 그로브는 경영자의 필독서 《하이 아웃풋 매니지먼트》에서 이렇게 설명했다.

효과를 최대로 끌어올리기 위해서는 측정 대상이 된 활동이 끝난 직후에 피드백을 제시해야 한다. 그렇기 때문에 [OKR] 시스템의 주기는 상대적으로 짧아야 한다. 예를 들어 1년 단위의 계획인 경우, [OKR] 주기는 분기, 혹은 월이 되

어야 한다.[6]

OKR 주기와 관련해서 정해진 규칙은 없다. 기술 팀이라면 제품 개발에 집중하기 위해 6주를 기본 주기로 삼을 수 있다. 신제품을 막 출시했다면 한 달이 적절할 것이다. OKR의 최적 주기는 기업 상황 및 조직 문화에 따라 다르다.

핵심결과끼리 연결하기

악명 높은 포드 핀토 사례는 한 가지 측면에서 OKR의 위험을 잘 보여줬다. 1971년, 포드는 연비가 우수한 일본 및 독일 자동차에 시장 점유율을 크게 뺏기면서 값싼 소형 자동차 핀토로 맞섰다. 당시 CEO 리 아이아코카Lee Iacocca의 공격적인 요구에 부응하기 위해, 일선 프로덕트 매니저들은 계획 수립과 제품 개발에서 안전 점검을 소홀히 했다. 예를 들어 연료 탱크를 후면 범퍼와 약 15센티미터 간격으로 좁게 설계함으로써 충격에 따른 폭발 위험에 노출되었다.

핀토는 위험한 자동차였고, 포드 기술자들은 그 사실을 알았다. 그러나 리 아이아코카는 "강철 손"을 높이 들어 "2000파운드보다 가볍고 2000달러보다 싼" 자동차 출시라는 목표를 강조했다.[7] "충돌 테스트에서 1파운드 무게가 나가는 1달러짜리 플라스틱 부품으로 연료 탱크를 보호할 수 있다는 주장이 제기되었지만 비용과 중량을 늘린다는 이유로 거부되었다." 포드는 핀토와 관련된 세 가지 목표를 정의했다. 그것은 "진정한 소형차"(크기와 무게), "경제성"(소비자에게 제공되는 가격, 연비, 신뢰성, 편의성), "뛰어난 제품 경쟁력"(디자인, 안락함, 기능, 승차감, 조향, 성능)이었다. 그러나 여기서 안전은 빠져 있었다.[8]

이후 핀토의 연료 탱크가 잇달아 폭발하면서 수백 명이 사망했고 수천 명이 중상을 입었다. 결국 1978년에 포드는 자매 모델인 머큐리 밥캐츠와 함께 핀토 150만 대를 리콜함으로써 대가를 치러야 했다. 자동차 역사상 최대 규모의 리콜 사태였다. 이 때문에 포드는 수익과 인지도에서 심각한 타격을 입었다.

목표와 핵심지표결과가 없었기 때문에 이런 문제가 생긴 것은 아니다. 목표를 설정하는 과정에 치명적인 결함이 있었다. 그들은 "중요한 요소(안전성, 윤리적 행동, 기업 평판)를 희생함으로써 구체적이고 도전적인 목표(시장에 대한 발 빠른 대응, 연비, 가격)를 달성하고자 했다."[9]

최근 사례로 금융 서비스 기업 웰스파고의 경우를 살펴보자. 이들은 무모한 세일즈 목표에 따른 스캔들로 지금까지도 많은 어려움을 겪고 있다. 웰스파고의 지점 관리자들은 고객이 요구하지도 않고, 필요로 하지도 않는 허위 계좌 수백만 건을 개설하라는 압박을 상부로부터 받았다. 한 지점 관리자의 10대 딸은 무려 24개의 계좌를, 그녀의 남편은 21개의 계좌를 개설한 것으로 드러났다.[10] 이 스캔들로 5000명이 넘는 직원이 해고를 당했고 웰스파고의 신용카드 및 당좌예금 사업부 매출은 절반 이상

떨어졌다. 또한 기업 브랜드는 회복 불가능할 정도로 치명상을 입었다. 이처럼 OKR의 압박이 강할수록 중요한 측면을 간과할 위험이 높다. 중요한 목표를 강조하면서 동시에 품질을 유지할 수 있는 한 가지 해결책은 핵심결과를 쌍으로 연결하는 것이다. 그로브는 《하이 아웃풋 매니지먼트》에서 이러한 방법으로 "효과와 역효과"를 추적할 수 있다고 설명했다. 그의 말을 들어보자.

핵심결과를 쌍으로 연결함으로써 품질에 집중할 수 있다. 가령 지불 가능한 계좌에서 처리된 전표의 수, 감사나 납품 업체에 의해 발견된 오류의 수를 짝지을 수 있다. 또 다른 사례로, 청소 팀이 작업한 면적 (……) 그리고 그 건물 사무실에서 일하는 임원들이 매긴 평가 점수를 연결할 수 있다.[11]

양과 질을 모두 보장하기 위해 연결한 핵심결과

양적 목표	질적 목표	결과지표
3가지 신기능	품질 테스트에서 기능당 5가지 미만의 오류	개발자는 더욱 정교하게 프로그래밍해야 한다.
Q1 매출 5000만 달러	Q1 유지보수 계약 1000만 달러	세일즈 팀의 지속적인 관심으로 고객의 성공과 만족도를 높여야 한다.
고객 방문 10회	신규 주문 2회	품질 개선으로 신규 주문의 요건을 충족시켜야 한다.

완벽한 것과 좋은 것

예전에 구글 CEO 순다르 피차이는 팀 목표 설정에 많은 노력을 기울이고 있다는 이야기를 들려줬다. "여러 OKR에 대해 한 시간 반 동안 고민함으로써 우리 팀이 사용자 경험 개선에 집중하고 있는지 점검합니다." 그러나 그건 전체 이야기의 일부에 불과하다. 볼테르의 말을 빌자면, 완벽한 것이 좋은 것의 적이 되지 않도록 해야 한다.* OKR은 주기 중간에 얼마든지 수정하고 폐기할 수 있다는 사실을 다시 한번 떠올려보자. 또한 "긍정적인" 핵심결과가 OKR을 실행에 옮긴 지 몇 주일, 혹은 몇 달만에 나타나기 시작하는 경우도 있다. OKR은 하나의 과정이지 바위에

OKR의 강도

약함	중간	강함
목표: 인디 500 대회 우승	**목표:** 인디 500 대회 우승	**목표:** 인디 500 대회 우승
핵심결과: 랩 스피드 높이기	**핵심결과:** 평균 랩 스피드 2퍼센트 높이기	**핵심결과:** 평균 랩 스피드 2퍼센트 높이기
핵심결과: 피트 스톱 줄이기	**핵심결과:** 평균 피트 스톱 1초 줄이기	**핵심결과:** 풍동 실험 10회
		핵심결과: 평균 피트 스톱 1초 줄이기
		핵심결과: 피트 스톱 실수 50퍼센트 줄이기
		핵심결과: 하루 한 시간 피트 스톱 훈련

새긴 계명이 아니다.

목표 설정 과정에서 따라야 할 몇 가지 기본 규칙이 있다. 핵심결과는 간결하고, 구체적이며, 측정 가능해야 한다. 입력과 출력은 조합해야 유용하다. 마지막으로, 모든 핵심결과의 완성은 곧 목표 달성을 의미해야한다. 그렇지 않다면 OKR을 애초에 잘못 세운 것이다.**

적은 것으로 더 많은 것을 얻는다

스티브 잡스는 이런 말을 남겼다. "혁신이란 1000가지 아이디어 제안을 거절하는 것이다." 이상적으로 분기별 OKR은 3~5가지가 좋다. 사람들은 여기에 하나라도 더 추가하려는 유혹을 느끼지만, 이러한 시도는 대개 실패로 이어진다. 너무 많은 목표는 집중력을 흐트러뜨린다. 그리고 중요하지 않은 것에 한눈팔게 만든다. 건강 및 운동 관련 앱을 출시한 마이피트니스팔의 CEO 마이크 리는 이렇게 말했다. "우리는 너무 많은 것을 집어넣으려 합니다. 그리고 너무 많은 것을 추구합니다. 그러다 보니 우선순위가 애매모호해집니다. 마이피트니스팔은 OKR 수를 줄여 정말로 중

---

* 또한 셰릴 샌드버그는 이렇게 말했다. "시도는 완벽보다 낫다."

** 일반적인 규칙은 이 책 마지막에 수록된 첫 번째 참고자료를 참고하라.

요한 것만 선택합니다."

내가 인텔에서 직접 목격했듯이, 개인의 경우에 제한적인 목표 설정은 부주의한 확장에 대한 일차 방어선이다. 직원이 관리자와 논의를 거쳐 자신의 분기 OKR을 정할 때, 새로운 목표와 핵심결과는 기존의 것과 조화를 이뤄야 한다. '어떻게 기존 목표 위에 새로운 목표를 쌓을 수 있을까? 새로운 목표를 추가하기 위해 기존의 목표를 포기해야 할까?' 효율적인 OKR 시스템에서 "더 많은 일을 하라"는 지시는 의미가 없다. 그러한 명령은 직원의 마음속에 이러한 의문을 불러일으킬 뿐이다. '대체 뭐가 중요한 일인가?' 앤디 그로브는 목표 설정 과정에서 적은 것이 더 많은 것이라고 믿었다.

> [OKR] 시스템의 가치는 집중에 있다. 이는 목표 수를 제한할 때만 가능하다. (……) 새로운 목표를 추가할 때마다 기존 목표를 추구할 기회를 잃어버린다. 이는 한정된 자원을 할당하는 과정에서 발생하는 당연한 결과다. 그렇기 때문에 목표를 설정하는 과정에서 용기와 솔직함, 원칙이 필요하고 포기할 줄도 알아야 한다. 그리고 "예"라고 미소 짓는 것은 물론 "아니오"라고 고개를 저을 줄도 알아야 한다. (……) 모든 것에 집중하면 아무것도 이룰 수 없다는 사실을 깨달아야 한다. 그리고 이러한 깨달음으로 시작해야 한다.[12]

무엇보다 기업 목표는 '중요한' 것이 되어야 한다. OKR은 뒤죽박죽 위시 리스트도 아니고 일상 업무를 모아놓은 것도 아니다. OKR은 특별한 관심을 기울여야 할 가치가 있고, 모든 구성원을 앞으로 나아가게 만들기 위해 엄격하게 선별된 목표의 집합이다. 또한 OKR은 우리가 추구해야 할 더 큰 사명과도 이어져 있다. 그로브는 이렇게 언급했다. "경영 기술은 비슷해 보이는 여러 가지 과제 속에서 더 많은 기여를 하는 1~3가지를 선별하고, 여기에 집중하는 역량에 달렸다."[13]

마찬가지로 래리 페이지는 이렇게 지적했다. 성공하는 조직은 "적은 수의 화살에 더 많은 나무를 넣는다." 결론적으로 말해서 집중은 OKR에서 가장 중요한 슈퍼파워다.

─ 5장 ─

집중: 리마인드 스토리

브렛 코프 Brett Kopf
- 공동 설립자

미국 교육 시스템을 개선해야 한다는 것은 전혀 새로운 주장이 아니다. 브라운 대학의 한 연구 팀은 이에 대한 해결책을 내놓았다. 그것은 학교와 가정 사이에 의사소통을 활성화해야 한다는 것이다. 이들은 여름학교 교사가 매일 전화나 문자, 혹은 편지로 가정에 메시지를 전달하도록 했을 때 6학년 학생 중 숙제를 마친 비중이 42퍼센트나 증가하고, 수업 참여도는 절반 가까이 높아졌다는 사실을 확인했다.[1]

지금까지 수십 년 동안 많은 기업이 교육에 기술을 접목해 학업 성취도를 높이려고 노력했다. 그러나 이렇다 할 성과는 없었다. 그런데 최근 아무도 인식하지 못하는 사이에 미국의 수천만 학생들이 주머니 속에 혁신적인 IT 장비를 넣고 등교하기 시작했다. 스마트폰이 보편화되면서 메시지 앱은 이제 10대의 기본적인 의사소통 도구로 자리 잡았다. 여기서 리마인드는 새로운 시장을 발견했다. 바로 교장과 교사, 학생, 학부모가 간편하게 문자를 주고받을 수 있는 안전한 의사소통 시스템을 개발하는 것이었다.

올바른 목표를 선택하려면 집중해야 한다. 집중을 통해 알곡과 쭉정이를 구분할 수 있다. 리마인드 공동 설립자 브렛 코프는 문자를 주고받을 수 있는 시스템 개발이 시급하다고 생각했다. 오늘날 리마인드는 OKR을 기반으로 우선순위에 집중함으로써 미국 사회의 미래를 열어나가는 수백만 명에게 실질적인 도움을 주고 있다.

브렛을 처음 만났을 때, 그는 고객을 위한 뜨거운 열정에 휩싸여 있었다. 나는 그 모습에 매우 강한 인상을 받았다. 당시 신생 기업이었던 리마인드는 교사 집단을 눈여겨보고 있었다. 브렛이 일하는 작은 2층 사무실의 화장실에 들어서면 거울과 변기에 붙은 기업 목표가 보였다. 지금도 생생히 떠오르는 광경이다. 이는 리마인드가 기업 목표를 대단히 진지하게 생각하고 있음을 말해주는 신호였다.

브렛은 우선순위 목록을 정하고 직원들이 이를 받아들이도록 설득하는 데 대단히 뛰어나다. 2012년, 브렛은 형 데이비드와 함께 《포브스》가 선정한 교육 분야 "30세 미만의 30인" 목록에 이름을 올렸다. 그러나 점차 조직 규모가 커지면서 브렛은 더욱 강력한 집중이 필요하다는 사실을 깨달았다. OKR은 그러한 깨달음을 실질적인 노력으로 이어줬다.

—

브렛 코프: 일리노이주 스포키에서 어린 시절을 보낸 나는 학교생활에 많은 어려움을 겪었다. 돌아다니는 것을 무척 좋아했던 내게 책상 앞에 가만히 앉아 있는 것은 고문과 같았다. 수학 시간 40분이 영원처럼 길었다. 나는 수업 시간 내내 주변을 어지럽히고 종이를 말아 공놀이를 하는 그런 아이였다. 5학년 때 심리검사를 받았고, 그 결과 주의력결핍과다행동장애ADHD 진단을 받았다. 단어와 글자를 조합하는 일은 내게 무척 힘든 과제였다. 숫자는 말할 것도 없었다.

부모님은 두 분 모두 사업을 했다. 새벽 5시면 출근하는 부모님을 누워서 쳐다보곤 했다. 최대한 노력했지만 성적은 계속 떨어졌고, 자신감도 함께 떨어졌다. 시카고 노스사이드 지역의 고등학교에 입학하면서 상황은 더욱 악화되었다. 친구들은 나를 "바보"라고 불렀고 나는 반박하지 못했다.

고등학교 2학년에 올라가면서 데니즈 화이트필드Denise Whitefield 선생님과 일대일로 공부하기 시작했다. 그 경험은 내 인생을 완전히 바꿔놓았다. 선생님은 수업을 시작하기에 앞서 항상 이렇게 물었다. "오늘은 뭘 공부할까?" 나는 역사 문제집 풀이, 작문, 수학 시험 준비 등 해야 할 과제를 늘어놓았다. 그러면 선생님은 현명하게도 이렇게 말했다. "그렇구나. 그중에서 하나를 골라서 살펴보자." 우리는 한 번에 한 과제씩 집중했다. 선생님은 나를 격려했다. "계속 시도해보렴. 할 수 있어. 내가 항상 옆에 있잖아." 그러면 가슴이 두근거리는 증상이 진정되는 게 느껴졌다. 물론 공부는 쉽지 않았다. 그래도 어떻게든 헤쳐 나갈 수 있다는 자신감이 생겼다. 어머니는 매주 선생님과 면담을 했다. 그리고 적어도 한 달에 한 번은 학교를 방문했다. 어머니와 선생님은 완전한 팀이었다. 두 사람은 내가 넘어지지 않도록 잡아주었다. 그때만 해도 두 사람의 관계가 어떤 것인지 정확히 이해하지는 못했지만, 내 마음속에 어떤 씨앗이 싹트고 있다는 느낌을 받았던 것은 분명하다. 성적은 어느 정도 나아졌지만 대학 입학을 위해 ACT 시험을 준비해야 했다. 600개 문항으로 이뤄진 그 시험을 보기 위해서는 네 시간 동안 꼼짝하지 않고 자리에 앉아 있어야 했다. ADHD로 어려움을 겪는 내게 그 시험은 공포 영화와 같았다. 그래도 어쨌든 나는 미시간 주립대학에 들어갈 수 있었다. 내 인생에서 거둔 첫 번째 성공이었다.

미국 교육 시스템의 문제에 대해 이야기할 때 사람들은 교과 과정이나 "책임"으로 논의를 시작한다. 그것은 곧 시험 성적과 직결된다. 여기서 인간관계는 찾아볼 수 없다. 그러나 관계야말로 리마인드가 이야기하는 전부다.

교육을 위한 트위터

많은 벤처 기업처럼 리마인드 역시 개인의 고민으로부터 시작되었다. 나는 대학 신입생 시절에 과제와 시험의 변덕스런 일정 때문에 어려움을 겪었다. 교수님들은 원래 일정을 너무 쉽게 바꿔버리곤 했다. 고향의 어머니와 선생님의 도움을 더 이상 받을 수 없게 된 나는 선택한 전공에서 세 번 모두 실패했고, 결국 그나마 수월하다고 생각한 농업경제학을 최종 전공으로 정했다. 한 학기에 다섯 과목을 들어야 했고, 각 과목마다 과제나 퀴즈, 시험을 서른다섯 번 치러야 했다. 대학에서 성공은 곧 시간 관리가 가른다. 열 쪽 분량의 정치학 보고서를 언제부터 써야 할까? 화학 기말시험을 언제부터 준비해야 할까? 나는 끊임없이 바뀌는 일정에 따라 새롭게 목표를 세워야 했다. 하지만 번번이 실패했다.

3학년이 되어서도 보고서에 많은 공을 들였지만 학점은 신통치 않았다. 게다가 그 신통치 않은 학점을 확인하기 위해 느려터진 웹사이트를 이리저리 헤매야 했다. 그 무렵 나는 친구들과 블랙베리를 가지고 실시간으로 문자를 주고받았다. 그런데 왜 학점은 간편하게 확인할 수 없는 걸까? 스마트폰으로 언제 어디서나 쉽게 교수님에게 연락하면 안 되는 걸까? 결국 나는 그런 비슷한 생각을 하는 많은 동료를 위해 뭔가를 개발해야겠다고 결심했다. 그러고는 형 데이비드에게 전화를 걸었다. 당시 형은 시카고에 있는 대형 보험회사에서 웹서비스 보안 업무를 맡고 있었다. 나는 이렇게 메시지를 남겼다. "함께 비즈니스를 시작하고 싶다면 24시간 안에 답해줘." 5분 뒤 전화가 걸려왔다. "좋아. 해보자고."

그러나 나와 형은 2년 동안 어둠 속을 헤맸다. 우리는 기술은 물론 제품 개발이나 비즈니스 운영에 대해 아는 게 없었다(나의 사회 경험이라고는 크래프트 푸드에서 인턴 생활을 한 게 전부였다. 거기서 내가 주로 한 일은 쿠키 박스를 쌓는 것이었다). 나는 강의별로 동료 학생들과 무작위하게 정보를 주고받았고, 그 정보를 형이 만든 엑셀 파일로 정리해서 스마트폰 알림 메시지로 보냈다. 가령 이런 식이었다. "브렛 코프, 내일 아침 8시에 역사 퀴즈가 있으니 준비해." 그 시스템은 원시적이었고 개선될 여지가 없었다. 그러나 나를 포함하여 몇 백 명의 활동적인 사용자에게 나름 쓸모가 있었다. 어쨌든 그렇게 나는 미시간 대학을 무사히 졸업했다.

2011년 초에는 시카고로 이사했고, 그때부터 앱에 대한 본격적인 연구를 시작했다. 나와 형은 친구와 가족에게서 후원받은 3만 달러를 가지고 무작정 일에 매달렸다. 저녁은 주로 파스타를 만들어 먹었다. 그러나 결국 실패했다. 너무 오만했기 때문이다. 우리는 잠재 투자자를 만나거나 복잡한 웹사이트 설계도를 만드는 일에 대부분의 시간을 할애했다. 반면에 교사들이 문제라고 느끼는 실질적인 것들은 제대로 들여다보지 않았다. 정말로 중요한 것에 집중하지 못했던 것이다.

자금이 몇 백 달러밖에 남지 않은 상태에서 우리 기업은 실리콘밸리의 교육 분야 스타트업 지원 업체인 '이매진 K12'에 합병되었고 이로써 파산을 간신히 면했다. 우리의 사명은 이런 것이었다. "리마인드101: 교사가 학생과 학부모에게 안전하게 메시지를 전송할 수 있는 기술. 우리는 교육 분야에서 가장 강력한 커뮤니케이션 플랫폼을 구축했으며 SMS를 기반으로 활용한다. 우리는 교육 세상의 트위터다." 아직도 수백만 명의 학생이 나처럼 학습장애로 어려움을 겪는다. 그리고 수많은 교사가 그들을 돕고자 한다. 나는 이들을 위해 틀림없이 뭔가를 할 수 있다고 확신할 만큼 용기 있고 또한 순진했다.

데모데이Demo Day(신생 벤처기업이 신제품이나 비즈니스 모델을 투자자에게 공개하는 행사 – 옮긴이)를 90일 앞두고 데이비드는 직장을 그만뒀고, 우리는 함께 실리콘밸리로 넘어갔다. 그동안 우리는 기업가를 위한 세 가지 교훈을 배웠다.

- 문제를 해결할 것
- 단순한 제품을 개발할 것
- 사용자와 대화를 나눌 것

형이 연구실에 틀어박혀 프로그래밍에 집중하는 동안 나는 10주짜리 목표 실행에 돌입했다. 그것은 미국과 캐나다에 거주하는 200명의 교사와 인터뷰를 나누는 일이었다(아마도 나의 첫 번째 OKR). 이를 위해 나는 총 500명의 교사에게 트위터 메시지를 보냈고, 250명으로부터 답변을 받았다(목표 초과 달성!). 현장에서 일하는 교사와 이야기를 나눠보면, 의사소통 단절이 그들의 주요한 장애물이라는 사실을 금방 알게 된다. 교사들은 수업이 끝날 때 학생들에게 이렇게 당부한다. "과제는 내일까지 제출하세요." 이보다 더 나은 방법은 없을까?

기존 비상연락망이나 가정통신문은 작성하거나 유지하기가 힘들고 정확하지도 않다. 하지만 서른 살 교사와 열두 살 학생이 주고받는 문자 메시지는 신뢰할 만하다. 여기서 교사들은 자신의 개인정보가 노출되지 않는 안전한 시스템을 필요로 한다. 확실하면서도 프라이버시를 지킬 수 있으며 편리한 그런 시스템 말이다.

데모데이를 15일 앞두고 우리는 리마인드 베타 버전을 출시했다. 나는 종이 위에 휴대전화와 이메일 이미지를 그린 뒤 이렇게 휘갈겨 썼다. "학생에게 메시지를 전송할 수 있다." 그리고 아래에 세 가지 옵션을 추가했다. "초대하기", "인쇄하기", "공유하기." 교사들과 스카이프로 대화를 나누던 중 나는 화면에 그 종이를 들어 보이고는 이렇게 설명했다. "메시지를 작성하고 버튼을 누르면 학생들에게 메시지를 전송할 수 있습니다. 그러나 학생들은 교사의 전화번호나 SNS 프로필은 볼 수 없죠." 나는 이 설명을 수많은 교사 앞에서 반복했다. 그때마다 교사들은 한결같이 깜짝 놀란 얼굴로 이렇게 말했다. "대단합니다. 중요한 문제를 해결할 수 있겠네요!" 이러한 반응에 형과 나는 우리가 올바른 길로 나아가고 있다고 확신했다.

적은 자본, 그리고 확장

정식 소프트웨어를 내놓은 것은 데모데이 7일 전이었다. 이제 교사들은 인터넷으로 가입하고, 가상공간에서 "학급"을 만들고, 메시지를 전송할 학생과 부모 그룹을 정할 수 있게 되었다. 우리는 그 소식을 널리 알렸다. 다행스럽게도 출시 3주 만에 교사들이 총 13만 건의 메시지를 전송

했다. 그다음부터는 성공적인 신생 기업으로서의 흐름을 이어나갔다. 급격한 성장 그래프가 그려졌다. 나는 데모데이에 열한 곳 벤처기업 대표들과 함께 100명에 가까운 투자자들이 앉아 있는 큰 강당으로 들어섰다. 단 2분의 연설 시간이 주어졌다. 그리고 다음 두 시간 동안 정신없는 만남이 이어졌다. 그날 40명이 넘는 사람에게 명함을 건넸다.

성장을 위해서는 자본이 필요하다. 2012년 초에 형과 나는 1만 달러를 빌렸다. 그리고 미리엄 리베라Miriam Rivera와 클린트 코버Clint Korver가 있는 울루 벤처스로부터 정말로 요긴했던 3만 달러를 투자받았다. 또한 구글 프로덕트 매니저를 지낸 마니쉬 아로라Maneesh Arora에게서도 투자를 받았다(아로라는 나의 멘토로서 나중에 마이티텍스트를 설립했다).

리마인드는 소규모 자본을 기반으로 급속하게 확장했다. 마치 마법사의 견습생이라도 된 것 같은 느낌이었다. 주변 상황이 너무도 빨리 내 통제 범위를 벗어났다. 사용자 수가 하루에 8만 명쯤 늘어난 적도 있었다. 그때만 해도 우리 회사 총 인원은 5명에 불과했고 그중 엔지니어는 2명이었다. 우리는 마케팅에 돈을 쓸 수 없었다. 대신 교사들에게 입소문을 내 달라고 부탁했고, 실제로 그들은 50명의 동료에게 리마인드 소프트웨어를 소개했다. 당시 우리 서비스는 무료였기 때문에 따로 교육 기관의 승인은 받을 필요가 없었다.

2014년 가을까지 높은 품질을 유지한다는 목표를 이어갔다. 그 무렵 사용자 수는 600만 명을 기록했고, 차마스 팔리하피티야Chamath Palihapitiya 와 소셜+캐피털 파트너십으로부터 시리즈 A 투자(베타 버전을 정식 제품이나 서비스로 완성하는 과정에서 받는 투자-옮긴이)를 받았다. 마니쉬는 우리가 이미 확보한 풍부한 데이터를 기반으로 의사 결정을 내리라고 조언했고, 차마스는 종이 위에 직접 그림을 그려 보여줬다. 또한 등록된 사용자 규모처럼 '비본질적'인 데이터를 걸러내는 방법을 가르쳐줬다. 소프트웨어를 사용하기 위해 다시 접속하지 않는다면 얼마나 많은 교사가 리마인드에 등록했는지는 아무런 의미가 없다.

존 도어가 사무실과 화장실 구석구석에 붙여 놓은 우리의 기업 목표를 보았을 무렵, 그 목표는 대단히 구체적이었다. 우리는 세 가지 기준을 세웠다. 그것은 주간 사용 교사 수, 월간 사용 교사 수, 유지율이었다.

그다음으로 데이터베이스 이전, 앱 개발, 4명의 직원 고용 등 분기별 목표를 세웠다. 나는 우리 회사가 정확하게 무슨 일을 하는지 구성원 모두가 분명하게 이해하기 바랐다.

침대가 있는 2층 다락방을 사무실로 쓰는 동안, 우리는 만성적인 엔지니어 부족 문제로 어려움을 겪었고 그러다 보니 모바일 앱에는 거의 신경을 쓰지 못했다. 그래도 존의 말을 빌자면, 우리는 중요한 일에 집중했다. 리마인드의 목표는 구체적이고 객관적이었으며 처음부터 줄곧 교사 집단에 주목했다.

2014년 2월, 클라이너 퍼킨스가 주축이 된 시리즈 B 투자(시장 점유율을 높이기 위해 마케팅이나 인력 충원에 필요한 자금 마련을 위해 받는 투자-옮긴이)를 마감하기 직전에 존은 우리에게 OKR을 주제로 강의를 했다. 거기서 그는 인텔, 구글, 링크드인, 트위터 등 OKR을 도입한 몇몇 기업의 사례

왼쪽부터 리마인드 공동 설립자 브렛 코프, 클링튼데일 커뮤니티스쿨 공동 교장 멜로니 카길과 돈 산체스, 리마인드 공동 설립자 데이비드 코프, 2012년.

를 소개했다. 나는 존의 이야기 속에서 우리 비즈니스를 이끌고, 추적하고, 뒷받침할 수 있는 아이디어를 발견했다. 그리고 이런 생각을 했다. 우리도 한번 해보면 어떨까?

성장을 향한 목표

새 학기가 시작되는 한창 바쁜 8월, 리마인드 앱의 인기가 폭발했다. 하루에 30만 명이 넘는 학생과 학부모가 우리 앱을 다운로드받았다. 그리고 애플 앱 스토어에서 3위를 기록했다! 가을 학기가 끝날 무렵, 리마인드 앱으로 전송된 메시지는 10억 건을 넘어섰다. 우리는 모든 부서에서 운영의 폭을 확장해야 했다. 그리고 화려하지 않지만 우리에게 반드시 필요한 과제를 목표로 잡았다.

총 인원이 14명에 달했을 때 우리는 OKR을 실시했다. 그뒤 2년 동안 조직 규모는 60명으로 성장했다. 이제 더 이상은 테이블 주변에 모여 다음 분기의 목표에 대해 논의할 수 없었다. 이러한 상황에서 OKR은 모든 구성원이 다음 단계를 향한 도약을 위해 중요한 일에 집중하도록 실질적인 도움을 주었다. 구체적인 일정을 포함한 핵심결과를 기준으로 교사의 참여율을 끌어올리는 목표를 달성하기 위해 그밖의 많은 일을 뒤로 미뤘다. 한 번에 한 가지 중요한 일에 집중했다. 그리고 그 한 가지가 무엇인지 모두가 정확하게 이해했다.

가장 많이 요청받은 기능은 메시지 반복 전송 기능이다. 가령 어떤 교사가 5학년 학생을 대상으로 최근 읽는 소설을 수업 시간에 들고 오라는 메시지를 월요일 아침마다 자동으로 전송한다고 해보자. 이는 전형적인 편의 기능이다. 그런데 이 기능은 엔지니어가 최고 우선순위로 삼고 시간을 투자할 가치가 있는 것일까? 이것으로 사용자 참여율을 실질적으로 높일 수 있을까? 이에 대한 우리의 대답은 '아니오'였다. 우리는 그 기능을 일단 보류하기로 했다. 물론 교사가 사용자 집단의 근간이라는 사실을 고려하면 선뜻 내리기 힘든 결정이었다. 그러나 새로운 목표 수립에 대한 원칙과 집중을 위한 의지가 없었다면 아마 지금에 이르지 못했을 것

목표
관리자 채용하기
핵심결과
1. 재무 및 운영팀 관리자 1명 채용(3명 이상 면접) 2. 마케팅 매니저 1명 채용(이번 분기에 5명 면접) 3. 프로덕트 매니저 1명 채용(이번 분기에 5명 면접)

이다.

우리는 OKR을 바탕으로 하향식 시스템을 보완했다. 분기별 기업 목표에 대한 논의를 마친 후, 경영진은 직원들에게 이런 식으로 발표를 했다. "우리가 생각하기에 중요한 목표는 다음과 같습니다. 그 이유는 이러합니다." 그러면 직원들은 이렇게 말했다. "알겠습니다. 그렇다면 목표를 어떻게 달성해야 할까요?" 중요한 목표는 구체적으로 작성되었기 때문에 직원들 모두 다른 이들이 무엇을 하는지 정확하게 알 수 있었다. 업무 혼란을 막거나 지시를 내리기 위해 월요일 아침에 따로 회의를 열 필요는 없었다. 또한 OKR은 업무에서 정치적인 요소를 제거했다.

OKR 시스템은 개인적인 차원에서도 도움이 되었다. 서너 가지로 제한해 선택한 목표를 인쇄해서 모니터와 메모장은 물론 시선이 머무는 모든 곳에 붙여놓고, 매일 아침마다 이렇게 되뇌었다. "이것은 나의 세 가지 목표다. 우리 조직이 발전하려면 오늘 무슨 일을 해야 할까?" 이는 아마도 학습 장애가 있든 없든 모든 경영자에게 의미 있는 질문일 것이다.

나는 내가 어떻게 발전하는지 열린 마음으로 바라본다. 그리고 직원들에게 종종 이런 식으로 말하곤 했다. "저의 세 가지 목표는 이런 것이었습니다. 아쉽게도 그중 하나는 달성하지 못했지만." 조직이 성장하는 과정에서 모든 구성원은 CEO의 목표를 정확하게 이해하고, 또한 최고의 성과를 위해 자신의 목표를 어떻게 그에 맞춰야 할지 알아야 한다. 그리고 실패하고, 수정하고, 다시 도전해야 한다. 실패를 걱정해서는 안 된다. 실패에 대한 두려움은 혁신을 질식시킨다.

빠르게 성장하는 신생 벤처기업의 경영자는 기존 업무에서 끊임없이 벗어나야 한다. 다른 설립자들처럼 나 역시 많은 시간이 필요한 회계나 급여 지급과 관련된 업무는 직원들에게 넘겼다. 나의 첫 번째 OKR 중 하나는 재무 관련 업무를 내려놓고 제품과 전략, 거시적인 목표에 집중하는 것이었다. 다른 한편으로는 점차 경영진을 통해서 업무를 추진했다. 또 다른 OKR은 장기적인 변화를 부드럽게 추진하는 것이었다. 여기서 OKR은 내가 일상 업무로 돌아가지 않도록 막아줬다.

OKR 유산

OKR은 단순하지만 금방 배울 수는 없다. 처음에 우리는 기업 목표를 지나치게 방대하게 잡았다. 한두가지 목표밖에 집중할 수 없는 상황에서 일고여덟 가지 목표를 선택했다.

존이 우리를 찾아왔을 때만 해도 나는 전략 기획에 대해 무지했다. 우리는 OKR 시스템에 서서히 적응해야 했다. 시스템 전체를 단번에 구축하려는 욕심을 내지 말았어야 했다. 초반에 실수를 겪고 난 뒤 다시 한번 진지하게 도전했다. 결국 리마인드는 OKR 시스템 덕분에 효율적인 조직으로 거듭났다. 그리고 OKR을 시작한 지 3분기 만에 시리즈 C 라운드에서 4000만 달러 투자를 유치하는 데 성공했다. 우리의 미래는 한층 더 탄탄해졌다.

———

리마인드의 잠재력은 무한하다. 그들은 숨 가쁜 성장과 변화 속에서 핵심 사용자 기반, 즉 열심히 노력하는 교사 집단에 대한 집중력을 잃지 않았다. 브렛 코프와 데이비드 코프는 확고한 비전을 가졌다. "모든 학생에게 성공할 기회를 보장하기." 브렛이 언급했듯, 오늘날 우리는 터치 한 번으로 5분 만에 택시를 부를 수 있는 시대에 산다. 그런데도 아이가 학습 장애를 겪는다는 사실을 학부모가 알아차리기까지는 몇 주, 혹은 몇 달이 걸린다. 리마인드는 중요한 일에 집중함으로써 이러한 문제를 해결해가고 있다.

── 6장 ──

전념: 누나 스토리

지니 김 Jini Kim
- 공동 설립자, CEO

누나Nuna 스토리는 지니 김의 전념에 관한 이야기다. 그녀는 어릴 적 가족의 아픔을 겪고 나서 미국 사회의 의료보험 시스템을 개선해야겠다고 결심했다. 그리고 거듭된 거절을 극복하고 스스로의 힘으로 누나 비즈니스를 일궈냈다.

우리는 누나 스토리에서 그녀가 어떻게 엔지니어와 데이터 전문가를 끌어모으고, 그들이 도전적인 목표를 향해 열정적으로 달려가도록 만들었는지 확인할 수 있다. 누나의 목표는 다음과 같다. 메디케이드Medicaid(65세 미만의 저소득층과 장애인을 위한 미국 의료보험제도-옮긴이)를 위한 새로운 데이터 플랫폼을 구축하기.

뚜렷하고 일정한 전념

전념은 집중과 함께 OKR의 슈퍼파워다. 리더는 OKR을 실행하는 과정에서 목표에 대한 전념을 뚜렷하게 드러내고 끝까지 지속해야 한다. 의료보험 관련 데이터를 분석하고 플랫폼을 개발하는 기업인 누나의 공동설립자들은 OKR로 초반의 어려움을 극복했다. 그들은 기업의 우선순위 목록을 분명하게 정의했다. 그리고 OKR을 향한 전념을 지속적으로 유지했다. 그 과정에서 그들은 직원들이 자발적으로 움직이도록 만들어야 한다는 사실을 깨달았다.

누나는 2014년에 설립되었다. 그리고 4년 후, 그들은 메디케이드 관련 대규모 계약을 따냈다. 이후로 누나는 데이터 분석을 기반으로 가장 도움이 절실한 수백만 명의 사람들이 메디케이드 시스템을 효과적으로 사용할 수 있도록 한다. 또한 그 과정에서 얻은 기술과 지식을 활용해 대기업이 자체적으로 실시하는 의료보험 프로그램의 효율성과 품질을 개선시키는 일을 한다. 누나에서 OKR 시스템은 목표를 세우는 기반이 되어줬다. 지니는 구글에서 프로덕트 매니저로 일하던 동안 OKR 개념을 접하게 되었다.

우리는 누나 스토리에서 전념이라고 하는 슈퍼파워의 두 가지 측면을 확인하게 된다. 누나가 OKR을 받아들이면서 그들은 가장 중요한 목표에 완전히 전념하게 되었다. 그리고 동시에 리더와 직원 모두 OKR 프로세스에 전념하는 방법을 배웠다.

지니 김: 누나 스토리는 지극히 인간적이다. 내 남동생은 두 살 때 중증 자폐증 진단을 받았다. 그리고 몇 년 후 디즈니랜드에 놀러가서 처음으로 격렬한 발작을 일으켰다. 잠깐 괜찮은 듯 싶었지만 곧바로 바닥에 쓰러져서 가쁜 숨을 쉬었다. 정보가 부족하고 의사소통에 어려움이 있는 한국 이민자였던 우리 부모님은 어쩔 줄 몰라 했다. 사회보장제도의 도움을 받지 못하면 우리 집안은 곧 파산을 맞이할 운명이었다. 그래서 당시 아홉 살이었던 나는 동생을 메디케이드에 가입시키기 위한 방법을 연구하기 시작했다.

2004년, 나는 대학을 졸업하고 첫 직장으로 구글에 입사했다. 그때까지만 해도 OKR이라는 말은 들어보지 못했다. 그러나 OKR은 점차 나와 내 팀원들이 구글 조직을 항해하고, 가장 중요한 일에 집중하도록 만들어주는 나침반이 되었다. 내가 구글에 들어가서 처음으로 맡은 제품은 구글 헬스였다. 나는 업무를 통해 의료보험제도를 개선하기 위해서는 무엇보다 데이터가 중요하다는 사실을 배웠다. 그리고 의료보험 관련 데이터에 접근하는 것이 얼마나 힘든지도 알게 되었다. 가입자는 자기 자신에 대한 정보조차 쉽게 확인할 수 없었다. 구글 시절의 이러한 경험을 바탕으로 2010년에 누나를 설립했다.

처음부터 OKR을 실행한 것은 아니다. 설립 초기에는 자본도 고객도 없었다. 나는 5명의 파트타이머들(누나를 공동으로 설립한 대학원생 데이비드

누나 CEO 지니 김과 남동생.

첸(David Chen을 포함하여)과 함께 일을 시작했지만 월급을 주기도 버거웠다. 우리는 함께 시제품을 개발했고, 자체적으로 의료보험 프로그램을 운영하는 대기업을 찾아다녔다. 설립 첫 해, 한 건의 주문도 들어오지 않았다. 어쩌면 당연한 일이었다. 시장 수요에 대해서는 어느 정도 알고 있었지만 제품의 효용을 설득시키기에 우리는 고객의 요구에 무지했다.

그러나 설립 후 2년이 지나도록 주문은 들어오지 않았다. 그때 공부가 필요하다는 생각이 들었다. 대기업 의료보험 프로그램을 관리하는 이들은 무엇을 신경 쓰는가? 의료보험 시장에서 의미 있는 혁신이란 무엇을 말하는가? 나는 그 대답을 구하기 위해 정장을 입고 인사관리를 주제로 한 컨퍼런스를 찾아서 돌아다녔다.

그렇게 노력한 덕분에 2012년에 누나는 포천 500대 기업을 고객으로 맞이했다. 거듭된 거절과 좌절, 라면으로 저녁을 때웠던 시절을 2년 넘기고 나서야 마침내 시장 진입에 성공했다. 모든 신생 기업에서 유일하게 변하지 않는 것은 그들이 변하고 있다는 사실이다. 누나 역시 급격한 변화에 직면했다. 우리는 건강보험 가입자를 위한 통합 웹사이트 프로젝트에 6개월을 보내고 난 뒤 베이 지역으로 다시 돌아왔고, 그 후 3000만 달러 투자를 유치하는 데 성공했다. 그제야 직원들에게 밀린 임금을 지불하고 앞으로의 계획을 세울 수 있었다.

당시 나는 미국 전역에 살고 있는 7450만 명의 메디케이드 가입자에 대한 데이터베이스를 최초로 구축하기 위해 정부 제안 요청서에 대해 알아봤다. 수차례 요청서를 제출했지만 모두 수포로 돌아갔다. 하지만 우리는 아드레날린과 레드불의 힘으로 72시간 동안 서류 작업을 마무리한 끝에 메디케어와 메디케이드 서비스 센터 입찰에 다시 한번 참여했다. 그로부터 두 달 후, 우리가 계약자로 선정되었다는 답변을 들었다.

새로운 과제

이후 누나의 확장은 세 가지 측면에서 벅찬 과제였다. 첫째, 비즈니스 차원에서 규제 준수, 안전, 프라이버시에 신경을 써야 했다. 둘째, 데이터 플랫폼과 관련된 제반 시설을 확충해야 했다. 마지막으로 셋째는, 조직 규모가 15명에서 75명으로 갑자기 늘어난 데 있었다. 우리는 기존 비즈니스를 그대로 유지하면서 동시에 역사상 처음으로 데이터베이스를 구축해야 했다. 게다가 그 모든 일을 1년 안에 마무리 지어야 했다. 이를 위해서 예전보다 더욱 강력한 집중과 전념을 필요로 했다.

2015년, 우리는 처음으로 OKR을 실행에 옮겼다. 나는 이미 구글 시절에 목표와 핵심결과의 힘을 배웠다. 그러나 OKR 시스템을 도입하기 위해 무엇이 필요한지는 잘 알지 못했다. 어떻게 실행에 옮겨야 할지도 이해하지 못했다. 목적지에 도달하기 위해서는 역량을 점차적으로 강화해야 한다. OKR 마라톤을 완주하려면 자신의 체력을 정확하게 알아야 한다. 처음부터 전력 질주하다가는 중간에 쓰러지고 만다.

우리는 연간, 그리고 분기 OKR을 세웠다. 그리고 각 주기의 첫째 날에 모두가 참석한 회의에서 각자의 OKR을 발표했다. 당시 누나는 20명 정도에 불과했다. 그렇다면 별로 어려운 일이 아니라고 생각할 수 있지만 그 과정은 간단치 않았다. 일부 직원들은 개인 OKR을 아예 세우지 않았다. 다른 직원들은 OKR을 작성하고 나서 서랍에 그냥 처박아 두었다.

지금 돌이켜보건대, 5명의 경영진으로 시작했으면 좋았을 것이다. 힘든 과정을 거쳐 어렵게 깨달았듯이 경영진은 체계적인 목표를 개선해나가기 위해 OKR에 더욱 전념하는 모습을 보여야 한다. 관리자들 스스로 OKR을 받아들이도록 만들기 위해서, 다시 말해 OKR을 필요악이나 겉치레가 아니라 기업 목표를 달성하기 위한 실질적인 도구로 바라보도록 만들기 위해서는 적어도 1~2분기 정도의 시간이 필요하다.

경영진이 완전하게 뛰어들지 않으면 직원들의 참여도 기대할 수 없다.

특히 도전적인 OKR을 세웠다면 더욱 그렇다. 목표가 힘들어 보일 때 직원은 쉽게 포기하고 싶은 유혹을 느낀다. 그들은 상사를 보고 목표를 세운다. 폭풍우가 몰아치는 상황에서 선장이 배를 버리고 탈출한다면 선원들이 배를 몰고 항구에 도착할 것이라고 기대하기는 어렵다.

리더는 무엇을 해야 하나?

2016년 중반, 우리는 새로운 열정으로 OKR에 다시 한번 도전했다. 이번에 경영진은 OKR을 적극적으로 받아들였지만 조직 전반으로는 만족스럽지 못했다. 나는 리더로서 직원들의 OKR을 추적했다. 이메일을 보내 각자 개인적인 OKR을 마무리하라는 메시지를 전했다. 그러나 반응이 없었다. 업무용 메시지 앱인 슬랙으로 다시 한번 당부했다. 문자까지 보냈다. 그래도 따르지 않는 직원들은 직접 불러서 다그쳤다. "OKR을 빨리 마무리하도록 하세요!"

직원이 진정으로 OKR에 전념하게 만들기 위해서 리더는 스스로 모범이 되어야 한다. 직원에게 바라는 모습을 먼저 보여줘야 한다. 그래서 나는 모두가 참석한 회의에서 내 OKR을 공개했다. 이러한 노력은 결정적인 역할을 했다. 달라진 직원들의 모습은 놀라울 정도였다. 개인적인 OKR을 공개하며 나 역시 일원으로 참여하고 있다는 사실을 보여주었다. 그리고 직원들이 내 OKR을 자유롭게 평가하고, 개선 방안을 제시하도록 했다. 이러한 경험이 변화의 시발점이 되었다.

여기서 내 OKR 몇 가지를 소개한다. 괄호 속 숫자는 내가 매긴 점수다(구글처럼 0.0~1.0점 범위로). 이 간단하면서도 중요한 OKR을 작성하는 과정에서 많은 정보를 얻었다.

목표
세계적인 수준의 조직을 구축하고 유지하기

핵심결과

1. 엔지니어 10명 채용하기[0.8]
2. 세일즈 관리자 채용하기[1.0]
3. 면접에 참여한 후보자 모두에게 체계적이고 전문적인 기업이라는 인상을 주기[0.5]

또한 전문성 향상을 위한 열정을 측정하는 데 도움이 되는 핵심결과 두 가지를 마련했다.

목표
150명 규모로 조직을 확장하기
활기차고 효율적인 사무 환경 조성하기

핵심결과

1. 모든 직원이 성과 검토/피드백 과정에 참여하기[1.0]
2. 모든 직원이 3분기 OKR에 대한 평가를 4분기 첫 일주일 안에 마치기[0.4]

누나에서는 조직 공통으로 뚜렷하게 OKR에 전념하지만, OKR 시스템은 개인적인 차원에서 더 유용하게 쓰일 때도 있다. 2016년 4분기에 나는 비즈니스 운영을 맡아줄 부사장을 영입하고자 했다. 사업부 성장을 가속화하기 위해 내린 중요한 결정이었다. 그때까지 누나에는 부사장 자리가 없었다. 과연 내부에서 어떤 반응이 나올지 걱정되었다. 데이비드와 나는 개인적인 OKR을 작성했고, 이를 통해 부사장 채용에 대한 열정을 드러냈다. 그리고 조직 내 주요 이해 관계자들과 일대일 대화를 나누고, 잠재적인 후보자를 물색하고, 마지막으로 채용 절차를 추진했다.

스타트업은 애매모호함과 싸워야 한다. 누나의 비즈니스 영역이 자체적으로 의료보험을 실시하는 대기업에서 방대한 메디케이드 데이터베이스 구축으로, 그리고 새로운 의료보험 상품으로 넓어지면서 OKR에 대한 의존도는 더욱 높아졌다. 우리는 집중력을 강화하고 우선순위 목록을 더욱 투명하게 만들어야 했다. 이는 조직의 열정을 강화하기 위해 반드시 필요한 일이었다. 우리는 OKR을 기반으로 많은 대화를 나눴다. 그리고 조직을 더욱 체계적으로 정렬했다. 외부 사건에 즉각적으로 대응하는 대신 분기별 계획을 중심으로 신중하게 움직였다. 우리는 마감 일정 준수를 더욱 엄격하게 요구했고, 직원들은 그 일정을 현실적으로 가능한 것으로 받아들였다. 우리는 결정을 실행에 옮기는 과정에서 더욱 열정적으로 변했다.

열정은 스스로 발전한다

누나의 OKR 스토리가 전하는 교훈은 뭘까? 데이비드는 이렇게 말한다. "OKR 시스템을 처음부터 완전하게 실행할 수는 없습니다. 두 번째, 혹은 세 번째 시도에서도 완벽할 수 없죠. 그래도 실망할 필요는 없습니다. 인내가 필요합니다. 서서히 적응하면서 자신의 것으로 만들어야 합니다." 열정은 자가발전한다. 우리가 몸소 체험했듯이 OKR 여정을 끝까지 포기하지 않는다면 놀라운 결실을 얻게 될 것이다.

이제 누나는 CMS 파트너들의 협조 덕분에 7400만 명이 넘는 가입자의 개인 건강 정보를 관리할 수 있는 안전하고 유연한 데이터 플랫폼을 구축했다. 그러나 우리는 여기서 멈추지 않을 것이다. 우리는 그 플랫폼을 바탕으로 많은 예산이 투입되는 복잡한 의료보험 시스템의 운영을 위해 노력하는 정책 결정자들에게 소중한 정보를 제공하고자 한다. 그리고 데이터를 분석해 미래의 질병을 예측하고 예방하는 과정에 도움이 되고자 한다. 또한 무엇보다 미국 의료보험제도 개선에 기여하고자 한다. 이는 대단히 도전적인 사명이다. 내가 구글 시절에 깨달았던 것처럼 도전적인 사명일수록 OKR의 역할은 더욱 중요하다.

지금도 남동생 기몽은 엄마, 오빠, 누나 세 단어밖에 말하지 못한다. 그러나 동생은 회사에 이름과 사명을 가져다주었다. OKR을 향한 열정을 기반으로 모두를 위해 의료보험제도를 개선해야 한다는 것은 여전히 우리의 사명이다.

—

2017년 1월, 누나는 메디케이드 연구 결과를 공개했다. 메디케이드 서비스 센터를 이끄는 앤드루 슬라빗Andrew M. Slavitt은 〈뉴욕타임스〉와의 인터뷰에서 누나가 클라우드 데이터베이스를 주 단위의 컴퓨팅 단계에서 "시스템 전반에 걸친 체계적인 단계"로의 "역사적인" 도약을 이루어냈다고 평가했다.[1]

설립한 지 불과 몇 년 만에 누나는 미국 의료보험 시스템에 지속적인 영향력을 행사하고 있다. 그러나 지니와 데이비드, 그리고 OKR을 향한 그들의 열정을 잘 아는 사람이라면 지금까지의 성과는 시작에 불과하다는 사실을 이해할 것이다.

--- 7장 ---

슈퍼파워 #2: 팀의 정렬과 연결

우리는 지시를 수행할 똑똑한 사람을 원하지 않는다.
대신 무엇을 해야 할지 말해줄 똑똑한 사람을 채용할 뿐이다.

– 스티브 잡스 Steve Jobs

　　SNS의 인기가 폭발하면서 이제 투명함은 업무의 기본 조건이 되었다. 투명함은 최고를 향해 달려가기 위한 고속도로다. 그러나 많은 기업은 여전히 목표를 공개하지 않는다. 아직도 많은 CEO가 온라인 스토리지 서비스 기업 박스Box의 설립자이자 CEO인 에런 레비Aaron Levie와 비슷한 어려움을 겪는다. 에런은 이렇게 말했다. "많은 사람이 잘못된 것에 집중한다. 여기서 과제는 그게 무엇인지 알아내는 일이다."

　　한 연구 결과는 목표를 공개해야 달성 가능성이 높아진다는 사실을 보여준다.[1] SNS 게시글을 모두가 볼 수 있도록 설정하는 것만으로도 변화가 일어난다. 미국 성인 근로자 1000명을 대상으로 실시한 최근 설문 조사에 따르면, 92퍼센트의 사람들이 주변 동료가 자신의 업무 상황을 확

인할 수 있을 때 목표 달성에 대한 동기를 더 많이 부여받는다고 답했다.[2]

OKR 시스템에서는 신입 사원도 동료 직원에서 CEO에 이르기까지 다른 구성원의 목표를 확인할 수 있다. 직원들은 조언이나 수정 사항을 공식적으로 제시한다. 모든 구성원은 다른 사람의 OKR에 간섭할 권한을 가지며 목표 설정 과정에서도 이의를 제기할 수 있다. 이러한 환경에서는 무엇보다 개인의 역량이 빛을 발한다. "저는 이러저러한 업무에 집중하고 있습니다"라고 공개적으로 밝힐 때, 사람들은 좋은 아이디어를 어디서 구해야 하는지 쉽게 파악할 수 있다. 그리고 기업이 중요하게 여기는 목표를 달성하려는 개개인의 노력이 무엇보다 중요하다는 사실을 분명히 이해하게 된다.

반면 의심이나 비난, 음모와 같은 조직의 폐해는 독성을 서서히 잃어간다. 가령 영업 팀이 최근 마케팅 팀에서 발표한 프로모션을 비판한다고 해도 마케팅 팀에서 불만이 끓어오르는 일은 없을 것이다. 모든 팀이 공식적으로 이의를 제기할 수 있기 때문이다. 이처럼 OKR은 목표를 객관적인 것으로 만든다.

투명함은 협력의 씨앗이다. A라는 직원이 분기 목표를 달성하기 위해 애쓰고 있다고 해보자. 그는 자신의 목표와 추진 과정을 투명하게 공개하기 때문에, 다른 동료는 언제 그를 도와야 하는지 쉽게 알 수 있다. 그들은 필요할 때 적극적으로 개입해서 조언하고 아이디어를 제안한다. 그만큼 성공 가능성이 높아진다.

대규모 조직에서는 여러 사람이 동시에 똑같은 일을 추진할 때가 있다.

모두가 다른 구성원의 목표를 쉽게 확인할 수 있기 때문에 OKR은 노력의 중복을 드러나게 해 시간과 자원을 절약한다.

똑같은 페이지

기업 목표를 세우고 나면 실질적인 업무가 시작된다. 계획 수립 단계에서 실행 단계로 넘어갈 때 관리자를 비롯한 모든 직원은 자신의 업무가 조직의 전망과 조화를 이루도록 조율해야 한다. 이러한 작업을 바로 '정렬alignment'이라고 부른다.[3] 정렬의 가치는 대단히 높다. 《하버드 비즈니스 리뷰Harvard Business Review》의 기사에 따르면 정렬이 효과적으로 이뤄진 기업이 좋은 성과를 올릴 가능성은 그렇지 않은 기업보다 두 배나 높다.

그러나 안타깝게도 정렬은 비즈니스 세상에서 쉽게 찾아볼 수 없다. 조사 결과에 따르면 "기업의 비즈니스 전략, 그리고 공동의 목표를 달성하기 위해 자신이 해야 할 일을 완전히 이해하고 있다"라고 답한 근로자는 전체 응답자의 7퍼센트에 불과했다.[4] 전 세계 CEO를 대상으로 한 설문조사를 보면, 정렬의 미비는 전략과 실행 사이에 놓인 가장 커다란 장애물이다.[5]

캘리포니아에 있는 위험 모델링 기업 RMS의 인사 팀장 어밀리아 메릴은 이렇게 말한다. "많은 일이 벌어지고 있습니다. 우리 직원들은 여러 지역에서, 여러 사무실에서 일하고 있습니다. 일부는 시간적으로, 다른 일부는 공간적으로 함께 일을 합니다. 그렇기 때문에 직원들이 무슨 일을 먼저 해야 하는지 이해하기란 정말로 어렵습니다. 모든 일이 중요하고, 모든 일이 급박해 보이니까요. 그렇다면 '정말로' 먼저 집중해야 할 일은 무엇일까요?"[6]

이 질문에 대한 대답은 집중적이고 투명한 OKR에서 찾을 수 있다. OKR 시스템은 개별 직원의 일을 팀의 업무로, 부서의 프로젝트로, 기업의 사명으로 연결 짓는다. 모든 인간은 관계를 필요로 한다. 직장에서 사람들은 당연하게도 리더가 무슨 일을 하는지, 자신의 업무가 리더의 일과 어떻게 연결되는지 궁금해한다. OKR은 수직적인 정렬을 위한 실질적인 방안이다.

거대한 폭포

과거의 업무는 상부의 지시로 이뤄졌다. 목표는 시나이산 십계명처럼 조직표를 따라 아래로 내려왔다. 경영자의 목표는 부서장에게 전달된다. 그리고 부서장은 이를 관리자에게, 관리자는 다시 직원에게 전달한다. 목표는 이런 식으로 흘러간다.

물론 이러한 접근 방식은 더 이상 일반적인 기준이 아니다. 하지만 많은 대기업에 여전히 남아 있다. 그 장점은 분명함이다. 하향식 목표 전달은 직원을 통제하고, 그들이 기업 목표를 위해 노력하도록 만든다. 이러한 방식이 효과적으로 이뤄질 때, 조직은 일사불란하게 움직인다. 그리고 구성원들은 강한 소속감을 느낀다.

구글을 비롯한 여러 다양한 기업에서 강연을 할 때 나는 OKR 시스템이 얼마나 효율적으로 작동하는지 설명하기 위해 가상의 미식축구 팀 이야기를 꺼내곤 한다.

하향식 OKR의 흐름을 따라가 보자.

샌드힐 유니콘: 가상의 미식축구 팀

지금부터 나는 샌드힐 유니콘이라는 가상의 미식축구 팀 감독이다. 내게는 한 가지 목표가 있다. 바로 구단주에게 돈을 벌어다 주는 것이다.

감독

목표 구단주에게 돈을 벌어다 주기
핵심결과 1. 슈퍼볼 우승 2. 홈경기 관중석을 90퍼센트 넘게 채우기

OKR 표 1 — 감독

이 목표에는 두 가지 핵심결과가 따른다. 그것은 슈퍼볼 우승과 홈경기 관중석을 90퍼센트 이상 채우는 것이다. 이로써 구단주에게 돈을 벌어다 줄 수 있다. 두 가지 핵심결과를 모두 충족시킨다면 감독으로서의 목표는 달성된다. 그러므로 이것은 잘 구성된 OKR이다.

> **감독의 OKR은 조직표를 따라 아래로 흘러간다.**

감독으로서의 목표를 하위 단계, 즉 수석 코치와 마케팅 부사장에게 하달한다. 여기서 내 핵심결과는 그들의 목표가 된다(OKR 표 2). 수석 코치의 목표는 슈퍼볼 우승이다. 이를 달성하기 위한 세 가지 핵심결과는 게임당 패싱어택 300야드 이상, 게임당 실점 17점 이하, 스페셜 팀 유닛이 펀트리턴 커버리지에서 3위 안에 들기다. 수석 코치는 자신의 핵심결과를 공격 코치, 수비 코치, 특별 팀 코치에게 목표로 하달한다. 세 사람은 다시 하위 단계로 하달할 핵심결과를 작성한다. 가령 공격 코치는 게임당 패싱어택 300야드 이상이라는 목표를 달성하기 위해 새로운 쿼터백 코치를 영입하고, 패스 성공률을 65퍼센트 이상으로 높이고, 인터셉션 허용을 경기당 1회 이하로 낮춰야 한다.

수석 코치

목표
슈퍼볼 우승

핵심결과

1. 게임당 패싱어택 300야드 이상
2. 게임당 실점 17점 이하
3. 스페셜 팀 유닛이 펀트리턴 커버리지에서 3위 안에 들기

공격 코치

목표
게임당 패싱어택 300야드 이상

핵심결과

1. 패스 성공률 65퍼센트 이상
2. 인터셉션 허용 게임당 1회 이하
3. 새로운 쿼터백 코치 영입

수비 코치

목표
게임당 실점 17점 이하

핵심결과

1. 경기당 러싱야드 허용 100야드 이하
2. 경기당 쿼터백 태클 3회 이상
3. 프로볼 코너백 발굴

스페셜 팀 코치

목표
스페셜 팀 유닛이 펀트리턴 커버리지에서 3위 안에 들기

핵심결과

1. 펀트리턴 허용 10야드 이하
2. 시즌당 펀트블록 4회 이상

OKR 표2 — 팀 전체

> 이들의 OKR은 슈퍼볼 승리를 위한 감독의 목표와 정렬을 이룬다.

> 아직 끝나지 않았다. 관중석을 채울 방법을 마련해야 한다.

다른 한편으로, 마케팅 부사장은 내 핵심결과 중 하나인 '홈 관중석을 90퍼센트 이상 채우기'를 자신의 목표로 삼았다(OKR 표 3 참조). 그리고 세 가지 핵심결과를 작성했다. 팀 브랜드 인지도 높이기, 언론 보도 개선, 경기장 행사 프로그램 활성화. 그의 결과지표는 마케팅 팀장, 홍보 팀장, 구매 팀장의 목표가 된다.

이 표에서 잘못된 점은 무엇일까? 가장 먼저, 부사장의 핵심결과가 잘못되었다. 수석 코치와 달리 부사장의 결과지표는 측정이 불가능하다. 구체적이지 않고 마감도 없다. 가령 언론 보도의 "개선"을 어떻게 측정할 것인가?(ESPN에서 다섯 번 특별 보도? 스포츠 잡지 표지 기사? SNS 팔로어 50퍼센트 증가?)

하지만 부사장이 핵심결과를 적절하게 작성했다고 해도 팀 전체의 OKR에는 심각한 문제가 남는다. 그것은 팀의 최고 목표(부자 구단주를 더 부자로 만들어주는 것)가 감독의 내적 동기를 자극하기에 불충분하다는 것이다. 이스트코스트 지역을 담당하는 스카우트나 복사기 앞에서 땀 흘리는 홍보 팀 인턴 사원의 경우는 말할 것도 없다.

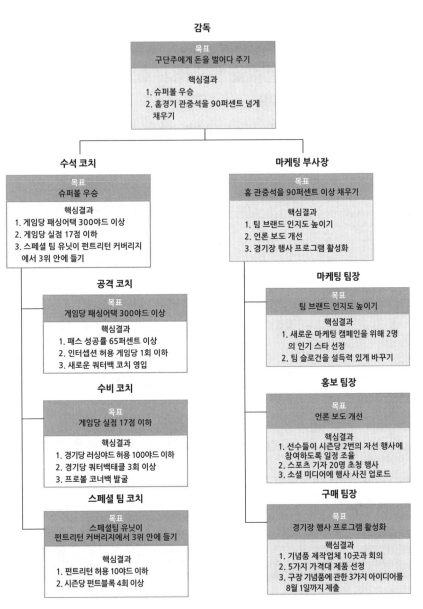

감독

목표
구단주에게 돈을 벌어다 주기
핵심결과
1. 슈퍼볼 우승
2. 홈경기 관중석을 90퍼센트 넘게 채우기

수석 코치

목표
슈퍼볼 우승
핵심결과
1. 게임당 패싱어택 300야드 이상
2. 게임당 실점 17점 이하
3. 스페셜 팀 유닛이 펀트리턴 커버리지에서 3위 안에 들기

마케팅 부사장

목표
홈 관중석을 90퍼센트 이상 채우기
핵심결과
1. 팀 브랜드 인지도 높이기
2. 언론 보도 개선
3. 경기장 행사 프로그램 활성화

공격 코치

목표
게임당 패싱어택 300야드 이상
핵심결과
1. 패스 성공률 65퍼센트 이상
2. 인터셉션 허용 게임당 1회 이하
3. 새로운 쿼터백 코치 영입

마케팅 팀장

목표
팀 브랜드 인지도 높이기
핵심결과
1. 새로운 마케팅 캠페인을 위해 2명의 인기 스타 선정
2. 팀 슬로건을 설득력 있게 바꾸기

수비 코치

목표
게임당 실점 17점 이하
핵심결과
1. 경기당 러싱야드 허용 100야드 이하
2. 경기당 쿼터백태클 3회 이상
3. 프로볼 코너백 발굴

홍보 팀장

목표
언론 보도 개선
핵심결과
1. 선수들이 시즌당 2번의 자선 행사에 참여하도록 일정 조율
2. 스포츠 기자 20명 초청 행사
3. 소셜 미디어에 행사 사진 업로드

스페셜 팀 코치

목표
스페셜팀 유닛이 펀트리턴 커버리지에서 3위 안에 들기
핵심결과
1. 펀트리턴 허용 10야드 이하
2. 시즌당 펀트블록 4회 이상

구매 팀장

목표
경기장 행사 프로그램 활성화
핵심결과
1. 기념품 제작업체 10곳과 회의
2. 5가지 가격대 제품 선정
3. 구장 기념에 관한 3가지 아이디어를 8월 1일까지 제출

OKR 표 3 — 팀 전체

하향식 접근 방식은 올바로 설계되었을 때 조직을 더욱 일관적인 형태로 만들어준다. 하지만 위 사례처럼 모든 목표가 아래로 흐를 때 OKR은 자칫 기계적이고 수동적인 과정으로 끝나게 된다. 그리고 이에 따른 네 가지 역효과가 일어날 수 있다.

- **민첩성 둔화.** 일반적으로 중간 규모의 기업은 6~7단계의 조직으로 이루어진다. 위에서 목표가 하달되기를 기다릴 때, 수많은 회의와 검토 작업이 마무리되기를 기다릴 때, OKR이 완성되기까지 적어도 몇 주, 혹은 몇 달이 소요될 것이다. 엄격한 수직적 조직은 목표를 신속하게 수립하고 자주 수정하는 과정에서 어려움을 겪는다. 그렇기 때문에 분기마다 OKR을 세우는 것은 비현실적인 접근 방식이라는 인상을 준다.

- **유연성 악화.** 하향식 목표 설정은 대단히 힘든 과정을 거쳐야 하기 때문에 구성원들은 OKR 주기 중간에 함부로 수정하려 들지 않는다. 특히 사소한 수정을 하려고 해도 목표와 정렬하기 위해 많은 노력을 기울여야 하는 하위 직급 구성원에게 큰 부담이 된다. 그럴 때 OKR 시스템을 유지하기는 점점 힘들어진다.

- **구성원 소외.** 엄격한 하향식 OKR 시스템은 현장 근로자로부터 유입되는 소중한 정보를 차단한다. 하향식 조직 내 구성원들은 목표 수립 과정에서 조언이나 아이디어를 적극적으로 제시하지 않는다.

- **형식적인 연결.** 하향식 정렬이 고착화될 때 구성원들이 수평적·기능적으로 연결을 강화하려는 노력은 위축된다.

아래에서 위로!

하지만 다행스럽게도 대안은 있다. OKR 시스템은 투명함이 특징이다. 따라서 그 흐름이 엄격하게 아래를 향하지 않더라도 얼마든지 공유 가능하다. 기업 OKR에 기여하기만 한다면 수직 체계에서 여러 단계를 건너뛸 수 있다. CEO에서 시작해서 부사장, 팀장, 관리자, 일반 직원으로 내려오는 대신 OKR 흐름은 CEO에서 매니저, 혹은 팀장에서 일반 직원으로 단계를 건너뛸 수 있다. 혹은 경영진이 직원에게 직접 OKR을 발표할 수도 있다. 그럴 경우 직원들은 이렇게 생각할 것이다. "우리 회사가 어디로 가려는지 알겠군. 그 방향에 맞게 내 목표를 세워야겠어."

구글 직원이 수만 명에 달한다는 점에서 기계적인 하향식 OKR은 오히려 혁신 문화를 위축시킬 위험이 크다. 구글의 최고인적자원책임자를 지낸 라즐로 복은 저서 《구글의 아침은 자유가 시작된다》에서 이렇게 설명했다.

> 목표 설정은 성과를 높인다. 하지만 목표를 위아래로 전달하는 데 많은 시간을 투자하는 방식은 (……) 그렇지 않다. 우리는 시장 기반의 접근 방식을 활용한다. 여기서 모든 구성원의 목표는 한곳에 집중된다. 이는 기업 OKR은 물론 모든 구성원의 OKR이 공개되어 있기 때문에 가능한 일이다. 정렬에서 이탈한 팀은 금방 드러난다. 그리고 조직에 중요한 몇몇 주요 프로젝트는 모두가 직접 관리할 수 있다.[7]

구글의 "20퍼센트 시간"은 하향식 접근 방식에 정반대되는 개념이다. 20퍼센트 시간이란 엔지니어들이 일주일 중 하루 동안 기존 업무를 제쳐놓고 개인 프로젝트에 몰두할 자유를 주는 구글 특유의 프로그램을 말한다. 구글은 똑똑한 인재에게 자유 시간을 허용함으로써 지금 우리가 아는 방식대로 세상을 바꿔나간다. 가령 2001년에 폴 부케이트Paul Buchheit 는 20퍼센트 시간 동안 카리부라는 이름의 프로젝트를 추진했다. 그리고 그 프로젝트는 오늘날 세계적인 웹 기반 이메일 서비스인 지메일의 탄생으로 이어졌다.

강압적인 기계적 정렬의 위험을 피하기 위해, 건강한 조직은 목표가 아래에서 위로 떠오르게 한다. 가령 샌드힐 유니콘스 팀의 물리치료사가 스포츠 의학 컨퍼런스에 참석해 부상 예방을 위한 새로운 기술을 배운다고 해보자. 그는 새로운 치료법을 적용하기 위해 오프시즌 OKR을 세운다. 여기서 물리치료사는 자신의 목표를 직속 상사가 아니라 감독의 OKR과 정렬한다. 그의 노력으로 샌드힐 유니콘스 주전 선수들이 시즌 내내 좋은 건강 상태를 유지한다면 슈퍼볼 우승 가능성은 그만큼 높아진다.

혁신은 조직의 중심이 아니라 주변부에서 시작된다. 강력한 OKR은 중역실 밖에서 만들어진다. 앤디 그로브는 이렇게 설명했다. "현장 직원들은 다가올 변화를 일찍 감지한다. 영업사원은 경영진보다 고객 수요의 변화를 더 빨리 알아챈다. 그리고 금융 분석가는 비즈니스 기반이 흔들리는 시점을 가장 먼저 인식한다."[8]

마이크로매니지먼트Micromanagement(세부적인 지시를 통해 직원에게 재량권을 허용하지 않는 관리 방식-옮긴이)는 곧 미스매니지먼트mismanagement다. 건전한 OKR 시스템은 정렬과 자율, 그리고 공동의 목표와 창조적 도전 사이에서 균형을 찾는다. 피터 드러커는 이렇게 말했다. "직원에게 엄격한 성과 기준과 높은 목표를 제시해야 한다. (……) 하지만 업무 방식은 전적으로 직원 개인의 책임이자 결정 사안이다."[9] 인텔 시절 그로브는 "경영적 간섭"을 부정적으로 보았다. "직원들이 자신의 업무 범위를 협소하게 바라볼 것이기 때문이다. 문제 해결에 적극적으로 나서지 않고 그저 상사에게 보고할 것이다. (……) 결과적으로 기업 성과는 떨어질 것이다."[10]

적절하게 설계된 OKR 시스템은 구성원 각자가 개인의 목표와 핵심결과의 일부, 혹은 전부를 세우도록 자율권을 허락한다. 그럴 때 그들은 조직의 단계를 뛰어넘고, 도전적인 목표를 세우고 더 많은 것을 성취하고자 한다. "목표가 높을수록 성과도 높다."[11] 목적지를 스스로 정한 사람은 그곳에 도달하기 위해 무엇이 필요한지 더 잘 이해한다. 반면 누군가 자신의 목표를 정할 때, 사람들은 적극적으로 참여하지 않는다. 가령 의사가 혈압을 낮추기 위해 샌프란시스코 마라톤에 참가 신청을 하고 훈련을 시작하라고 조언한다면 나는 어떻게든 그 지시에 따를 것이다. 하지만 스스로 마라톤 참여를 결정한다면 완주 가능성은 더 높아질 것이다. 또한 친구와 함께 달린다면 더욱 좋을 것이다.

나는 비즈니스 세상에 한 가지 정답은 없다는 사실을 지난 경험으로부터 배웠다. 자율권을 부여하고, 도움을 주고, 스스로 정답을 찾도록 격려함으로써 우리는 모두가 승리하도록 만들 수 있다. 최고의 팀은 하향식 목표 설정과 상향식 목표 설정 사이의 창조적 긴장 위에 존재한다. 이는 곧 정렬된 OKR과 정렬되지 않은 OKR의 조합을 의미한다. 위기의 순간에, 그리고 무엇보다 '행동'이 필요한 순간에 조직은 하향식 접근 방식을 선택할 수 있다. 반면 실적이 좋거나 조직이 지나치게 신중하게 접근할 때는 통제를 완화하는 것이 정답일 수 있다. 리더가 비즈니스 환경, 변화를 바라는 구성원의 요구에 탄력적으로 대응할 때 하향식 목표와 상향식 목표는 균형을 이룬다. 그것이 내가 생각하는 정답이다.

팀의 경계를 뛰어넘는 협력

적절한 목표 설정으로 조직표의 한계를 뛰어넘는다고 해도 드러나지 않은 의존성이 프로젝트를 실패로 몰아갈 수 있다. 이를 위한 해결책은 동료 간에, 혹은 팀의 기능적 경계를 뛰어넘는 수평적인 연결을 강화하는 것이다. 혁신이나 문제 해결에서 개인은 절대로 집단을 이기지 못한다. 제품개발 팀은 기술 팀에, 마케팅 팀은 영업 팀에 의존한다. 비즈니스가 복잡해지고 업무가 다양해질 때 상호의존적인 부서가 함께 목표를 향해 달려 나가도록 도움을 줘야 한다.

긴밀하게 연결된 조직은 민첩하게 움직인다. 그러므로 관리자와 직원은 경쟁력을 높이기 위해 조직의 경계를 허물고 수평적인 연결을 강화해야 한다. 라즐로 복이 지적했듯이, 투명한 OKR 시스템은 자유롭게 형성되는 협력의 흐름을 가속화한다. "조직 전반에 걸쳐 모두가 업무 흐름을 파악할 수 있다. 전화기 설계 팀이 어느 날 갑자기 소프트웨어 개발 팀에 도움을 요청한다. 사용자 인터페이스와 관련된 흥미로운 아이디어가 떠올랐기 때문이다."[12]

모든 구성원이 목표를 쉽게 확인할 수 있을 때 "팀으로 구성된 팀"은 문제가 발생할 때마다 그 원인을 집중 공략할 수 있다. 복은 이렇게 덧붙였다. "누군가 놀라운 성과를 기록하면 이를 즉각 확인할 수 있다. 마찬가지로 누군가 매번 실패한다면 그 원인도 즉각 확인할 수 있다. 투명함은 모든 구성원에게 분명한 신호를 전한다. 그리고 그들은 선순환을 시작함으로써 업무 처리 역량을 강화한다. 그렇다고 해서 추가적으로 비용이 들어가는 것도 아니다. 놀라운 일이 아닐 수 없다."

— 8장 —

정렬: 마이피트니스팔 스토리

마이크 리^{Mike Lee}

- 공동 설립자, CEO

마이피트니스팔^{MyFitnessPal} 스토리는 해변 웨딩에서 시작된다. 마이크와 에이미 리는 결혼을 앞두고 살을 빼고 싶었다. 그래서 한 트레이너에게서 3000가지 식품의 영양학적 가치를 기록한 목록과 함께 섭취 칼로리를 추적하기 위한 도표를 얻었다. 하지만 열 살부터 컴퓨터 프로그래밍을 시작한 마이크는 그 방대한 자료를 일일이 들여다보는 것보다 더 간편한 방법이 있을 거라는 생각이 들었다. 그는 아이디어를 밀고 나갔고, 이것이 마이피트니스팔 설립으로 이어졌다. 마이크와 동생 앨버트는 8년 동안 저축한 돈에 신용카드 대출까지 받아서 앱을 개발했다.

이제 리 형제는 디지털 건강 및 웰빙의 유행 한가운데 서 있다. 둘의 사명은 건강한 세상을 만드는 일이다. 클라이너 퍼킨스가 마이피트니스팔에 처음 투자했던 2013년에 앱 사용자 수는 4500만 명 정도였다. 지금은 총 1억 2000만 명을 넘어섰다. 사용자 집단 전체를 통틀어 생각한다면, 그들은 거의 1억 4000만 킬로그램의 체중을 줄인 셈이다. 마이피트니스팔은 1400만 가지 식품에 관한 데이터베이스, 그리고 핏빗을 비롯하여 여러 다양한 앱과의 연동을 기반으로 무엇을 먹어야 할지, 어떻게 운동해야 할지를 사용자에게 쉽게 안내한다. 아침 조깅으로 몇 칼로리를 소비했는지처럼 여태껏 사람들이 정확하게 알지 못했던 정보를 제공함으로써 마이피트니스팔은 사용자들이 도전적인 목표를 세우고 이를 달성하도록 격려한다. 사용자들은 마이피트니스팔이 제안하는 간단한 제안을 통해 일생을 바꿀 선택을 내린다. 게다가 사용자에게 매일 응원을 보내는 인적 네트워크도 함께 선물한다.

OKR은 고립된 섬이 아니다. 수직으로, 수평으로 네트워크를 형성함으로써 조직 내 주요 업무를 연결해준다. 구성원 모두 조직의 최고 목표를 중심으로 정렬할 때 OKR의 힘은 배가된다. 업무 중복이나 비생산적인 활동은 사라진다. 마이크와 앨버트 리 형제가 세계적으로 앞서가는 건강 및 피트니스 관련 앱인 마이피트니스팔을 개발하는 과정에서 깨달았던 것처럼 강력한 정렬은 다음 도약을 위해 중요하다.

그러나 마이피트니스팔은 준비가 덜 된 상태에서 OKR 시스템을 시작했다. 마이크와 앨버트는 OKR을 조금씩 개선해나갔다. 앞으로 살펴보겠지만 그 과정은 결코 쉽지 않았다. 2015년 2월, 세계적인 스포츠 의류 기업 언더아머가 마이피트니스팔을 4억 7500만 달러에 인수했다. 언더아머는 합병으로 브랜드 파워와 마이피트니스팔의 첨단 기술을 하나로 묶었다. 그리고 리 형제는 갑작스럽게 디지털 피트니스 분야의 차세대 핵심인 세계적인 스포츠 스타들을 만나게 되었다. 마이크는 이렇게 말했다. "퍽이 날아가는 쪽으로 달려가야죠."

합병 이후 달라진 조직 구조는 목표 설정에서, 특히 정렬에서 새로운 도전 과제를 안겨주었다. 마이크와 앨버트는 OKR과 함께 미로를 헤쳐 나가고자 했다. 더욱 큰 시장으로 뛰어들었으니 목표와 핵심결과를 기반으로 확장된 팀과 기업의 목표를 정렬해야 했다.

———

마이크 리: 지금 우리 주머니 속에는 놀라운 장비가 들어 있다. 바로 스마트폰이다. 스마트폰이 우리 자신과 주변 세상을 대상으로 수집하는 정보는 폭발적으로 증가하고 있다. 덕분에 우리는 실질적으로 아무런 비용을 들이지 않고도 코치와 영양사, 혹은 의료 컨설턴트와 언제나 함께 할 수 있다.

마이피트니스팔은 사용자에게 지혜(우리는 이를 "투명함의 순간"이라고 부른다)를 전하고, 그 지혜는 사용자의 마음속에 평생 남는다. 내가 섭취하는 음식의 정체를 처음 추적했을 때, 마요네즈 한 숟가락이 무려 90칼로리라는 사실을 알고 깜짝 놀랐다. 반면 머스터드 한 숟가락은 5칼로리밖에 되지 않았다. 이후로 나는 마요네즈를 한 방울도 입에 대지 않았다. 이처럼 사소한 정보가 쌓여 변화를 이끈다.

마이피트니스팔을 공동 설립하기 전에 나는 여러 조직에서 일했다. 그 중 공식적인 목표 설정 시스템을 갖춘 곳은 한 군데도 없었다. 모두 연 단위로 재무 계획과 매출 목표를 정하고 이를 기반으로 광범위한 전략을 수립했다. 그러나 그들의 목표는 체계적이거나 장기적이지 못했다. 이들 기업에는 어쩌면 당연하게도 한 가지 공통점이 있었다. 그것은 조직 내 정렬이 제대로 이뤄지지 않는다는 사실이었다. 나는 다른 팀이 무슨 일을 하는지, 혹은 공동의 목표를 위해 어떻게 협력해야 하는지 알 수 없었다. 다만 더 많은 회의로 공백을 메우고자 했다. 그러나 그건 시간 낭비에 불과했다. 배에 탄 두 사람이 서로 반대 방향으로 노를 저으면 그 배는 어디로도 가지 못한다.

마이피트니스팔 설립 초기에 우리는 해야 할 일 목록으로 1000가지 항목을 작성했다. 그러나 그중에서 우리가 실제로 성취한 것은 맨 위 세 가지 뿐이었다. 하지만 우리는 이렇게 말했다. "좋아, 의미 있는 한 해였어." 세 가지 외에 모든 것이 미완성으로 남았다. 그러나 그걸로도 충분했다. 우리는 한계 내에서 최선을 다했다. 그 세 가지는 다름 아닌 안드로이드용, 블랙베리용, 아이폰 및 아이패드용 앱을 출시한 것이다. 우리는 한 번에 하나씩 집중했다. 그리고 목표를 달성할 때까지 최선을 다했다. 하나를 완성한 뒤 다른 목표로 넘어갔다.

그 과정은 복잡하지 않았고, 목표는 뚜렷했으며 측정 가능했다. 단 한 명의 제품 개발자와 함께 기업 전략을 수립할 때 정렬은 쉽다. 나는 형과 함께 목표를 정하고(가령 아이패드용 앱을 언제까지 출시할지) 진행 상황에 대해 매일 이야기를 나눴다. 소규모 조직은 단순한 절차로 충분하다. 지금 돌이켜보건대, 투자를 받기 전에 본격적으로 OKR 시스템을 활용했더라면 더 좋았을 것이다. 그랬다면 기회가 찾아왔을 때 더 나은 선택을 할 수 있었을 것이다.

마이피트니스팔을 시작하고 아이폰과 안드로이드용 앱을 출시하면서 크게 성장했다. 어느 날 아침에 일어나 보니 사용자 수가 3500만 명으로 늘어나 있었다. 성장 속도는 놀라웠다. 그리고 언젠가부터 더 이상 한 번에 한 가지 일에 집중할 수 없게 되었다. 문제는 2명의 직원과 함께 일할 때부터 나타나기 시작했다. 나는 그들에게 거대하고 목적 지향적인 업무를 맡기고 싶었다. 하지만 그들은 각자 알아서 프로젝트를 추진하고 싶어 했고, 곧 정렬이 틀어지면서 서로 다른 방향으로 나가기 시작했다. 이러한 상황에서 그들을 더 강하게 밀어 붙이는 것은 도움이 되지 않는다. 두 못이 벌어져 있을 때 망치질을 하면 할수록 더 벌어질 뿐이다.

앨버트와 나는 더욱 체계적인 방식으로 목표를 수립해야 한다는 사실을 깨달았다. 하지만 구체적으로 무엇을 어떻게 해야 할지 알 수 없었다. 2013년, 클라이너 퍼킨스가 처음으로 우리에게 투자한 뒤 얼마 지나지 않아 존 도어가 사무실을 방문해서 OKR을 주제로 강연을 했다. 그의 미식축구 팀 비유는 대단히 인상적이었다. 나는 그 이야기를 그대로 흡수했다. 단순한 목표를 세운 뒤 이를 배분하고, 확장하고, 조직에 걸쳐 전하는 방식이 마음에 와 닿았다. 그리고 이런 생각이 들었다. 'OKR이야말로 우리가 조직을 정렬할 수 있는 방법이다.'

마이피트니스팔의 공동 설립자 마이크와 앨버트 리, 2012년.

팀의 경계를 허무는 통합

OKR 시스템을 도입하는 것은 예상보다 훨씬 힘들었다. 올바른 기업 목표를 세우고, 이를 조직 전반으로 확장해서 구성원의 행동을 변화시키기까지 얼마나 많은 고민이 필요한지 알지 못했다. 또 경영진의 전략적 사고와 직접적인 의사소통 사이에서 균형점을 발견하는 것이 얼마나 힘든 일인지도 미처 깨닫지 못했다. 시리즈 A 투자를 받고 난 뒤 경영진을 확대했고, 책임을 할당하는 과정에서 각각의 임원에게 거대한 목표를 하나씩 분배했다. 우리는 직원들이 기업 OKR에 정렬하도록 하는 방식이 아니라 직원들을 위해 기업 OKR을 세우는 방식, 즉 상향식 OKR을 택했다. 그러나 어떤 목표는 범위가 지나치게 협소했고, 어떤 목표는 지나치게 광범위했다. 인사 팀장이 제품 개발이나 매출에 관한 상위 목표와 정렬하려고 노력할 때, 우리는 그를 위해 기업 목표를 하나 더 추가했다. 그리고 조만간 기업 OKR이 넘쳐나기 시작했다. 그런데 마이피트니스팔에서 정말로 중요한 것은 무엇인가? 우리는 나무에 집중한 나머지 숲을 보지 못하는 실수를 저지르고 말았다.

2013년 당시 조직 규모가 10명에서 30명으로 늘어났을 때, 나는 비즈니스 성과가 200퍼센트 이상 높아질 것으로 기대했다. 그러나 조직 확장이 업무 속도를 얼마나 더디게 만드는지는 과소평가했다. 신입 엔지니어가 기존 직원만큼 수익성을 올리기 위해서는 우선 광범위한 영역의 교육이 필요했다. 그리고 여러 엔지니어들이 동일한 프로젝트에 참여하면서 그들의 업무가 중복되지 않도록 각별히 신경 써야 했다. 이러한 이유로 생산성은 위축되었다.

이 단계에서 정렬은 모든 직원이 자신의 업무를 정확하게 이해하도록 도움을 준다. 직원들 대부분 기업 OKR을 향해 사다리를 밟고 올라서려고 한다. 그들은 사다리를 어디에 놓아야 하는지 안다고 생각한다. 그러나 조직이 커지고 직급이 늘어나면서 새로운 문제가 등장했다. 한 프로덕트 매니저는 기존 앱의 프리미엄 버전 개발에 집중했다. 다른 프로덕트 매니저는 핏빗과 같은 업체가 마이피트니스팔과 연동하여 그들의 앱에, 혹은 그 상위 앱에 직접 데이터를 기록할 수 있도록 허용하는 API 플랫폼에 주력했다. 또 다른 프로덕트 매니저는 로그인 과정에서 나타나는 문제를 해결하기 위해 애쓰고 있었다. 이들 모두 자신의 업무와 관련하여 서로 다른 OKR을 세웠지만 지금까지는 문제가 없었다.

문제는 엔지니어 팀의 공유에서 시작되었다. 엔지니어 팀은 중간에 끼어 있었다. 그들의 OKR은 프로덕트 매니저들의 OKR과 정렬을 이루지 못했다. 그들은 자신의 OKR을 기반으로 여러 가지 문제를 해결하고 있었다. 우리는 엔지니어들이 스스로 문제를 해결할 것이라고 기대했다. 그러나 그건 착각이었다. 엔지니어들은 무슨 일에 먼저 집중해야 하는지 혼란스러워했다. 게다가 사전 공지 없이 집중 대상을 바꿨다(그 대상은 어떤 프로덕트 매니저의 목소리가 제일 큰지에 따라 결정되었다). 엔지니어들은 매주 여러 가지 프로젝트를 왔다 갔다 했고, 이 때문에 업무 효율성이 크게 떨어졌다. 어떤 제품에 집중하다가 다른 제품으로 다시 돌아갈 때 그들은 스스로 이렇게 물었다. '이걸 어디까지 했더라?' 당시 프리미엄 버전 개발은 대단히 급박한 사안이었지만, 엔지니어들은 여기에 꾸준히 집중하지 못했다.

당황스러운 일이었다. 큰 돈을 투자해서 뛰어난 인재를 고용했으나 업무 처리 속도는 조금도 빨라지지 않았다. 가령 특정 콘텐츠를 담은 맞춤형 이메일을 발송하겠다는 마케팅 팀의 OKR에서 문제가 발생했다. 목표에는 문제가 없었다. 우리는 월간 사용자들 중 일부를 블로그에 방문하도록 유도하고자 했다. 여기서 한 가지 핵심결과는 이메일 클릭률을 높이는 것이었다. 하지만 마케팅 팀 어느 누구도 이를 기술 팀에 알려야 한다는 생각을 하지 못했다. 그러는 동안 기술 팀은 그 분기의 OKR을 모두 정했다. 기술 팀의 동의를 얻지 못한 상태에서 작성된 마케팅 팀의 그 OKR은 이미 실패할 운명이었다. 더 나쁜 소식은 앨버트와 나 또한 그러한 상황을 알지 못했다는 것이다. 우리는 분기별 사후 검토를 하고 나서야 그 사실을 알게 되었다(일반적으로 검토 작업은 다음 분기에 이뤄진다).

우리는 깜짝 놀랐다. 그리고 팀들 간의 정렬을 서둘러 강화해야겠다고 생각했다. OKR은 제대로 수립했지만 이를 효과적으로 실행에 옮기지 못했다. 여러 팀이 업무 차원에서 서로 의존하고 있었는데도 그러한 관계를 정확하게 인식하지 못했다. 결국 협력은 제대로 이뤄지지 못했고 마감 연기는 일반적인 상황이 되어버렸다. 목표는 훌륭했다. 하지만 팀들은 방향을 제대로 잡지 못했다.

이듬해, 정기 회의를 통해 이 문제를 계속해서 논의했다. 팀장들은 분기마다 목표를 제출하고 다른 팀과의 관계를 확인했다. 그리고 다음과 같은 질문에 대한 명쾌한 답변이 나올 때까지 아무도 회의실을 떠나지 않았다. 모두가 동의했는가? 특정 팀의 목표가 지나치게 이상적인가? 그렇다면 그 목표를 어떻게 현실적으로 수정해야 할까?

정렬은 중복을 의미하지 않는다. 마이피트니스팔의 모든 팀은 저마다 각자 OKR을 세우고, 필요할 때마다 다른 팀과 협력한다. 나는 공동으로 책임을 지도록 하는 것은 효과적인 관리 방식이 아니라는 사실을 깨달았다. 어떤 OKR에 실패했을 때 두 팀이 서로에게 책임을 떠넘기는 상황은 원치 않는다. 설령 여러 팀이 비슷한 목표를 세웠다고 해도 핵심결과는 뚜렷하게 구분돼야 한다.

시간이 흐르면서 우리는 OKR 시스템에 점차 익숙해졌다. 목표는 더욱 적절하게 세웠고, 핵심결과는 과거보다 측정 가능한 형태로 만들었다. 그에 따라 목표를 달성하는 비중도 높아졌다. 그 요령을 터득하기까지 2~3분기가 걸렸다. 특히 제품 개발을 기업 목표로 연결하기까지 오랜 시간이 걸렸다. 소비자에게 낯선 개념의 제품은 성과를 예측하기 어렵다. 우리의 예측은 종종 크게 빗나가곤 했다. 그래서 매출이나 사용자 수 대신에 마감 시한을 근간으로 핵심결과를 정했다(예를 들어 "마이피트니스팔 프리미엄 버전을 2015년 5월 15일까지 출시할 것"). 신제품을 출시하고 이를 통해 실제 데이터를 얻음으로써 우리는 그 제품의 영향력과 잠재력을 더욱 정확하게 예측할 수 있었다. 그리고 다음번 OKR 주기에서 객관적인 성과를 기준으로 목표를 수정할 수 있었다.

우리는 때로 팀들이 이메일을 전송하거나 공지를 보내는 것처럼 위험 요소가 거의 없는 형태로 핵심결과를 잡는 모습을 지켜봤다. 목표가 도전적일수록 그들은 팀의 핵심결과를 보수적으로 정했다. 이는 전형적인 부작용이었다. 그래서 우리는 목표를 상황에 맞게 세우는 법을 배웠다. 시장 상황에 따라 점진적인 성장을 추구했다. 그리고 직원들에게 때로 이렇게 말했다. "이번에는 월 사용자 수에 신경 쓰지 마세요. 다만 최고의 기능을 추가하는 일에만 집중하세요. 홈런을 목표로 배트를 크게 휘두르세요."

드러나지 않은 상호의존성

언더아머와 합병하면서 우리는 지금까지와는 전혀 다른 조직 속에서 OKR에 적응해야 했다. 갑작스럽게 목표를 정렬해야 할 상사, 그리고 관리해야 할 새로운 사업부가 생긴 것이다. 우리 사업부의 사명은 첨단 디지털 기술을 활용하여 사용자의 건강과 업무 성과를 개선하는 일이었다. 이를 위해 조직 문화와 업무 스타일이 서로 다른 세 사업부와 협력해야 했다.

조직이 성장하면 정렬은 더욱 복잡한 형태로 이뤄진다. 400명의 직원이 서로 정렬할 수 있으려면 사업부 목표를 어떻게 세워야 할까? 모두 같은 방향으로 노를 젓도록 하려면 어떻게 해야 할까? 그건 처음부터 대단히 힘든 과제였다. 아마존과 애플이 어떤 방식으로 조직을 관리하는지 상상조차 하지 못했다. 하지만 OKR 시스템을 사업부 전반에 적용하기 시작했을 때 뚜렷한 변화를 확인할 수 있었다.

합병을 하고 몇 주 후, 내 상사는 20명 정도로 구성된 임원 회의를 외부에서 열었다. 여기에는 커넥티드 피트니스 사업부 전반에 걸친 이해관계자들이 모두 참석했다. 언더아머는 연 단위로 목표를 세웠기 때문에 각 부서장은 한 해 동안 성취하고자 하는 목표를 제출해야 했다. 마이피트니스팔 시절에 우리는 오랜 시간을 들여 목표를 세우는 일에 이미 익숙했다. 만반의 준비가 되었던 것이다.

그러나 회의에서 앨버트와 나는 전자상거래 팀이 앱 트래픽을 높이는 작업을 우리가 맡아줄 것으로 기대한다는 이야기를 듣고 깜짝 놀랐다. 데이터 팀은 우리가 방대한 데이터베이스를 확보했을 것이라고 확신하고 있었다. 미디어 세일즈 팀은 새로운 광고 매출을 이미 우리에게 할당해둔 상태였다. 이렇게 세 팀은 우리에게 저마다 다른 기대를 품고 있었다. 그러나 그들의 목표가 사업부의 목표와 어떻게 연결되는지는 알지 못했다. 기업 목표와의 연결은 말할 것도 없었다. 이처럼 팀들 간의 상호의존성은 수면 아래에 잠겨 있었다. 물론 그것은 우리가 마이피트니스팔 시절에 오랫동안 겪었던 문제이기도 했다. 당시 우리에게는 그 상황을 한꺼번에 바로잡을 힘이 없었다.

우리 사업부 내 정렬을 바로잡기까지 18개월의 시간이 걸렸다. 그것도 OKR 시스템이 없었다면 불가능했을 것이다. 가장 먼저 우리는 새로운 소프트웨어 개발에서 역량의 한계를 인정했다. 그다음으로는 우선순위를 분명히 했다. 나는 커넥티드 피트니스 사업부의 OKR을 발표했고 어떤 프로젝트에 어느 정도의 시간을 왜 할애해야 하는지, 기업 목표에 기여하기 위해 무엇에 집중해야 하는지 설명했다. 그리고 이렇게 일렀다. "우리가 추진해야 할 프로젝트는 이러한 것입니다. 그리고 우리의 목표와 핵심결과는 이러한 것입니다. 뭔가 빠진 게 있다면, 혹은 잘못된 방향으로 나간다는 생각이 든다면 알려주시기 바랍니다."

나는 우리 사업부의 방향을 투명하게 보여주고 싶었다. 조금 걱정이 들긴 했지만 그래도 효과가 있었다. 팀들은 우리 사업부의 한계를 이해했고 그에 따라 기대치를 조정했다. 그리고 사업부 목표를 달성하기 위해 정렬을 이루는 방식으로 프로젝트를 추진했다.

앨버트가 맵마이피트니스MapMyFitness를 맡았을 때, 그는 가장 먼저 팀의 로드맵을 확인하고는 이렇게 말했다. "절반은 잘라내야 할 것 같군요. 정말로 중요한 것만 남기고 나머지는 버려야겠습니다." 우리는 이제 마이피트니스팔 시절과 똑같은 방식으로 제품 기능을 평가한다. "이번 분기 로드맵에서 이걸 제거하면 어떻게 될까? 사용자 만족도를 실제로 높일 수 있을까?" 이러한 의문이 제기된 기능을 제거했을 때 실질적으로 큰 차이는 없었다. 그러한 판단은 단지 주관적인 것이 아니다. 우리는 영향력을 평가하는 실질적인 기준을 갖추고 있다. 그리고 어디에 집중할 것인지를 놓고 더욱 엄격하고 치밀하게 결정한다. 이 모두는 OKR 시스템에서 비롯된 것이다.

집중과 정렬은 두 개의 빛나는 별이다. 언더아머와 합병하고 3개월이 지난 2015년 5월, 우리는 드디어 프리미엄 버전을 출시했다. 그것은 공식적으로 이렇게 인정하고 나서야 가능했다. "모든 일을 처리할 수는 없습니다. 선택이 필요합니다." 우리는 프리미엄 버전이 무엇보다 중요한 최우선 목표라는 사실을 분명하게 밝혔다.

우리는 지금도 발전 과정에 있다. 합병 직후에 네 가지 앱 가운데 둘은 달리기 추적 기능에 지도 서비스를 추가했었다. 하지만 개발 과정에서 협력이 제대로 이뤄지지 않았고 그 때문에 두 앱은 서로 다른 업체와 손을 잡고 서로 다른 형태의 지도 서비스를 개발했다. 이것은 업무를 비효율적으로 만들었다. 고객들의 경험도 서로 달랐다. 이후 두 앱 팀은 이와 비슷한 문제가 발생하지 않도록 매월 검토 시간을 갖는다. 그 이후로는 사업부 전체에 걸쳐 OKR을 실행에 옮기고 있다. 이제 우리는 서로의 아이디어를 이해한다. 모두가 사업부의 우선순위를 알고 있으니 여기서 벗어난 여러 가지 요청을 부드럽게 거절할 수 있다.

북극성 정렬

마이피트니스팔을 설립한 지 한참이 지났다. 그래도 우리는 여전히 야심차게 목표를 세우고 있다. 또한 투명함과 책임이라는 OKR의 핵심 가치를 지켜나가고 있다. 우리는 모든 구성원이 볼 수 있도록 목표를 웹 페이지에 공개한다. 그리고 매주 모두가 참석하는 회의에서 목표에 대해 이야기를 나눈다. 얼마 전, 경영자를 대상으로 열린 외부 강연에서 우리의 OKR 시스템에 대해 설명했다. 청중들은 내 이야기에 귀를 기울였다. 최고의 강연이라며 칭찬한 사람도 있었다. OKR이 커넥티드 피트니스의 운영 기반으로 뿌리를 내린 후, 내 소망은 이 시스템을 넘어서며 조직 전반으로 점차 확대해나가는 것이 되었다. 조직 규모가 크면 클수록 OKR의 가치는 더 빛을 발한다.

정렬이라는 개념 안에는 개별 목표를 조직의 목표와 조화를 이루도록 다듬는 것 이상의 의미가 담겨 있다. 정렬은 또한 목표를 조직의 최고 가치에 부합하도록 다듬는 것이기도 하다. 우리는 커넥티드 피트니스의 목표를 '모든 운동선수가 더 나은 성적을 기록하도록 하겠다'는 언더아머의 사명에 부합하게끔 세운다. 그리고 동시에 '우리는 사용자가 건강 및 운동 목표를 달성할 때 성장한다'는 마이피트니스팔 시절의 모토와도 조화를 이루고자 한다. 또한 앨버트와 내가 오래 전에 서로에게 던졌던 질문을 지금도 떠올린다. 이 기능, 혹은 이 협력 관계가 사용자의 성공에 도움이 될 것인가?

어쨌든 자신의 삶을 바꾸기 위해 힘들게 노력하는 사람들은 다름 아닌 사용자들이다. 한 여성 사용자는 스무 살에 처음으로 의자에 손을 대지 않고 일어나는 연습을 시작했다. 기업이 성장하는 만큼 이러한 순간은 더 많이 만들어진다. 우리는 기회가 있을 때마다 기업 목표를 잘 보여주는 이러한 순간에 대해 이야기한다. 몇 년 전에 세웠던 OKR에서도 이를 확인할 수 있다.

목표
더 많은 전 세계 사람에게 도움을 주기
핵심결과
1. 2014년에 신규 사용자 2700만 명 추가하기 2. 총 사용자 수를 8000만 명으로 확장하기

모든 의사 결정은 비전과 조화를 이뤄야 한다. 고객의 이익과 비즈니스 성과가 충돌할 때 우리는 고객에 주목한다. 목표가 비전과 조화를 이루

지 못할 때 우리는 추가적인 검토 작업을 실시한다. 그리고 앞으로 달려 나가기 전에, 목표가 우리가 추구하는 진정한 가치와 조화를 이루는지 확인한다. 이를 통해 우리는 사용자들과 함께 발전하고 관계를 유지한다. 이것이야말로 우리 기업의 정체성을 지켜주는 비법이다.

─ 9장 ─

연결: 인튜이트 스토리

애티커스 타이슨 Atticus Tysen
– 최고정보책임자

인튜이트Intuit는 《포천》이 선정한 "세계적으로 존경받는 기업" 목록에 14년 동안이나 이름을 올렸다.[1] 1980년대, 인튜이트는 데스크톱 소프트 웨어인 퀴큰을 들고 개인용 재무 프로그램 시장에 뛰어들었다. 이후 그들은 세무 소프트웨어(TurboTax)와 데스크톱 회계 프로그램(QuickBooks)을 출시했고, 이들 제품은 나중에 온라인 서비스로 진화했다. 오랜 세월에 걸쳐 기술 표준으로 굳건히 자리 잡은 인튜이트는 끊임없이 한 발 앞서 나가는 전략으로 치열한 경쟁 시장에서 살아남았다. 얼마 전에는 퀴큰을 매각하고 퀵북스온라인을 공개 플랫폼으로 전환했다. 전체 가입자 수는 곧바로 49퍼센트나 증가했다. UBS 애널리스트 브렌트 틸Brent Thill은 〈뉴욕타임스〉 기사에서 이렇게 지적했다. "그들은 자갈밭에서 재빨리 벗어나 아스팔트로 올라섰다. 이것이야말로 그들이 오랫동안 좋은 성과를 이어온 비결이다."[2]

우리는 보지 못하는 것과 관계를 맺을 수 없다. 네트워크는 고립된 창고 안에서 이뤄지지 않는다. OKR은 그 정의상 조직 전반에 열려 있으며, 부서와 직급을 떠나 모든 구성원이 쉽게 확인할 수 있다. 이러한 점에서 OKR 시스템은 조직의 일관성을 높여준다.

탄력적인 조직은 공식적으로 다른 조직과 관계를 형성한다. 인튜이트의 투명한 문화는 설립자 스콧 쿡Scott Cook에서 시작되었고, 인튜이트의

목표 전략 회의에서 이야기하는 애티커스 타이슨, 2017년.

CEO이자 오랫동안 회장을 역임한 "코치" 빌 캠벨에 의해 강화되었다. 인튜이트의 수석 부사장이자 최고정보책임자인 애티커스 타이슨은 이렇게 설명한다. "빌은 제가 아는 가장 개방적인 사람입니다. 그는 인재를 발굴해서 투자합니다. 사람들은 그가 무슨 생각을 하는지, 그리고 그가 항상 가까이에 있다는 사실을 잘 알았죠."

빌은 인튜이트에 많은 유산을 남겼다. 몇 년 전, 애티커스는 인튜이트가 클라우드 서비스로 전환하는 과정에서 IT 부서가 잘 적응하도록 직원들에게 OKR 개념에 대해 설명했다. 다음 분기에는 관리자를 대상으로 OKR 시스템을 실시했고, 그다음 분기에는 대상을 IT 부서 직원 600명 전체로 확대했다. 그러나 애티커스는 직원들에게 OKR을 강요하지는 않았다. 그는 이렇게 설명한다. "관료적인 지시는 원하지 않습니다. 제가 바라는 것은 적극적인 참여입니다. OKR 시스템을 자율적으로 구축할 수 있는지 확인하고 싶었습니다. 결과는 성공이었죠."

인튜이트의 IT 부서는 분기마다 2500가지 목표에 도전한다. 자동화된 실시간 데이터와 반복적인 검토를 기반으로 목표를 세우는 역량을 강화하면서, 직원들은 약 절반 정도의 개인 OKR을 상사 및 부서 목표와 정렬한다. 전체적으로 그들은 관리자의 OKR을 한 분기에 4000번 넘게, 혹은 직원당 일곱 번 넘게 확인한다. 이는 직원들의 적극적인 참여를 입증하는 객관적인 증거다. 인튜이트 직원들은 OKR을 바라보는 관점을 달리하고 나서 자신의 일상 업무와 동료의 우선순위 목록, 팀의 분기 목표, 기업의 "정말로 중요한 목표" 사이의 연결 고리를 예전보다 분명하게 이해하게 되었다.

인튜이트 스토리는 OKR을 조직 전반에 확장하기에 앞서 시범 프로젝트의 형태로 실시함으로써 얻을 수 있는 장점을 잘 보여준다. 많은 직원들은 전반적인 확장 이전에 결함을 보완하기 위한 OKR 실험실에 만족스런 반응을 보였다. 개인의 목표를 누구든 볼 수 있게 사무실 벽에 붙여놓은 CEO 브래드 스미스^Brad Smith는 인튜이트의 상호 연결된 목표 설정 방식은 "직원들이 최고의 성과를 거두도록 격려하는 과정에서 대단히 중요하다"고 설명한다.

———

애티커스 타이슨: 인튜이트에서 11년 동안 근무했다. 처음에는 제품 개발 쪽에서 일하다가 나중에 IT 부서로 옮겼다. 그리고 2013년에 최고정보책임자가 되었다. 나는 우리 회사를 사랑했고, IT 부서가 인튜이트의 새로운 사명에 기여하도록 만들고 싶었다. IT 부서 시절은 매우 힘들면서도 신나는 시간이었다. 당시 인튜이트는 여러 가지 측면에서 변화를 시도했다. 데스크톱 소프트웨어에서 클라우드 기반 소프트웨어로, 폐쇄적인 플랫폼에서 수천 가지 제3자 앱에 개방된 플랫폼으로, 그리고 북미 기업에서 글로벌 기업으로 나아가고자 했다. 인튜이트는 장기 전략을 바탕으로 통합 생태계를 구축하면서, 점차 브랜드 창고에서 단일 브랜드로 변모했다.

IT 부서는 이러한 변화의 과정에서 내부적으로 발생한 혼란의 중심에서게 되었다. 부분적인 이유는 비즈니스 운영이 불투명했기 때문이다. 설립 후 3년이 지나면 모든 기업에는 복잡한 IT 시스템이 들어서게 된다. 기술 기업은 더욱 그렇다. IT 부서는 최종 사용자의 요구와 내부 협력자의 요구를 언제나 동시에 충족시켜야 한다. 그리고 기술력을 비즈니스 성과로 이어야 한다.

그중에서도 가장 힘든 과제를 꼽자면 기존 시스템의 효율적 활용과 미래를 위한 투자 사이에서 균형을 유지하는 일이다. 가령 인튜이트는 당시 다양한 제품을 뒷받침하기 위해 서로 다른 아홉 가지 지불 시스템을 사용하고 있었다. 그리고 각각의 시스템은 저마다 서로 다른 문제점을 안고 있었다. 이처럼 당장의 불을 끄기에 급급할 때 내일의 기술에 투자하기란 힘든 선택이다.

직원들이 가장 중요한 것을 떠올리면서 그것을 향해 달려나가도록 만들려면 어떻게 해야 할까? 모든 직원에게 IT 부서가 그들의 요구 사항에 관심을 기울이고 있다는 사실을 어떻게 알려야 할까? 전통적인 조직 구조에서 업무 관계는 불투명하다. 직원들은 자신의 부서 밖에서 무슨 일이 벌어지는지 알고 싶어 하지만 어디서 시작해야 할지 모른다. 혹은 알고 있어도 시간을 낼 엄두를 내지 못한다.

인튜이트의 변화는 위에서 시작되었다. 회장이자 CEO인 브래드 스미스는 변화를 위해 OKR 시스템을 조직 전반에 걸쳐 시작했다. 브래드는 신중하고 목표 지향적인 방식으로 OKR을 활용했다. 인튜이트 관리자는 매달 부하 직원과 함께 개인 목표에 대해 논의한다. OKR 시스템은 내부적으로 360도 피드백을 갖췄으며 상사와 부하 직원은 주기적으로 서로의 목표를 비교한다.

인튜이트는 학습과 실험에 바탕을 둔 조직 문화를 오래 이어나가고 있다. 지금까지 많은 실험을 했고, 그중에서 성과가 있었던 것들을 확인하고 변형함으로써 자신의 것으로 만들어나갔다. 나는 인사 팀과 손을 잡고 엔터프라이즈 비즈니스 솔루션Enterprise Business Solution, 이하 EBS(인튜이트의 IT 부서를 일컫는 명칭)에 OKR 시스템을 적용하고자 했다. 2014년에 나는 구글에 "목표 설정"이라는 검색어를 입력해서 목표와 핵심결과의 의미를 확인했다. 그리고 연구를 통해 OKR 시스템이 조직의 운영 방식은 물론, 스스로를 바라보는 방식까지 바꿔놓을 수 있다는 사실을 확인했다.

오늘날 인튜이트의 IT 부서는 도움 요청이나 프로그램 변경 요청을 처리하기 위해 점검 항목에 표시를 하는 것 이상의 일을 한다. 그들은 시스템 중복을 제거하고, 새로운 기능을 추구하고, 미래 지향적인 솔루션을 개발함으로써 비즈니스에 '가치'를 더하는 일을 한다. 조직의 요구에 부응하기 위해 EBS는 뿌리와 가지를 모두 바꿨다. 그리고 직원들이 일상 업무를 뒤로 미루더라도 더 가치 높고 장기적인 과제에 집중하도록 관리자를 격려했다.

이제 IT 부서의 모든 직원은 분기당 3~5가지 목표를 세우고, 여기에 한두 가지 개인적인 목표를 추가한다. OKR 시스템은 강력하다. 이 시스템의 위력은 단순함과 투명함으로부터 나온다. 나는 OKR이 힘을 발휘하기 위해서는 모든 구성원이 그들의 OKR을 투명하게 공개해야 한다고 생각했다. 비록 IT 부서 이외에 누구도 관심을 기울이지 않는다고 해도 말이다. 나는 인튜이트의 모든 구성원이 IT 부서가 지금 무슨 일을 하는지, 왜 그 일을 하는지 정확하게 이해하길 원했다. 조직 내 모두가 다른 사람의 우선순위 목록과 한계를 인식할 때, 그가 예상치 못한 일을 하더라도 더 많은 신뢰를 보낸다.

나는 내 자신의 OKR과 부서의 OKR을 엄격하게 구분하기 쉽지 않다는 사실을 진즉 알고 있었다. IT 부서장으로서 나는 그 두 가지 OKR이 논리적인 관점에서 조화를 이뤄야 한다고 믿었다. 하지만 그건 좋은 생각이 아니었다. IT 부서의 상위 목표 대부분은 여러 분기에 걸쳐 지속된다. 일반적으로 그 기간은 18개월 정도다. 반면 개인이나 팀은 업무 환경이 변하고 조직이 성장함에 따라 OKR을 수정해야 한다. 그들은 이렇게 묻는다. "최고정보책임자의 목표가 그대로라면 그 사람은 대체 무슨 일을 하는 걸까?" 실제로 그런 메시지를 받은 적도 있다. 이후로 나는 개인적인 목표를 추가적으로 세우고 있으며, 다른 모든 직원처럼 기업 OKR과 조화를 이루기 위해 노력한다.

나는 OKR 시스템을 인튜이트 본사를 넘어 전 세계 조직으로 확장해야 한다고 주장했다. EBS는 현재 미국의 네 지역과 인도 남부 IT 중심지인 방갈로르에 팀을 두었으며, 전 세계 모든 지사에 지원 팀을 운영한다. 직원이 외부에서 일할 때, 그들은 본사에서 무슨 일이 벌어지는지 궁금해한다(마찬가지로 본사 직원은 지사에서 벌어지는 일을 궁금해한다). OKR은 이러한 모든 궁금증을 말끔히 해결해준다. OKR은 모든 조직을 하나로 연결함으로써 일관성을 높인다.

EBS의 한 가지 상위 목표는 "인튜이트의 모든 운영 기술을 합리적이고, 현대적이고, 안전한 형태로 만들기"다. 최근에 텍사스나 애리조나로 출장을 갈 때마다 직원들에게서 이런 말을 듣는다. "이번 프로젝트는 포트폴리오를 합리적으로 만드는 것입니다" 혹은 "그 시스템을 어떻게 현대적으로 바꿀 수 있을까요?" 어느 조직에 근무하든 사람들은 합리화, 현대화, 안전화라는 말을 종종 꺼낸다. 그리고 새로운 프로젝트가 논의 대상으로 떠오를 때마다 그들은 그것이 OKR 시스템과 어떻게 부합하는지 서로 묻는다. 만약 그렇지 않다고 생각되면 즉각 의문을 제기한다. "왜 우리가 그 일을 해야 하죠?"

목표
인튜이트의 모든 운영 기술을
합리적이고, 현대적이고, 안전한 형태로 만들기

핵심결과

1. 오라클 e비즈니스 스위트를 R12로 전환하고, 11.5.9를 이번 분기에 제거하기.
2. 일괄 청구 기능을 회계연도 2016년 말까지 플랫폼으로 구축하기
3. 소규모 비즈니스 대리점을 영업 조직으로 흡수하기
4. 모든 레거시 기술에 대한 중단 계획 세우기
5. 새로운 워크포스 테크놀로지의 전략과 로드맵, 원칙에 대한 초안을 작성하고 정렬하기

클라우드로부터 라이브 데이터

우리는 인튜이트가 34년 된 신생 기업이라고 생각한다. 1980년대에 개인용 컴퓨터 시장을 시작으로, 인튜이트의 역사는 기존 플랫폼을 거꾸로 뒤집는 기술 혁신으로 가득하다. 우리는 처음으로 DOS 기반 제품을 출시했고, 그다음으로 데스크톱 윈도우와 매킨토시 기반으로 넘어갔다. 그리고 다시 모바일로, 최근에는 클라우드로 이동 중이다.

OKR 시스템은 클라우드 시장에서 더 빛을 발한다. 수평적 정렬은 자연스럽게 형성된다. 목표를 개방적이고 공개적으로 세우기 때문에 데이터를 수집하고 분석하는 팀은 재무 시스템 팀이 생각하는 것을 처음부터 분명하게 알 수 있다. 두 팀이 함께, 동시에 일을 해야 한다는 것은 분명한 사실이다. 두 팀은 각자의 목표를 사후가 아니라 실시간으로 연결한다. 이러한 방식은 업무 처리에서 획기적인 변화를 나타낸다.

데스크톱 소프트웨어 기업의 경우, 경영자는 20세기 시선으로 비즈니스 운영을 바라본다. 그들은 세일즈 보고서와 유통 채널을 사후에 확인한다. 비즈니스가 어떻게 흘러갈 것인지 예측하기 위해 안간힘을 쓰지만 그들의 시야는 백미러에 제한된다. 반면 클라우드를 기반으로 하는 소프트웨어 기업의 경우, 경영자는 '지금' 무슨 일이 일어나는지 실시간으로 확인할 수 있다. 이번 주 구독자 수가 얼마나 증가했는가? 얼마나 많은 시도를 하고 있는가? 전환율은 얼마인가? 오늘날 소비자는 온라인 소프트웨어를 구글로 검색하고, 광고 페이지를 건너뛰고, 테스트를 해본 뒤

목표
모든 인튜이트 임직원이 "실시간" 데이터를 바탕으로
의사 결정을 내릴 수 있도록 하기

핵심결과

1. 인사 팀과 세일즈 팀에 기능적인 데이터마트^{data mart}를 제공
2. 실시간 접근을 위해 구축한 새로운 엔터프라이즈 데이터 웨어하우스로 완전한 이전
3. 통합 전략을 추진하기 위해, 조직 전반에 걸쳐 데이터 시각화 툴을 관리하는 단일 팀 구성
4. 다른 팀 직원도 데이터 시각화 툴을 사용할 수 있도록 학습 모듈 설계

구매를 결정한다. 전체 과정이 10분 안에 끝난다. 기업이 이러한 소비자의 속도를 따라잡으려면 유입되는 데이터를 매일 점검해야 한다. 그렇기 때문에 EBS는 일괄 지불과 같은 기능을 추가했다고 하더라도 실시간 보고서와 데이터, 분석을 고려해야 한다. 우리는 이러한 필요성을 상위 목표에 반영했다.

글로벌 협력 도구

인튜이트가 글로벌 기업으로 성장하면서 지역적으로 멀리 떨어진 팀 간의 협력이 점차 일상화되고 있다. 하지만 시차가 열세 시간이나 차이 나는 본사와 방갈로르 지사가 협력할 때, 실시간 화상 회의는 그리 유용

한 통로가 아니다. 본사 직원이 일할 때 인도 직원은 잠을 잔다. 그 반대도 마찬가지다. 3년 전만 해도 이 문제를 해결할 대안은 없었다. 인튜이트는 첨단 사무 환경에 많은 투자를 했지만 지속적인 대화와 공동 프로그램 개발, 화상 회의에 관한 문제는 해결하지 못했다. 직원들은 상황에 따라 임시변통으로 대처해야 했고 이것은 조직의 일관성과 생산성을 크게 떨어뜨렸다.

우리는 함께 이 문제를 해결하는 것을 목표로 작업 환경 개선을 위한 OKR을 상위 OKR로 격상시켰다. 그리고 6개월에 걸쳐 새로운 전략에 집중함으로써 지속적인 대화를 위한 슬랙, 협력적인 프로그램 수정 작업을 위한 구글독스, 콘텐츠 관리를 위한 박스, 차세대 영상 기술인 블루진스 등 여러 가지 새로운 툴을 마련했다. 또한 이 툴들을 단일 인증 시스템으로 통합했다. 그리고 공개적인 OKR 시스템을 기반으로 EBS 내부의 모든 팀들이 새로운 상위 목표를 기준으로 정렬하고 변화할 수 있도록 도움을 주었다. 이제 우리 직원들은 어떤 툴을 사용해야 할지 고민하는 대신 업무에 집중한다.

목표를 세우기 위해서는 기술과 몇 가지 개인적 판단이 필요하다. 어떤 핵심결과를 일시적으로 격상시키기로 했다면 이에 대해 솔직한 설명을 내놓아야 한다. 리더는 이렇게 말해야 한다. "당분간 이것을 상위 목표로 집중하기 바랍니다. 어느 정도 진척이 이뤄지고 난 뒤 다시 원래의 핵심결과로 돌려놓을 겁니다." 이는 대단히 탄력적인 시스템이다. 리더는 언제나 상황에 적절히 대응해야 한다.

目標
첨단 작업 환경 솔루션 및 전략 수립

핵심결과

1. 분기 중반까지 100명을 대상으로 박스를 시범적으로 실시
2. 분기 말까지 최종 사용자를 대상으로 블루진스 실시
3. 분기 말까지 개인용 구글 계정 사용자 50명을 기업용 계정으로 전환하기
4. 첫째 달 말까지 슬랙과의 계약을 마무리하고, 분기 말까지 본격적으로 시작하기

연구 결과는 근로자가 자신의 업무가 기업 목표와 어떻게 연결되는지 이해할 때 성과가 더 높아진다는 사실을 말해준다. 나는 멀리 떨어진 곳에서 이를 직접 확인했다. 인도 방갈로르를 방문했을 때, 한 직원은 내게 이런 이야기를 들려줬다. "상사의 OKR에서 핵심결과를 제 목표로 가져왔습니다. 상사의 OKR은 EBS의 상위 목표와 직접적으로 이어져 있죠. 그리고 다시 EBS의 상위 목표는 '클라우드 시장으로의 이동'이라는 기업 목표와 밀접하게 연결되어 있습니다. 저는 제가 인도에서 하는 일이 기업 사명과 어떻게 연결되는지 잘 이해합니다." 이것은 중요한 깨달음이다. OKR은 멀리 떨어진 곳에서 일하는 구성원까지 강하게 끌어당긴다. 목표를 체계적으로, 공개적으로 세움으로써 조직의 통합을 가로막는 장벽을 허물 수 있다.

수평 연결

인튜이트는 수평 조직으로 출발했다. 초창기에는 CEO에서 일반 직원까지 단 몇 단계로만 구성되어 있었다. 설립자 스콧 쿡은 직급이 아니라 아이디어가 대우받아야 한다고 믿었다. 그 믿음은 지금까지 이어져 내려온다. 그룹 매니저로 인튜이트에 합류했을 때 나는 기업의 협력 문화에 강한 인상을 받았다. 업무는 부서별로 구분되어 있었지만 수직적으로는 개방적인 시스템을 유지하고 있었다. 직원은 상사에게, 혹은 상사의 상사에게 자유롭게 의견을 전했고 상사는 직원의 말에 귀를 기울였다.

이러한 상황에서 OKR은 인튜이트를 전체 부서에 걸친 '수평적' 조직으로 만들어줬다. 이러한 방식은 처음에는 생소했다. IT 부서의 모든 직원은 그들의 목표를 그들의 상사와, 혹은 나와 정렬하려고 했다. 나는 하루 종일 직원들의 OKR을 들여다보았고, 말 그대로 수백 가지의 핵심결과가 내 상위 목표와 연결되어 있다는 사실을 확인했다. 나는 직원들에게 이렇게 말했다. "여러분의 상사는 지금도 여러분의 상사입니다. 상사와의 협력 관계를 그대로 이어나가야 합니다. 그건 당연한 사실입니다. 그리고 동시에 지금부터 여러분은 상사가 아니라 서로 관계를 맺어야 합니다."

전자상거래 팀과 결제 팀은 서로 다른 팀장이 이끌고, 이들 팀장은 모두 내게 보고한다. 전자상거래 팀이 장바구니 기능을 내놓으면 결제 팀은 이를 실행할 기능을 개발해야 한다. 하지만 두 팀은 지금까지 따로 업무를 진행했고 팀원들은 각자의 팀장에게만 보고를 했다. 그 과정에서 수직적인 연결만 있었고(효율성이 가변적인), 실질적인 업무 처리 과정에서 수평적인 연결은 없었다.

그러나 이제 IT 부서 직원들은 투명한 수직 OKR을 중심으로 서로 목표를 의식적으로 연결한다. 직원들은 부서의 분기 목표를 염두에 두고, 동료와 어떻게 효과적으로 협력할지 고민한다. 인튜이트는 지금 수직적인 명령 체계에서 벗어나 자율적인 관리 체계로 넘어가는 중이다. 물론 EBS 관리자들은 협력 분위기를 조성하고, 중요한 질문을 던지고, 관련 데이터를 제공하는 과정에서 중요한 역할을 담당한다. 그러나 우리 모두가 함께 앞으로 나아가게 만들어주는 것은 수평으로 연결된 팀들이다.

──10장──

슈퍼파워 #3: 책임 추적

신을 제외한 다른 것을 믿기 위해서는 데이터가 필요하다.

- W. 에드워즈 데밍 W. Edwards Deming

OKR의 과소평가된 장점은 '추적' 가능하며 따라서 수정, 혹은 환경에 따른 '변용'이 가능하다는 사실이다. "세워두고 잊어버리는" 기존의 목표 설정 방식과 달리 OKR은 살아 숨 쉬는 유기체다. OKR은 세 단계를 거쳐 성장하고 진화한다. 각각의 단계를 하나씩 들여다보자.

수립

우리는 OKR을 범용 소프트웨어처럼 시작하고 관리할 수 있다. 그런데 한 가지 주의할 점이 있다. 범용 소프트웨어는 확장이 불가능하다. 최근

한 포천 500대 기업이 목표 수립 절차를 가속화하는 과정에서 벽에 부딪히고 말았다. 그 이유는 8만 2000명의 임직원들이 각자 자신의 연간 목표를 마이크로소프트 워드에 꼼꼼히 기록해두었기 때문이다! 이를 분기 OKR로 전환하면 연간 총 32만 8000개의 파일이 생성된다. 이론적으로 그 자료는 모두 공개되어 있다. 그런데 그 모든 OKR이 어떻게 연결되고 정렬되어 있는지 분석할 만큼 끈기를 가진 사람이 있을까? 목표를 공유하지만 아무도 보지 않는다면 그 OKR을 정말로 투명한 시스템이라 말할 수 있을까?

2014년, 빌 펜스Bill Pence가 AOL의 글로벌 최고기술책임자로 부임했을 때 기업과 사업부의 상위 목표는 스프레드시트에 기록되어 누구나 볼 수 있도록 공개되어 있었다. 그러나 펜스는 이렇게 지적했다. "하지만 이러한 목표들을 업무와 연결해주는 기반은 없었습니다." 업데이트가 주기적으로 이뤄지지 않을 때 목표는 의미를 잃고 계획과 현실의 간극은 점차 벌어진다. 그리고 분기 말에(혹은 더욱 나쁘게 연말에) 활력과 가치를 잃어버리고 '무엇'과 '어떻게'만 인쇄된 OKR이 좀비처럼 걸어 다닌다.

조직의 성공에 어떻게 기여할 수 있는지 이해할 때 구성원은 적극적으로 참여한다. 그들은 매일, 혹은 매 분기마다 성공을 평가하는 구체적인 기준을 확인한다. 연말 보너스와 같은 외적 보상은 모두가 다 아는 것만을 말해준다. 반면 OKR은 업무의 내적 가치에 관한 인상적인 이야기를 들려준다.

체계적인 목표 설정의 기준이 높아지면서 점점 더 많은 기업이 강력하고 치밀한 클라우드 기반의 OKR 경영 소프트웨어를 선택하고 있다. 목표 설정을 위한 첨단 플랫폼은 모바일 앱, 자동 업데이트, 분석 보고서 툴, 실시간 알림 기능까지 갖추고 있으며 세일즈포스, JIRA, 젠데스크와 연동이 가능하다. 사용자는 디지털 대시보드에서 서너 번의 클릭만으로 OKR을 세우고, 추적하고, 편집하고, 기록할 수 있다. 이와 같은 플랫폼은 OKR의 혁신적인 가치를 실현시켜준다.

- **이러한 플랫폼은 모든 구성원의 목표를 뚜렷하게 만들어준다.** 사용자는 상사와 부하 직원을 포함한 조직 전체의 OKR에 접근할 수 있다.
- **모든 구성원의 참여를 강화한다.** 올바른 목표를 향해 달려가고 있다고 확신할 때 사람들은 더욱 강력한 내적 동기를 느낀다.
- **조직 내부의 네트워킹을 강화한다.** 모든 구성원은 혁신적인 플랫폼을 기반으로 업무 관심사가 비슷한 동료와 쉽게 관계를 형성한다.
- **시간과 자원을 아끼고 혼란을 줄인다.** 기존의 목표 설정 시스템에서 사람들은 회의 기록과 메일, 워드 파일, 파워포인트 슬라이드를 뒤지느라 많은 시간을 허비한다. 반면 OKR 플랫폼이 갖춰졌다면 관련 정보를 신속하게 얻을 수 있다.

AOL의 CEO 팀 암스트롱Tim Armstrong은 기업의 목표들이 "지나치게 고립되어 있다"는 느낌을 받았다. 그는 당시를 이렇게 떠올렸다. "목표들이 서로 단절되어 있었습니다. 아래로, 혹은 위로 이어지지 못했죠. 직원들, 그리고 그들이 1년간 추진해야 할 업무와 연결되어 있지 않았습니다."

2016년, 암스트롱은 전용 플랫폼을 받아들이면서 OKR을 시작했다. 그는 획기적인 투명성, 실시간 연결, 과정에서의 협력을 OKR의 장점으로 꼽았다.

OKR 안내자 Shepherd

OKR 시스템이 제대로 돌아가려면 경영진과 조직 전반이 이를 완전하게 받아들여야 한다. 예외를 허용해서는 안 된다. 그러나 일부는 저항하거나, 혹은 최대한 늦게 받아들이려 할 것이다. 이들이 합류하도록 격려하기 위한 최고의 방법은 OKR 안내자를 두는 것이다. 구글의 제품개발부에서는 조너선 로젠버그 부사장이 오랫동안 그 역할을 맡았다. 아래는 조너선이 공식적으로 발표한 문서다. 개인 정보 보호를 위해 해당 직원의 이름은 생략했다.

발신: 조너선 로젠버그

일시: 2010년 8월 5일, 오후 2:59

제목: OKR의 무한한 기회를 외면한 13명의 프로덕트 매니저(명단 포함)

제품개발부 여러분,

많은 분들이 알다시피 저는 분기별 OKR 수립이야말로 구글에서 성공하기 위한 핵심이라 생각합니다. 그래서 OKR을 제때 작성할 것을 종종 당부하고 있습니다. 특히 프로덕트 매니저들에게는 모든 OKR을 일일이 검토하도록 요구합니다. 메모를 전해 격려하기도, 혹은 다그치기도 합니다. 제가 개인적으로 좋아하는 사례로는, 여러분에게 으름장을 놓았던 2007년 10월의 '조너선의 절망 구덩이'와 2008년 7월의 완벽에 가까운 성과에 대한 축하가 있습니다. 이처럼 저는 채찍과 당근을 오랫동안 활용했고 덕분에 100퍼센트에 가까운 참여율을 달성했습니다!

이후 메모를 전하는 시도를 중단하면서 무슨 일이 벌어지는지 살펴보았습니다. 이번 분기에 여러 직원이 OKR을 제시간에 작성하지 않았고 많은 이들이 자신의 2분기 OKR을 평가하지 않았습니다. 중요한 것은 메모의 내용이 아니라 메모를 전한다는 사실 자체였습니다! OKR 과제를 게을리 한 이들의 이름을 아래에 적어놓았습니다(아직 구글 문화에 익숙하지 않은 광고 팀 직원들, 그리고 마감을 넘겼지만 어쨌든 7월에 마무리한 직원들은 제외했습니다).

우리 앞에 많은 기회가 있습니다(검색, 광고, 디스플레이, 유튜브, 안드로이드, 엔터프라이즈, 지역, 상업, 크롬, TV, 모바일······). 여러분이 매일 자신을 흥분시키는 OKR을 작성하지 않았다면 뭔가 문제가 있다는 뜻입니다. 정말로 그렇다면 저를 찾아오세요. 제때 OKR을 작성하고 지난 분기 OKR을 평가하길 바랍니다. 완벽하게 마무리하세요. 그리고 모마moma[인트라넷] 페이지에 볼 수 있도록 게시하세요. OKR은 단지 형식적인 절차가 아닙니다. 분기별로 우선순위 목록을 정하고, 우리 모두가 협력하고 있다는 사실을 확인하는 중요한 절차입니다.

지속적인 추적

핏빗 열풍이 말해주듯이 사람들은 발전 과정을 시각적으로 확인하고자 하는 욕구를 갖고 있다. 또한 연구 결과는 발전 상황을 확인하는 것이 공식적인 인정, 경제적 보상, 혹은 성취 그 자체보다 더 많은 동기를 부여한다는 사실을 말해준다.[1] 《드라이브》의 저자 대니얼 핑크 역시 비슷한 이야기를 들려준다. "동기를 부여하는 가장 강력한 요인은 '업무 차원에서 발전을 확인하는 일이다.' 사람들은 발전하는 과정에서 최고의 열정을 느낀다."[2]

목표 관리 플랫폼 대부분은 시각적 보조 자료를 활용함으로써 목표와 핵심결과에 대한 발전 상황을 보여준다. OKR은 핏빗 시스템과는 달리 매일 추적을 요구하지는 않는다. 그러나 주 단위와 같은 정기 점검은 실패 예방에 중요하다. 피터 드러커는 이렇게 지적했다. "실천 계획이 없을 때 경영자는 상황의 포로가 된다. 그리고 사건이 전개되는 과정에서 계획을 계속해 새롭게 검토하지 않으면 경영자는 특정 사건이 정말로 중요한 것인지, 아니면 예외에 불과한 것인지 판단하지 못한다."[3]

4장에서 언급했듯이, 목표를 단지 종이에 적는 단순한 노력만으로 성공 가능성을 높일 수 있다. 그리고 목표를 동료와 함께 공유하고 발전 상황을 지속적으로 검토할 때(OKR의 두 가지 기능) 성공 가능성은 더욱 높아진다. 캘리포니아 대학의 한 연구에 따르면, 목표를 종이에 적고 매주 동료에게 진척 상황을 알린 이들은 목표를 생각만 하고 동료와 공유하지 않은 이들에 비해 43퍼센트나 더 많이 목표를 달성한 것으로 드러났다.[4]

———

OKR은 변용이 가능하다. 다시 말해, OKR은 족쇄가 아니라 일종의 가드레일이다. OKR을 추적하고 검토할 때 우리에게는 언제나 네 가지 선택권이 있다.

- 지속하기 — 녹색(정상 궤도). 목표를 향해 나아가고 있다면 그대로 유지하자.
- 보완하기 — 노랑(주의 요구). 목표나 핵심결과를 수정함으로써 업무 흐름이나 환경 변화에 대응해야 한다. 목표를 향하도록 궤도를 수정하려면 어떤 변화가 필요할까? 일정을 수정해야 할까? 이번 프로젝트에 자원을 집중하려면 다

른 프로젝트를 잠시 미뤄야 할까?

- 시작하기 — 필요하다면 새로운 OKR을 중간에 시작하자.
- 중단하기 — 빨강(위험). 목표가 가치를 잃었을 때 최선의 선택은 중단이다.*

실시간 대시보드의 주요 기능은 목표를 기준으로 발전 상황을 정량화해서 보여주고, 주의를 기울여야 할 부분을 알려주는 것이다. OKR은 '더 많은' 것을 성취하기 위한 긍정적인 원동력이면서 동시에 잘못된 방향으로 나아가지 않도록 잡아주는 지침이다. 스티븐 코비는 이렇게 언급했다. "사다리를 잘못된 위치에 놓았다면 오르면 오를수록 [목적지와] 더 멀어질 것이다."[5] 마찬가지로 OKR을 검토하며 피드백을 지속적으로 구한다면 마지막 순간에 깜짝 놀랄 일은 없을 것이다. 좋은 소식이든 나쁜 소식이든 우리는 현실에 직면해야 한다. 그리고 이로써 "실패로부터 성공의 씨앗을 발견함으로써 배우고 나아갈 수 있다."[6]

리마인드는 메시지 전송 플랫폼 시장에서 수익 창출 서비스의 원형이라 할 수 있는 P2P 결제 시스템을 내놓았지만 완전한 실패로 끝나고 말았다. 브렛 코프는 이렇게 설명했다. "아무도 사용하지 않았죠. 우리는 명백한 문제를 해결하지 못했습니다. 그래서 사건 기반 시스템을 구축하는 쪽으로 목표를 즉각 변경했습니다. 이 시스템에서는 교사가 이런 메시지

---

* 일반적으로 핵심결과나 업무 방식에 해당한다. 신중하게 설계한 목표라면 90일 만에 포기하는 일은 거의 없을 것이다.

를 보낼 수 있습니다. '다음 주에 현장 학습이 있을 예정입니다. 참여를 희망합니까? 회비를 낼 의사가 있습니까?' 그리고 이는 모든 것을 바꿔놓았습니다. 움직임이 서서히 시작되면서 폭발적인 성장이 일어났습니다."

목표와 핵심결과가 쓸모없어지거나 현실과 멀어질 경우, 주기 중간에 적극적으로 중단해야 한다. 고집스럽게 붙들고 있을 필요가 없다. 우선순위 목록에서 제거하고 앞으로 나아가야 한다. 목표는 성공을 향한 기준에 불과하다.

그런데 여기서 한 가지 주의해야 할 사항이 있다. 중간에 OKR을 포기할 때 이를 기반으로 일하는 모든 구성원에게 그 사실을 반드시 알려야 한다. 그리고 진지한 고민이 따라야 한다. '분기를 시작하면서 예상하지 못했던 점은 무엇인가?' 그리고 '이번에 배운 교훈을 다음에 어떻게 적용할 수 있을까?'

OKR로부터 최고의 결과를 얻으려면 직원과 관리자는 분기마다 수차례 면밀한 검토를 거듭해 발전 상황을 보고하고, 장애물을 확인하고, 핵심결과를 수정해야 한다. 이러한 개인적인 노력을 바탕으로 팀과 부서는 정기 회의를 통해 공동의 목표를 향한 발전 상황을 평가해야 한다. 그리고 OKR이 제대로 돌아가지 않는다고 생각될 때마다 새로운 OKR을 내놓아야 한다. 구글의 경우, 팀의 검토 주기는 비즈니스 요구 사항, 예측과 실행의 격차, 집단 내 의사소통 수준, 집단의 규모, 지역에 따라 다르다. 팀 구성원이 여러 지역에 걸쳐 일하는 경우라면 검토 주기가 더욱 짧아야 한다. 일반적으로 구글에서는 월별 단위로 검토 작업이 이뤄진다. 또한 목표에 대한 논의는 대단히 광범위하게 이뤄지며 때로 이사회가 공식 회의를 주재하기도 한다.

마무리: 평가와 분석

OKR은 목표 달성으로 끝나지 않는다. 모든 데이터 기반 시스템과 마찬가지로 결과에 대한 평가와 분석으로 많은 가치를 얻을 수 있다. 개인별 노력과 팀 회의를 통한 마무리 작업은 객관적인 점수 매기기, 주관적인 자기 평가, 회고의 세 단계로 이뤄진다.

점수 매기기 Scoring

OKR의 점수를 매겨봄으로써 무엇을 성취했는지 확인하고 다음번에 어떤 변화가 필요한지 파악할 수 있다. 점수가 낮은 경우에는 재검토가 필요하다. 그 목표는 여전히 추구할 가치가 있는가? 그렇다면 어떤 변화가 필요한가?

첨단 목표 관리 플랫폼을 갖췄다면 OKR 점수를 자동으로 구할 수 있다. 여기서 채점은 객관적인 작업이며 인간의 판단이 필요 없다(수동식 플랫폼의 경우에는 사용자가 직접 계산을 해야 한다). 점수를 매기는 가장 단순하고 투명한 방식은 핵심결과를 달성한 비중의 평균을 구하는 것이다. 구글은 0.0~1.0 구간으로 점수를 매긴다.

- 0.7~1.0 — 녹색*(목표 달성)

- 0.4~0.6 — 노랑(어느 정도 성과는 있었지만 목표 달성에는 못 미침)

- 0.0~0.3 — 빨강(실질적인 성과를 이룩하지 못함)

인텔 역시 비슷한 형태를 따랐다. 앞서 우리는 마이크로프로세서 시장을 되찾기 위한 인텔 크러시 작전의 OKR을 살펴보았다. 앤디 그로브가 1980년 2분기에 경영진의 동의를 구했던 OKR은 다음과 같다(괄호는 분기말 점수). 아래는 점수를 매긴 방식이다.

기업 목표
8086을 고성능 16비트 마이크로프로세서 제품군으로 만들기

핵심결과(1980년 2분기)

1. 8086 제품군의 뛰어난 성능을 입증하는 5가지 벤치마킹 자료를 발표하기[0.6]
2. 8086 제품군 포장 교체[1.0]
3. 8MHz 부품 생산 투입[0]
4. 6월 15일까지 연산 코프로세서 샘플 완성[0.9]

- 벤치마킹 자료를 세 건 완성했기 때문에 녹색의 경계인 0.6점.

- 신제품 라인 iAPX 일환으로 8086 포장 교체 작업을 완료했으므로 1.0점.

- 5월 초 시작한 8MHz 부품 생산은 실패로 돌아갔다.** 폴리실리콘의 문제로 10월로 연기. 그래서 0점.
- 목표량은 500개였지만 실제 생산은 470개였다. 그래서 0.9점.

이번 OKR에서는 평균 62.5퍼센트(혹은 0.625점)를 기록했다. 꽤 훌륭한 성적이다. 인텔 이사회는 기대에 못 미치기는 했지만 어느 정도 성과를 달성한 것으로 평가했다. 그 이유는 이번 목표가 대단히 도전적이었다는 사실을 인식했기 때문이다. 일반적으로 인텔은 모든 목표를 달성할 수 없다는 인식하에 분기를 시작한다. 만약 어떤 부서가 100퍼센트에 가까운 점수를 기록했다면 목표를 너무 낮게 잡은 것은 아닌지 점검하고, 필요하다면 수정을 요구한다.

자기 평가Self-assessment

OKR 점수를 매기는 과정에서 목표를 수립한 이는 신중한 주관적인 판단으로 객관적인 점수 매기기의 한계를 보완할 수 있다. 분기 목표와

---

* 0.7점을 성공으로 간주하는 것은 "도전적인" 목표가 대단히 야심 찬 것임을 말해준다(12장 참조). 반면 세일즈 목표나 신제품 출시의 경우, 1.0 미만의 모든 점수는 실패에 해당한다.

**이 KR은 무어의 법칙에서 놀랍고 복합적인 힘을 보여준다. 당시로서 8MHz는 놀라운 속도였지만, 지금은 이보다 250배 이상 빠른 2GHz 속도의 크롬북을 300달러에 살 수 있다.

관련하여 고려해야 할 환경 요인은 항상 존재하기 마련이다. 낮은 점수로 노력을 인정받지 못할 수도 있고, 혹은 인위적인 조작으로 점수를 부풀릴 위험도 있다.

예를 들어 신규 고객 유치를 목표로 세우고, 직원 1인당 50건의 통화를 핵심결과로 잡았다고 해보자. 한 직원이 유망 고객 35명에게 전화를 걸어서 0.7점을 받았다. 그렇다면 목표를 달성했는가? 점수만으로는 정확하게 판단할 수 없다. 그런데 전화 통화에 많은 시간을 투자했고, 결국 8명의 신규 고객을 확보했다면 목표를 달성한 것으로 봐도 좋을 것이다. 반면 통화를 계속해서 미루다가 마지막 순간에 50건을 서둘러 진행하고, 결국 한 명의 신규 고객 확보로 끝났다면 0.25점으로 조정하는 편이 좋을 것이다. 그 이유는 충분한 관심을 기울이지 않았기 때문이다(이렇게 지적할 수도 있을 것이다. 통화 건수가 아니라 신규 고객 유치를 핵심결과로 잡아야 하지 않을까?).

혹은 홍보 팀의 팀장이 유명 언론에 기업과 관련된 기사 세 편을 발표하는 것을 핵심결과로 잡았다고 해보자. 최종적으로 두 편의 기사가 보도되었지만 그중 하나가 《월스트리트 저널The Wall Street Journal》의 표지 기사다. 그렇다면 객관적인 점수는 0.67점이지만 "10점 만점에 9점을 줄 수 있다. 홈런을 한 방 날렸기 때문이다."

구글은 자기 평가를 통해 OKR을 등급이 아니라 지침으로 활용하도록 직원들에게 권장한다. 수석 부사장을 지낸 쇼나 브라운Shona Brown은 이렇게 설명했다. "중요한 것은 빨강, 노랑, 녹색을 받았다는 것이 아니라 이로써 그들이 성취한 것이 일상적인 업무보다 더 중요하며 또한 기업 목표와 연결되어 있다는 사실을 이해하는 것입니다." 이러한 점에서 목표와 핵심 결과는 모두가 올바른 방향으로 나아가도록 만드는 지침이다.

물론 어떤 이들은 주관적인 평가에서 너무 엄격하게, 혹은 너무 관대하게 조정할 것이다. 어느 경우든 관리자의 개입이 필요하다. 결국 점수보다 중요한 것은 의미 있는 피드백과 팀 내부의 광범위한 논의다.

OKR 점수는 업무 차원에서 어떤 것이 올바로, 혹은 잘못 진행되었는지를 보여주고 팀이 어떻게 개선할 수 있을지 말해준다. 반면 자기 평가는 다음 분기에 목표를 세우는 '과정'을 개선하는 역할을 한다. 여기서 중요한 것은 비판이 아니라 학습이다.

점수와 평가 조정

OKR	진행 상황	점수	자기 평가
신규 고객 10군데 추가	70%	0.9	시장 침체 때문에 OKR 달성은 예상보다 훨씬 힘들었다. 이러한 상황에서도 신규 고객 7군데를 추가했다는 것은 상당한 노력의 결과로 생각된다.
신규 고객 10군데 추가	100%	0.7	분기 시작 후 8주 만에 목표를 달성했다. OKR을 너무 낮게 잡은 것으로 보인다.
신규 고객 10군데 추가	80%	0.6	신규 고객 8군데를 확보했지만 노력의 결과라기보다 행운에 가까웠다. 한 업체가 5군데의 고객을 소개시켜줬기 때문이다.
신규 고객 10군데 추가	90%	0.5	신규 고객 9군데와 계약을 맺었지만 그중 7곳의 매출이 0에 가까웠다.

OKR은 본질적으로 실행 중심적이다. 그러나 실행만 계속해서 이어질 때 다람쥐 쳇바퀴와 같은 암울한 상황이 발생할 수 있다. 이를 위한 해결책은 목표를 공격적으로 세워서 많은 부분을 성취하고, 시간을 들여 성취를 들여다보고, '다음으로' 그 주기를 반복하는 것이다. 하버드비즈니스스쿨이 발표한 연구 결과에 따르면 "직접 경험"에 따른 학습은 "회고, 다시 말해 경험으로 얻은 소중한 교훈을 결합하고, 요약하고, 이해하려는 의식적인 노력과 함께할 때 더 효과적이다."[7] 철학자이자 교육자였던 존 듀이도 비슷한 말을 했다. "우리는 경험으로부터 배우는 것이 아니다. (……) 경험에 대한 회고로부터 배우는 것이다."[8]

OKR 주기를 마무리하면서 회고해야 할 사항을 몇 가지 소개한다.

- 목표를 모두 성취했는가? 그렇다면 기여 요인은 무엇인가?
- 그렇지 않다면, 성공을 가로막은 것은 무엇인가?
- 성취한 목표를 수정해야 한다면 무엇을 바꿔야 하는가?
- 이번 교훈을 통해 다음번 OKR에서는 무엇을 바꿔야 하는가?

OKR 마무리 작업은 과거를 돌아보면서 동시에 앞을 내다보는 과정이다. 완성하지 못한 목표는 새로운 핵심결과와 함께 다음 분기로 넘어갈 수 있다. 혹은 완전히 포기하는 것이 더 적절한 선택일 때도 있다. 어떤 경우든 정확한 평가가 선행돼야 한다.

　마지막으로 한 가지만 덧붙이자면, 성과를 정확하게 평가하고 부족한 부분을 확인한 뒤 한 걸음 물러서서 성공을 기념하자. 팀원들과 파티를 열어 OKR의 슈퍼파워를 축하하자. 우리는 대단한 일을 해냈다.

11장

추적: 게이츠 재단 스토리

빌 게이츠Bill Gates

- 공동 회장

패티 스톤사이퍼Patty Stonesifer

- 전 CEO

2000년에 빌&멀린다 게이츠 재단은 세계 최초로 200억 달러 규모의 신생 자선단체로 모습을 드러냈다. 얼마 전 빌 게이츠는 마이크로소프트 CEO 자리에서 물러났지만 여전히 마이크로소프트의 회장이자 기술 고문으로 남았다. 그는 지금 재단의 설립자로서 숭고한 사명을 추구하고, 유동적인 현장 상황에 대처하고, 무척이나 바쁘고 신속하게 움직이면서 가능한 한 최선의 선택을 내리기 위해 고군분투하고 있다. 위험이 높은 과제일수록 발전 상황에 대한 추적, 다시 말해 잠재적인 문제를 확인하고, 막다른 골목에서 재빨리 빠져나가고, 중간에 목표를 수정하려는 노력이 중요하다.

빌&멀린다 게이츠 재단은 출범과 함께 세상이 상상할 수 있는 가장 대담한 사명을 내놓았다. 그것은 "모든 인간은 건강하고 가치 있는 삶을 살아갈 자격을 가졌다"는 것이다. 재단 경영진 역시 평생을 세계 인구의 건강에 바친 훌륭한 인물로 구성되었다. 그들은 이렇게 말한다. "점진적인 발전에 대한 생각은 접어두고, 자원에 대한 제약이 사라진다면 과연 무슨 일을 할 것인지 고민해야 한다."

체계적인 목표 수립하기

게이츠 재단은 2002년에 조직을 확장했고 그 과정에서 체계적인 목표수립의 필요성이 대두되었다. 그 무렵, 게이츠 재단의 CEO 패티 스톤사이퍼는 아마존 이사회가 주최한 나의 OKR 강연에 참석했다. 이후 패티는 게이츠 재단에서도 똑같은 강연을 열어달라고 요청했다. 다음에 소개할 이야기는 빌&멀린다 게이츠 재단이 실행에 옮긴 OKR의 역사다.

———

패티 스톤사이퍼: 지금의 백지 상태는 우리에게 멋진 선물과 같다. "세상을 어떻게 바꿔나가야 할까?" 그리고 그 선물은 동시에 막중한 과제이기도 하다. 숭고한 목표를 향해 달릴 때, 어디까지 왔는지 확인하기란 쉬운 일이 아니다.

우리는 재단 기금에 대해 막중한 책임을 느꼈다. 빌과 멀린다는 체계적

OKR을 검토하는 멀린다 게이츠, 패티 스톤사이퍼, 빌 게이츠, 2005년.

인 시스템을 활용해 힘든 의사 결정을 내리고자 했다. 그때 우리는 짐 콜린스의 말에 주목했다. "우리가 세상에서 가장 잘하는 일이 무엇인가?" OKR 시스템에서 그 대답을 찾았다. 바로 모든 인간이 건강하고 가치 있는 삶을 살아야 한다는 믿음이었다. 빌과 멀린다는 변화를 추진하는 과정에서 기술이 담당해야 할 역할에 특히 주목했다. 이러한 접근 방식은 우리 재단의 DNA 속에 잠재되어 있다.

한동안 우리는 DALY Disability-Adjusted Life Years, 장애보전손실연수라는 세계적인 건강 기준을 활용했다. 그리고 이를 바탕으로 핵심결과(가령 사상충증에 맞서기 위한 투자와 미량 영양소에 대한 투자의 영향력을 비교 평가하기)를 달성하기 위한 데이터 기반을 확보했다. 우리는 DALY를 기준으로 백신에 집중했다. 백신은 가치 있는 삶의 기간에 실질적인 영향을 미치는 요인이었다. 우리는 핵심결과가 뒷받침하는 강력한 목표를 세웠다. OKR은 모든 것을 투명하게 만들어줬다.

———

빌 게이츠: 야심 차고 거시적인 목표는 마이크로소프트에서 언제나 중요한 것이었다. 어떤 면에서 그건 당연한 이야기다. 나는 어릴 적부터 소프트웨어가 마술이라고 생각했다. 트랜지스터 활용이 기하급수적으로 증가하면서 IT 장비의 성능이 지속적으로 높아졌다. 우리는 칩 개발자들이 세상에 깜짝 놀랄 만한 것을 계속해서 내놓을 것이며 그 가능성은 무한하다는 사실을 알았다. 그리고 스토리지와 커뮤니케이션 분야의 개발자들 역시 놀라운 것을 만들어낼 것이라고 기대했다. 디스플레이 개발자들은 그 정도로 기하급수적인 성장을 보여주지 못했지만 사용자 인터페이스는 충분히 빠른 속도로 개선될 것으로 보였다. 그러나 여기에 한 가지 요소가 빠져 있었다. 그것은 IT 장비가 다양한 기능을 수행하도록 만드는 마술인 소프트웨어였다. 나는 변호사나 과학자처럼 성공이 보장된 직업을 꿈꿔본 적이 없다. 인류의 지성이 만들어낼 모든 것(나는 그것을 "즉각 사용할 수 있는 정보"라고 부른다)에 뜨거운 관심을 갖고 있었기 때문이다. 그 꿈은 내 마음을 사로잡았다.

폴 앨런Paul Allen과 손잡기 전부터 우리는 이렇게 외쳤다. "모든 가정과 모든 책상에 컴퓨터를!" 그러나 IBM을 비롯하여 많은 기업은(우리보다 훨

썬 더 방대한 자원과 기술력을 갖춘) 그러한 목표에 주목하지 않았다. 그들은 가능성을 인식하지 못했다. 그리고 그 기회를 현실로 만들어내기 위한 노력을 기울이지 않았다. 하지만 우리는 가능성을 믿었다. 무어의 법칙을 따라 가격이 떨어지면서 소프트웨어 산업이 임계점에 도달할 것으로 보았다. 그것은 거대하고 야심 찬 목표였다. 그리고 우리는 그 목표를 달성하기 위해 서둘러 출발했다.

그것이 바로 우리의 최고 경쟁력이었다. 우리는 남들보다 더 높은 곳을 바라보았다.

목표를 구체적으로 다듬기

2000년, 나는 멀린다와 함께 200억 달러를 게이츠 재단에 내놓았다. 이로써 게이츠 재단은 갑자기 세계에서 가장 큰 규모의 신생 재단이 되었다. 그 기금을 운용하기 위해서 우리는 매년 최소한 10억 달러를 지출해야 했다.

나는 앤디 그로브가 자신의 핵심결과를 기반으로 일하는 직원들을 관리하는 모습을 지켜보았다. 또한 일본인들이 일하는 모습도 지켜보았다. 그리고 그 과정에서 직원들이 목표 달성에 실패했을 때 대처하는 방법을 배웠다. 물론 내가 새로운 해결책을 만든 것은 아니다. 그저 보고 배웠다. 패티 스톤사이퍼는 우리에게 OKR 시스템, 즉 녹색-노랑-빨강으로 구성

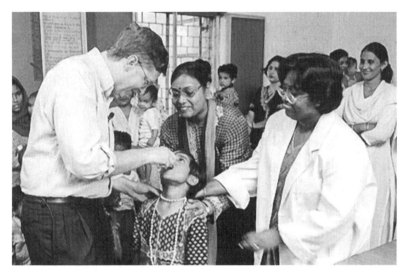

인도 뭄바이에서 아이에게 소아마비 백신을 투약하는 빌 게이츠, 2000년.

된 새로운 접근 방식을 소개해줬다. 이 방식은 실질적인 효과를 보여줬다. 우리는 지원 여부를 검토하면서 OKR을 활용했고, 그 과정에서 매우 긍정적인 인상을 받았다. 그때 나는 마이크로소프트 운영을 맡고 있었기 때문에 시간은 지극히 한정되어 있었다. 그래서 패티는 우리 사이에서 합의를 이끌어내기 위해 효율적으로 움직여야 했다. 목표 수립은 우리에게 꽤 중요한 과제였다. 목표가 구체적이지 못해서 결국 지원을 유보했던 사례가 두 번이나 있었다. 나는 OKR 시스템을 기반으로 올바른 판단을 내렸다고 확신할 수 있었다.

나는 OKR의 열광적인 팬이다. 그러나 처음에는 최대한 신중하게 접근하고 싶었다. 2015년에 우리는 말라리아가 지구상에서 완전히 사라졌다고 결론을 내렸다. 그러나 그건 착각이었다. 목표가 지나치게 높은 것은 신뢰성 유지에 도움이 되지 않는다. 나는 자선 분야에서 사람들이 '목표'와 '사명'을 혼동하는 모습을 종종 봤다. 사명은 방향성이다. 반면 목표는 의식적으로 참여하고 노력하는 구체적인 단계로 구성된다. 도전적인 목표를 세우는 것은 좋은 일이다. 그런데 그것을 어떻게 달성할 것인가? 또 어떻게 측정할 것인가?

그래도 상황이 점점 더 나아지고 있다고 믿는다. 자선단체들은 이제 경쟁이 치열한 비즈니스 세상으로부터 많은 인재를 데려오고 있으며, 그렇게 유입된 인재들이 이곳의 문화를 바꿔가고 있다. 이제 숭고한 사명만으로는 충분치 않다. 구체적인 목표가 필요하다. 그리고 그 목표를 어떻게 달성할 것인지 알아야 한다.

———

패티 스톤사이퍼: OKR은 우리가 언제나 대담하고 올바르게 움직이도록 만든다. 측정 가능한 핵심결과가 성과 부족을 나타내거나, 혹은 목표가 성취 불가능하다는 사실을 보여줄 때 우리는 기금을 새로운 형태로 배분했다. 가령 야심 차게도 기니아충 관련 질병 박멸을 목표로 세웠을 때, 재단의 기금과 자원을 여기에 집중하고 있는지 확인하는 것이 중요하다. 이를 위해 우리는 OKR을 기반으로 분기별, 연별로 도전적인 목표를 달성하기 위한 실천적인 핵심결과를 수립했다.*

'전 세계 모든 아이들에게 백신을 제공하기'처럼 거대한 목표를 세우기에 앞서 어떤 방법, 혹은 어떤 방법들의 조합이 필요한지 알기 어렵다. 그래서 우리는 다음과 같은 질문으로 연간 전략을 검토하기 시작했다. "우리의 목표는 무엇인가? 박멸인가, 광범위한 백신 보급인가?" 그리고 다음으로 전 세계 백신 및 면역 연합에서 말하는 80/90원칙(80퍼센트 지역 내 90퍼센트 이상 보급)과 같이 핵심결과에 현실적으로 접근했다. 그리고 이러한 핵심결과가 일상 업무와 조화를 이루고 장기적인 관점에서 상위 목표에 기여하도록 했다.

목표 검토하기

솔직하게 밝히자면 우리는 때로 측정 대상을 잘못 선택하는 실수를 범했다. 그래도 책임을 회피하지는 않았다. 공익재단의 경우, 시장 반응을 보고 영향력을 확인하기는 쉽지 않다. 그렇기 때문에 목표를 향해 달려가고 있는지 확인하기 위해서는 데이터에 각별한 관심을 기울여야 한다. 우리는 빠른 속도로 학습했고, 그 과정에서 데이터 집합을 바꿔야 했다. 예를 들어 한번은 생산량을 두 배로 늘릴 수 있는 고구마 종자를 사람들에게 나눠주었다. 하지만 아무도 그 종자를 심지 않았다. 고구마를 요리하는 데 시간이 오래 걸리기 때문이었다.

거대한 목표는 수립하는 것만큼이나 포기하기도 힘들다. 목표를 달성하기 위해 어떤 장애물을 제거해야 할까? 빌과 멀린다는 이러한 문제 해결에 익숙했다. 그들은 발전 상황을 확인하고 싶어 했고 거대한 목표 앞에서 주눅 들지 않았다.

지구에서 가장 치명적인 생명체인 모기와의 끈질긴 싸움은 좋은 사례다.** 2016년, 게이츠 재단은 영국 정부와 손잡고 5년 동안 43억 달러를 투자함으로써 가장 치명적인 열대 질병인 말라리아를 박멸하기로 했다. 그리고 객관적인 데이터를 바탕으로 전달 저지 백신에서 포괄적인 박멸 작전으로 관심의 범위를 넓혔다.

> **목표**
> **2040년까지 전 세계 말라리아 퇴치**
>
> **핵심결과**
>
> 1. 기본적인 접근 방식이 실질적인 효과가 있음을 전 세계에 입증하기
> 2. SERCAP Single Exposure Radical Cure and Prophylaxis, 단일 노출 방사선 치료 및 예방와 같은 필수 방안을 확보함으로써 확장에 준비하기
> 3. 세계적인 흐름을 유지함으로써 박멸 캠페인에 기여하기

---

* 게이츠 재단이 카터 센터에 수천만 달러를 지원하면서 기니아충 질병 보고 사례는 2000년 7만 5223건에서 2008년 4619건, 그리고 2015년에는 22건으로 크게 줄어들었다. 학명으로 매디나충증 (Dracunculiasis)인 기니아충은 천연두 다음으로 인류 역사상 두 번째로 사라진 질병이 될 것이다.

** 세계보건기구의 발표에 따르면 연간 72만 5000명이 모기 때문에 사망한다. 말라리아를 전파하는 암컷 학질모기는 2015년에만 적어도 42만 9000명, 많게는 63만 9000명을 죽음으로 몰아간 것으로 추산된다. 참고로 인간은 연간 약 47만 5000명의 인간을 죽인다. 인류의 사망 원인에서 모기를 능가하는 종은 없다.

우리의 상위 목표는 말라리아 기생충을 완전히 없애고 약물 저항성에 각별히 주의를 기울이는 것이다. 빌 게이츠 스스로 인정했듯이 이것은 결코 쉬운 일이 아니다. 하지만 게이츠 재단은 정말로 중요한 것을 지속적으로 추적하고 있기 때문에 성공 가능성은 매우 높아 보인다.

—12장—

슈퍼파워 #4: 최고를 향한 도전

가장 위험한 선택은 선택을 미루는 것이다.

– **멜로디 홉슨** Mellody Hobson

OKR은 우리더러 안전지대를 벗어나라고 재촉한다. 능력의 한계를 뛰어넘어 꿈을 향해 도약하라고 말한다. 그리고 새로운 재능을 발굴하고, 다양한 해결책을 창조하고, 비즈니스 모형을 혁신하라고 자극한다. 장기적인 번영을 추구하는 기업에게 새로운 차원으로의 확장은 필수 과제다.[1] 빌 캠벨은 이렇게 말하곤 했다. 기업은 "끊임없이 혁신하지 않을 때 서서히 시들어갈 것이다. 중요한 것은 '반복'이 아니라 '혁신'이다."[2] 보수적인 목표 설정은 혁신을 가로막는다. 혁신은 산소와 같다. 기업은 혁신 없이 살아남지 못한다.

도전적인 목표는 위험하지만, 그 보상은 위험을 무릅쓸 만한 가치가 있다. 짐 콜린스가 《좋은 기업을 넘어 위대한 기업으로》에서 언급한 "크고 위험하고 대담한 목표Big Hairy Audacious Goals, 이하 BHAG"는 새로운 차원으로 도약을 뜻한다.

> BHAG는 산처럼 거대하고 벅찬, 그리고 분명하고 강력한 목표다. 사람들은 당장 정상에 오르려 한다. 그러나 BHAG의 역할은 조직 전반의 집중력을 끌어모으고, 구성원 개인을 자극하고 팀 정신을 고취함으로써 모두가 결승점을 향해 달리도록 만든다. 1960년대 NASA의 달 착륙 프로젝트와 마찬가지로, BHAG는 사람들의 상상력을 확장하고 용기를 북돋운다.[3]

체계적인 목표 수립의 대가 에드윈 로크는 목표의 난이도와 성취 사이의 객관적인 상관관계를 주제로 수십 차례 연구를 추진했다. 그는 다양한 영역에 걸쳐 조사를 실시했고 그 결론은 상관관계가 "뚜렷하다"는 것으로 나왔다.[4] 로크는 이렇게 설명했다. "목표가 힘들수록 성과는 더 높게 나타났다. (······) 힘든 목표를 추구하는 사람은 쉬운 목표를 추구하는 사람보다 성공 가능성은 낮지만, 더 높은 성과를 일관적으로 보여주었다." 로크의 연구에 따르면 "도전적인" 목표를 세운 근로자는 더욱 생산적일 뿐 아니라 더 높은 열정과 동기로 업무에 임한다. 그리고 "구체적이고 도전적인 목표 설정은 업무에 대한 흥미를 높이고 이로써 더욱 긍정적인 측면을 발견하도록 도움을 준다."[5]

2007년, 미국국립공학아카데미는 선구적인 사상가로 이뤄진 위원회 (래리 페이지, 미래학자 레이 커즈와일Ray Kurzweil, 유전학자 J. 크레이그 벤터J. Craig

Venter가 포함된)에 21세기의 열네 가지 "공학 분야의 주요 도전 과제"를 선정해달라고 요청했다. 1년의 논의 끝에 위원회는 주요 목표를 내놓았다. 그것은 융합을 통한 에너지 생산, 두뇌 역설계, 핵 테러 방지, 안전한 사이버 세상 등이었다(아마도 어떤 것인지 감이 왔을 것이다).

도전적인 목표는 그리 드물지 않다. 때로 도전적인 목표는 "일상적인" 업무에서 특별한 수준을 의미하는 것이기도 하다. 하지만 범위나 규모를 떠나 도전적인 목표는 내가 생각하는 기업가의 정의와 맞닿아 있다. 그 정의란 '모두가 생각하는 것보다 훨씬 적은 자원을 가지고 (……) 모두가 생각하는 것보다 더 많은 것을 만들어내는 사람들'이다.*

신생 기업에서 시장을 지배하는 기업에 이르기까지 도전적인 목표는 기업가 문화를 더욱 돋보이게 만든다. 도전적인 목표는 구성원들이 가지고 있던 한계를 뛰어넘도록 재촉하며 조직을 운영하는 원동력으로 작용한다. 자동차 정보 공유 사이트 에드먼즈닷컴의 최고디지털책임자인 필립 포틀로프Philip Potloff는 이렇게 설명했다. "우리는 자동차 판매 방식을 바꿔나가고 있습니다. 이는 거대한 도전이자 기회입니다. 우리가 전념하는 '산업을 바꿀' 거대한 목표를 설명해줄 유일한 개념은 OKR입니다. OKR은 언제나 우리 한가운데에 자리 잡고 있습니다."

---

* 관료의 정의와 비교해보자. '모두가 생각하는 것보다 더 많은 것을 가지고 모두가 생각하는 것보다 더 적은 것을 만들어내는 사람들.'

OKR의 두 바구니

구글은 OKR을 두 가지로 구분한다. 그것은 필수적인 목표와 도전적인(혹은 "야심찬") 목표다. 두 가지는 분명하게 구분된다.

'필수적인 목표'는 신제품 출시, 예약, 채용, 고객 등 구글의 측정 기준과 매우 밀접한 관련이 있다. 경영진은 필수적인 목표를 조직 차원에서, 직원들은 부서 차원에서 세운다. 세일즈나 매출 같은 필수적인 목표는 정해진 시간 안에 100퍼센트 완벽하게 달성해야 한다.

'도전적인 목표'는 더욱 큰 그림과 더욱 높은 위험, 더욱 다양한 미래 지향적인 아이디어를 담고 있다. 도전적인 목표는 조직의 모든 단계에서 비롯되고, 이를 달성하기 위해서는 조직의 모든 역량을 동원해야 한다. 그 정의상, 도전적인 목표는 성취하기 힘들다. 평균 40퍼센트의 실패는 구글에서 일상적인 것이다.

이러한 두 가지 바구니의 상대적 비중은 문화적인 문제에 해당한다. 그 구성은 조직마다, 혹은 분기마다 달라진다. 여기서 리더는 스스로 이렇게 물어야 한다. '내년에 우리 조직은 어떤 구성을 취해야 할까? 민첩하고 과감하게 새로운 시장에 진입하기 위해서, 혹은 보수적이고 안정적인 차원에서 기존 지위를 굳히기 위해서 어떤 조합을 선택해야 할까?', '지금 우리는 생존에 주목해야 하는가, 거대한 투자에 도전해야 하는가? 우리의 비즈니스는 지금 당장 무엇을 필요로 하는가?'

도전의 필요성

앤디 그로브는 "욕구 단계설"로 잘 알려진 20세기 중반 심리학자 에이브러햄 매슬로Abraham Maslow의 지지자였다. 매슬로 이론에 따르면, 영양과 쉼터로 시작해서 안전, 그리고 "사랑"과 "소속감"으로 이어지는 스펙트럼 상에서 하위 욕구를 충족시킨 후에야 상위 욕구로 넘어갈 수 있다. 매슬로의 피라미드 맨 위에는 "자아실현" 욕구가 있다.

그로브는 아무런 동기를 부여하지 않아도 끊임없이 "개인 능력의 한계를 시험"하고 언제나 "최고 성과"를 달성하기 위해 노력하는 직원들이 있다는 것을 발견하고 흥미를 느꼈다. 또한 그로브는 모든 사람이 이러한

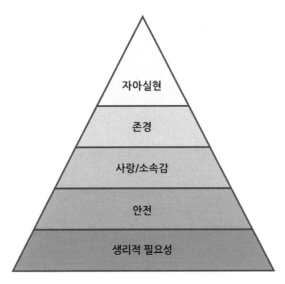

매슬로의 욕구 단계설은 피라미드 형태를 이룬다. 기본적인 욕구가 아래에 위치한다.

타고난 성취자 유형에 해당되는 것은 아니라는 사실도 잘 알았다. 대다수의 경우에는 "도전적인" 목표를 제시함으로써 최고 성과를 유도할 수 있다. "자신과 부하 직원으로부터 최고를 이끌어내고자 한다면 목표 설정이 대단히 중요하다."[6]

인텔은 합리적인 위험 감수자를 중요하게 여겼다. 나는 인텔에서 과감하게 도전하고 실패하는 법을 배웠다. 크러시 작전에서 인텔은 영업사원의 성과를 디자인 윈, 다시 말해 8086 마이크로프로세서를 탑재한 제품 수로 평가했다. 빌 데이비도우가 주도한 크러시 작전 태스크포스 팀은 그때까지 내가 봤던 가장 대담한 목표를 세웠다. 바로 1년 동안 1000개의 디자인 윈을 달성하는 것이었다. 이는 작년 영업 팀 성과보다 50퍼센트나 더 높은 목표였다. 마이크로프로세서 사업부 총괄 책임자 데이브 하우스 Dave House는 당시를 이렇게 회상한다.

> 이것이 바로 인텔이다. 우리는 그것을 측정해야 한다. 1000건의 디자인 윈이
> 필요하다고 말한 사람은 다름 아닌 [짐] 랠리였다. 그 목표는 하나의 숫자이자
> 빌 혹은 짐 그 자신이었다. (……) 그리고 대담한 목표였다. 그 목표는 계획 수정
> 을 거쳐 결국 2000건으로 결정되었다. 그리고 세일즈 팀으로 전달되었다.[7]

총 2000건의 디자인 윈을 위해서는 모든 영업사원이 1인당 한 달에 한 번 디자인 윈을 거둬야 했다. 인텔 경영진은 인기가 떨어져 오랫동안 고객이 찾지 않는 칩에 대해 '세 배'의 실적을 영업 팀에게 요구했다. 영업 팀

은 중압감을 느꼈고 당연하게도 실패했다. 얼마 전에 빌 데이비도우를 만나 그렇게 무리한 목표를 제시한 이유에 대해 묻자 그는 이렇게 대답했다. "활력을 되찾기 위한 계기가 필요해서 2000건을 제시했던 겁니다. 그걸 발판으로 삼고자 했죠."

인텔은 영업사원들에게 목표를 달성하면 2인 타히티 여행권을 주겠다고 공약을 걸었다. 여기서 짐 랠리는 잔인한 조건 하나를 추가했다. 영업팀에서 단 한 명이라도 목표 달성에 실패할 경우, 팀 전체가 여행을 가지 못한다는 것이었다. 예전에는 성과가 목표에 턱없이 미치지 못해 결국 태스크포스 팀이 디자인 윈의 목표를 낮춰야 했다. 하지만 그해 여름, 인텔의 모든 영업사원은 타히티 여행 안내 책자를 우편으로 받아 보았다. 물론 3분기에 실적이 부진했던 영업사원들은 동료들의 엄청난 압박에 시달려야 했지만.[8]

그해 말, 디자인 윈은 2300건을 넘어섰다. 그리고 8086은 시장에서 정상을 탈환했다. 덕분에 인텔의 미래는 한층 밝아졌다. 세일즈 팀 전원이 타히티로 떠났다. 여기서 차이를 만들어낸 것은 도전적인 목표였다.

열 배의 복음

앤디 그로브가 도전적인 OKR의 수호성인이라면 래리 페이지는 오늘날의 제사장이다. 구글은 기술 분야에서 무한한 혁신과 끊임없는 성장의 상징적 존재다. 또한 목표와 핵심결과의 세상에서 공격적인 목표, 혹은 스티븐 레비가 언급한 "열 배의 복음"[9]과 동의어다.

지메일의 경우를 생각해보자. 초창기 웹 기반 이메일 시스템에서 주요한 문제는 협소한 저장 공간이었다. 당시 저장 공간은 대부분 2~4메가바이트에 불과했다. 그래서 사용자는 새 이메일을 받기 위해서 과거 이메일을 지워야 했다. 아카이브는 꿈의 기술에 불과했다. 구글 경영진은 처음에 지메일을 개발하는 과정에서 100메가 저장 공간을 생각했다. 물론 100메가만 해도 비약적인 발전이었다. 그러나 지메일이 대중에 처음으로 모습을 드러낸 2004년, 애초의 100메가 목표는 사라진 지 오래였다. 지메일은 무려 1기가바이트 저장 공간을 제공했고, 이는 타 경쟁사에 비해 많게는 500배에 해당하는 공간이었다. 이제 사용자는 기존 이메일을 지울 필요가 없게 되었다. 이로써 디지털 커뮤니케이션은 완전히 새로운 국면을 맞이했다.

1기가바이트는 BHAG였다. 지메일은 단지 기존 시스템을 개선한 제품이 아니었다. 구글은 지메일을 통해 새로운 범주를 창조했다. 이후 경쟁사들은 지메일을 따라 저장 공간의 크기를 크게 확장했다. 열 배 사고의 사례는 분야와 비즈니스 단계를 막론하고 대단히 드물다. 래리 페이지는 이렇게 말한다. 사람들은 대부분 "실제로 무엇이 가능한지 궁리하기보다 여건이 불가능하다고 쉽게 포기하는 경향이 있다."[10]

스티븐 레비는 〈와이어드Wired〉 기사에서 이렇게 설명했다.

페이지의 관점에 따르면, 10퍼센트 개선은 남들과 비슷하게 노력한다는 의미다. 큰 실패는 하지 않겠지만, 대신 큰 성공도 거두지 못할 것이다.

페이지는 구글이 경쟁사보다 열 배 더 개선된 제품과 서비스를 개발하기를 기대했다. 이 말은 몇 가지 숨겨진 효율성을 발견하거나, 혹은 프로그램을 수정해서 어느 정도의 이익을 창출하는 것에 만족하지 않는다는 뜻이다. 1000퍼센트 개선을 달성하기 위해서는 문제의 틀을 새롭게 바라보고, 기술적으로 가능한 영역을 탐험하고, 그 과정에서 희열을 느끼는 자세가 필요하다.[11]

앤디 그로브 시절의 기준과 조화를 이룬다는 측면에서 오늘날 구글은 달성률이 60~70퍼센트에 이르도록 OKR을 설정한다. 다시 말해, 구글은 애초에 목표의 30퍼센트 정도는 달성하지 못할 것으로 예상한다. 그래도 구글은 그것을 성공으로 인정한다!

헬프아웃에서 구글앤서에 이르기까지 구글의 많은 도전은 사실 불발로 끝났다. 70퍼센트 점수를 예상하는 것은 달 탐사선을 마음껏 쏘아 올리고 실패를 기꺼이 받아들이겠다는 의지를 뜻한다. 처음에는 단 하나의 목표도 현실적으로 가능하지 않은 것으로 보일 수 있다.[12] 그래서 구글은 직원들에게 까다로운 질문을 던지도록 요구한다. 어떤 획기적인 시도에, 어떤 위험에 도전해야 할까? 무슨 일을 포기해야 할까? 자원을 어디에 집중해야 할까? 새로운 파트너를 어디서 발견해야 할까? 이러한 고민을 통해 구글 사람들은 불가능해 보이는 목표 중 현실적으로 가능한 부분을 어떻게든 마감 시한 안에 달성한다.

에릭 슈미트, 래리 페이지, 세르게이 브린과 구글의 최초 무인자동차. 열 배 사고가 실현되다!

도전적인 변수

성공을 추구한다면 도전적인 목표가 이리저리 방황하는 긴 행렬이 되어서는 안 된다. 또한 상황에 대한 고려 없이 수직적으로 부여하는 형태가 되어서도 안 된다. 지나치게 도전적인 목표를 제시하면 직원의 사기는 오히려 꺾인다. 노력과 위험 감수가 필요한 도전적인 목표를 추구하는 과정에서 직원의 열정은 필수 요소다.[13] 여기서 리더는 두 가지 메시지를 전해야 한다. 바로 결과의 중요성과 성취 가능성에 대한 확신이다.

구글과 달리 대부분의 기업은 달로켓의 폭발 사고를 감당할 여력이 없다. 위험을 감당할 수 있는 역량은 기업마다 다르며, 이는 또한 시간에 따라 달라진다. 위험을 감당할 역량이 높을수록 기업은 더 많은 도전을 할 수 있다. 가령 경영진의 의사와는 반대로 성공률이 60퍼센트에 불과한 OKR은 지나치게 도전적인 목표, 즉 직원의 사기를 꺾는 목표로 인식될 수 있다. 높은 성취를 거두는 데 익숙한 직원은 목표를 조금이라도 달성하지 못하면 좌절감을 느낀다. 캘리포니아에 위치한 리스크 매니지먼트 솔루션에서 인사 책임자로 일했던 어밀리아 메릴은 이렇게 설명한다. "이곳에는 직원보다 더 많은 수의 학위가 존재합니다. 직원들은 A학점에 익숙합니다. B를 받는 일은 좀처럼 없죠. 그러한 분위기를 100점을 받지 않아도 되는 문화로 바꾸는 것은 정말로 힘든 과제였습니다."

마이피트니스팔의 마이크 리는 모든 OKR을 필수적인 목표, 즉 힘들지만 완전히 성취 가능한 목표로 바라보았다. 그는 이렇게 말했다. "제가 생각하기에 바람직한 방식으로 목표를 설정했습니다. 목표를 달성했을 때 발전에 대해 긍정적인 느낌을 얻을 수 있도록 말이죠." 이것은 합리적인 접근 방식이다. 하지만 위험 요소가 아예 없는 것은 아니다. 마이크의 직원들은 성공 가능성이 90퍼센트인 목표를 외면할 것인가? 내가 보기에, 리더가 어느 정도 도전적인 목표를 제시하는 편이 훨씬 낫다. 팀의 핵심 결과는 개인과 조직이 OKR 시스템을 경험하면서 더욱 정확하고 공격적으로 진화하게 된다.

"적절하게" 도전적인 목표에 대한 절대적인 기준은 없다. 그러나 이렇게 한번 생각해보자. 우리 팀은 어떻게 최고 가치를 만들어낼 수 있는가?

'놀라움'이란 어떤 것인가? 최고 가치를 만들어내고자 한다면 놀라움은 도전을 위한 좋은 출발점이다. 그러나 앤디 그로브도 분명하게 지적했듯이 출발점이 목적지가 되어서는 안 된다.

알다시피 우리는 마음을 불편하게 만드는 힘든 목표를 세워야 합니다. 그리고 이를 달성해야 합니다. '잠깐 축하한 뒤에' 또 다른 힘든 목표를 세우고 이를 달성해야 합니다. 도전적인 목표를 달성함으로써 얻을 수 있는 보상은 새로운 목표를 향해 다시 도전할 수 있다는 사실입니다.[14]

─ 13장 ─

도전: 구글 크롬 스토리

순다르 피차이 Sundar Pichai

- CEO

룬 Loon 프로젝트와 무인자동차 개발을 이끈 구글 X 팀의 리더 아스트로 텔러 Astro Teller 는 도전적인 목표가 무엇인지 분명히 보여줬다. 그는 이렇게 말했다. "자동차 연비를 리터당 20킬로미터로 높이고 싶다면 조금만 손보면 된다. 하지만 연비를 200킬로미터로 높이고 싶다면 처음부터 다시 자동차를 개발해야 한다."[1]

2008년, 순다르 피차이는 구글의 제품개발 부사장으로 일하고 있었다. 순다르가 팀원들과 함께 크롬 브라우저를 출시했을 때 그들은 말 그대로 무에서 유를 만들어냈다. 순다르의 팀은 실패를 두려워하지 않고 도전했고, OKR을 통해 제품과 조직을 놀라움의 수준으로 이끌었다. 이제 크롬은 모바일과 데스크톱에서 가장 널리 사용되는 브라우저가 되었다. 물론 그 여정에는 많은 굴곡이 있었다. 래리 페이지는 이렇게 말한다. "야심 찬 목표를 세우고 이를 달성하지 못해도 우리는 여전히 놀라운 성공을 향해 달려가고 있는 겁니다."[2] 별을 목표로 삼았다면 그곳에 이르지 못해도 달에는 도착할 수 있다.

순다르 피차이의 경력은 도전적인 목표가 무엇인지 보여준다. 그는 2015년 10월, 마흔셋의 나이로 구글의 세 번째 CEO가 되었다. 그리고 지금은 직원 수 6만 명, 매출 규모 800억 달러가 넘는 조직을 이끈다.

———

순다르 피차이: 1980년대에 인도 남부에서 자란 나는 지금 우리가 일상적으로 보는 기술을 일찍이 접할 수 없었다. 그러나 어린 시절에 경험했던 기술은 내 삶을 크게 바꿔놓았다. 아버지는 대도시 첸나이에서 전기 기술자로 일했고, 가족의 삶은 검소했다. 다이얼식 전화기를 설치하려면 신청하고 나서 3~4년을 기다려야 했다. 마침내 우리 집에 전화기가 들어왔을 때 내 나이는 열두 살이었다. 그건 내게 중대한 사건이었다. 이웃 사람들이 우리 집에 찾아와 전화를 쓰곤 했다.

나는 전화기가 들어오고 나서 일어난 변화를 지금도 똑똑히 기억한다. 그 작은 기계는 모두의 삶을 크게 바꿔놨다. 전화기가 들어오기 전에 어머니는 내게 이렇게 말씀하셨다. "혈액 검사 결과가 나왔는지 병원에 좀 다녀오렴." 그러면 나는 버스를 타고 병원으로 가서, 오랫동안 줄을 서서 하염없이 기다렸다. 그러고는 종종 이런 대답을 들었다. "결과가 아직 안 나왔으니 내일 다시 오너라." 그렇게 다시 버스를 타고 집으로 터덜터덜 돌아오기까지 세 시간 정도가 걸렸다. 하지만 전화기가 들어오고 나서는 전화 한 통으로 결과를 즉각 알 수 있었다. 오늘날 기술은 하루가 다르게 진화하고 있으며, 우리는 그러한 발전을 당연하게 여긴다. 그러나 어릴 적 나는 새로운 기술이 등장할 때마다 깜짝 놀랐다. 그때의 경험을 아직도 잊지 못한다.

컴퓨터와 반도체에 관한 책을 닥치는 대로 읽으며 어떻게든 실리콘밸리에 가겠다는 꿈을 키웠다. 그 목표를 이루기 위해 스탠포드 대학에 진학했다. 그곳에서 일어나는 변화의 일부가 되는 것이야말로 내 소망이었다. 신기술을 빨리 접할 수 없었던 어린 시절을 보냈기에 그 꿈은 더욱 소중했다. 나는 그 꿈을 따라 움직였다.

새로운 어플리케이션 플랫폼

5년 동안 산타클라라에 있는 어플라이드 머티리얼스Applied Materials의 기술공학 및 연구개발 부서에서 일하는 동안 몇 차례 인텔을 방문할 기회가 있었다. 인텔 사무실을 들어설 때마다 앤디 그로브의 조직 문화가 느껴졌다. 인텔은 대단히 사소한 부분까지 체계적인 조직이었다(커피를 마실 때도 돈을 냈던 기억이 난다). 반도체 공학 분야에서 일하는 사람들은 목표를 수립하고, 이를 기반으로 업무를 처리하는 과정에서 치밀해야 한다.

어플라이드 머티리얼스에서 근무하며 목표를 수립하는 과제에 대해 많은 고민을 했다.

꾸준히 발전하는 인터넷 기술 속에는 어마어마한 잠재력이 있었다. 나는 구글이 추진하는 모든 프로젝트에 흥미가 있었고, 그것들이 어떻게 발전해나가는지 꼼꼼히 지켜봤다. 특히 나를 열광시켰던 것은 데스크바 서비스의 등장이었다. 데스크바는 새로운 브라우저를 열지 않고도 웹 검색이 가능하게 해주는 기능으로서 작업표시줄에 작은 창으로 떠 있다. 사용자는 필요한 경우에만 작은 창을 띄울 수 있다. 데스크바 서비스는 초창기 구글의 성장을 가능케 한 발판이었고, 더 많은 사용자에게 구글의 서비스를 전파하는 역할을 했다.

2004년, 프로덕트 매니저로 구글에 합류했다. 당시만 해도 구글은 검색 서비스에만 집중하고 있었다. 그해에는 또한 웹 2.0과 사용자 생산 콘텐츠, AJAX* 기술이 급속히 성장했다. 초창기 웹은 콘텐츠 기반이었지만 곧 어플리케이션 기반으로 신속하게 넘어갔다. 인터넷 세상에서 패러다임 전환이 일어나기 시작했고, 나는 구글이 그 정점에 서 있을 것으로 내다봤다.

구글에서 처음으로 맡은 임무는 구글 툴바 기능을 모든 형태의 브라우저에 추가하고, 이를 통해 더 많은 인터넷 사용자가 구글 검색 서비스

---

* 사용자가 브라우저의 새 페이지를 띄우거나 새로 고침을 하지 않고서 서버와 소통할 수 있도록 해주는 웹 개발 모듈.

를 쉽게 이용하도록 만드는 일이었다. 그 프로젝트는 내용과 시기의 측면에서 아주 적절한 것이었다. 구글 툴바 사용자의 규모는 이후 몇 년 만에 열 배 넘게 증가했다. 그때 처음으로 야심 차고 도전적인 OKR의 위력을 실감했다.

브라우저에 대한 새로운 생각

구글은 클라이언트 소프트웨어 설계 팀을 새롭게 꾸렸다. 그 팀은 모질라Mozilla의 브라우저인 파이어폭스를 집중적으로 연구했다. 2006년에는 파이어폭스를 운영 시스템과 같은 컴퓨팅 플랫폼으로 새롭게 바라보기 시작했다. 그리고 이를 통해 사용자가 웹상에서 어플리케이션을 개발할 수 있도록 도왔다. 이후 이러한 접근 방식은 웹브라우저 크롬의 탄생으로 이어졌다. 구글은 자체적인 프로세스를 활용하고, 또한 어플리케이션끼리 충돌이 일어날 때 사용자의 지메일을 보호해주는 멀티프로세스 아키텍처가 필요하다고 생각했다. 또한 자바스크립트가 실행되는 속도도 더 높여야 했다. 이와 동시에 최고 성능을 자랑하는 브라우저 개발에도 집중했다.

구글 CEO 에릭 슈미트는 완전히 새로운 브라우저를 개발하는 것이 얼마나 힘든 일인지 잘 알았다. 그는 이렇게 말했다. "새로운 브라우저 개발은 신중하게 접근해야 합니다." 시장에 이미 나온 기존 브라우저의 속도와 기능 면에서 완전히 다른 수준의 것을 만들어내려면 단점을 개선시키는 작업만으로는 부족했다.

2008년에 구글이 크롬을 출시했을 때, 제품관리 부서는 앞으로 직면하게 될 어려움을 해결하기 위해 중요한 목표를 세웠다. "웹 어플리케이션을 위한 차세대 클라이언트 플랫폼을 개발하기." 그리고 핵심결과를 이렇게 잡았다. "매일 크롬 브라우저를 쓰는 사용자 수를 2000만 명으로 확대하기."

목표 높이기

구글 OKR 시스템에서 평균 70퍼센트 달성은 성공으로 인정받는다. 모든 OKR에 녹색을 받기 위해 애쓸 필요는 없다. 그럴 경우, 팀만 힘들어질 뿐이다. 하지만 성공해야 한다는 압박을 받지 않는다면 진정한 구글인이 아니다. 이러한 점에서 구글에는 언제나 긴장감이 존재한다. 분기말에 실패한 이유를 사람들 앞에서 해명하고 싶어 하는 구글 리더는 없다. 그들은 그런 압박감이나 심리적 불편함을 겪지 않기 위해 과감한 결단들을 내린다. 하지만 그렇다고 해도 목표를 올바로 세웠다면 리더는 부담에서 완전히 벗어날 수 없다.

래리는 기업 OKR을 수립하는 과정에서 언제나 목표를 높이고자 했다. 그는 "불가능에 대한 건전한 무시"가 필요하다는 말로 나를 놀라게 했다.

물론 나 역시 제품개발 부서의 리더로서 래리와 똑같은 말을 하곤 했다. 실패 가능성이 높은 OKR을 세우려면 많은 용기가 필요하다. 그러나 위대함을 추구한다면 대안이 없다. 나는 크롬을 일상적으로 쓰는 사용자수를 연말까지 2000만 명으로 늘리겠다는 목표를 세웠다. 힘든 과제였다. 그러나 우리는 도전했다.

리더는 목표를 얼마든지 성취할 수 있다는 확신을 구성원에게 전해야 한다. 사실 나는 연말까지 목표 달성이 쉽지 않을 것이라 생각했다(솔직히 말해서 목표를 달성할 방법을 발견하지 못했다). 그러나 동시에 한계까지 밀어붙여야 한다고 생각했다. 우리 팀은 도전적인 OKR을 기반으로 앞으로 나아갈 방향과 발전 상황을 측정할 기준을 확인했다. 그리고 이를 통해 자기만족을 애초에 불가능한 것으로 만들어버렸다. 또한 모든 팀원이 일상적인 업무 기반을 매일 다시 생각하도록 했다. 이러한 노력은 임의로 세운 목표를 마감일에 달성하는 것보다 훨씬 중요했다.

브라우저 시장에서 크롬의 시장 점유율을 3퍼센트로 끌어올리기 위해 안간힘을 쓰던 무렵, 예상치 못했던 부정적인 소식이 들려왔다. 그것은 맥용 크롬 개발 일정이 연기되었다는 사실이었다. 그렇다면 우리 부서는 온전히 윈도우 사용자만으로 2000만 명 목표를 달성해야 했다.

긍정적인 소식도 있었다. 윈도우 사용자 대부분 크롬 브라우저에 높은 만족감을 보였고, 이러한 사실은 크롬의 성장에 중요한 영향을 미쳤다. 물론 여러 가지 결함이 남아 있었지만, 우리는 웹 세상으로 들어가는 새로운 통로의 존재를 널리 알리기 위해 최선을 다했다.

더 깊이 파고들기

구글은 속도의 상징이다. 그들은 사용자 만족도를 떨어뜨리는 데이터 전송 지연을 뜻하는 레이턴시와 끈질긴 싸움을 벌이고 있다. 2008년, 래리와 세르게이는 사람들의 이목을 사로잡는 놀라운 OKR을 내놓았다. "잡지를 넘기는 것처럼 웹을 빠르게 만들기." 이 목표는 구글의 모든 구성원이 웹을 더욱 효율적이고 빠르게 만드는 방법에 대해 치열하게 고민하도록 자극했다.

우리 부서는 크롬 프로젝트를 위한 하위 OKR을 세웠다. 그것은 자바스크립트 성능을 크게 향상시키는 것이었다. 이는 곧 데스크톱에서 다운로드를 받는 것처럼 어플리케이션이 웹상에서 부드럽게 작동하도록 개선하는 것을 의미했다. 우리는 열 배 혁신의 달 착륙 프로젝트를 세웠고, 그 이름을 고성능 자동차 엔진에서 따와 "V8"이라고 지었다.

그 무렵, 운 좋게도 라르스 바크Lars Bak라는 덴마크 프로그래머를 발굴했다. 바크는 선마이크로시스템즈 버츄얼머신을 개발한 인물로, 이미 열 건이 넘는 특허권을 보유한 그야말로 독보적인 프로그래머였다. 바크는 우리에게 솔직 담백한 태도로 이렇게 말했다. "속도를 훨씬 더 높일 수 있습니다." 그리고 4개월 뒤, 바크는 실제로 파이어폭스에서 자바스크립트 속도를 열 배나 높여주었다. 그리고 다시 2년 뒤, 그 속도는 스무 배 이상 개선되었다. 실로 놀라운 성과였다(도전적인 목표가 사실은 그리 힘든 것만은 아닌 것으로 드러날 때가 종종 있다. 《0과 1로 세상을 바꾸는 구글, 그 모든 이야기》

를 보면 바크가 스티븐 레비에게 이렇게 말하는 장면이 나온다. "우리의 능력을 과소 평가했던 것 같군요.")

도전적인 OKR은 문제 해결을 위한 실질적인 접근 방식이다. 나는 툴바 프로젝트를 추진하는 동안 반드시 거쳐야 할 지점을 통과해서 앞으로 나아가는 방법을 배웠다. 나와 우리 부서는 언제나 신중한 낙관주의를 유지했다. 사용자 수가 줄어들 때는 직원들에게 실험을 해 원인을 파악하고 개선 방안을 마련하도록 했다. 호환성 문제가 발생하면 해당 직원이 해결책에 집중하도록 했다. 그 과정에서 신중하고 체계적인 방식으로 접근하면서 감정적인 측면은 최대한 자제하고자 했다. 이러한 노력은 꽤 도움이 되었다고 생각한다.

구글의 달 착륙 문화는 조직의 성장을 가속화했다. 물론 도전적인 목표는 달성하기 힘들다. 그래도 우리 부서는 크롬의 성공을 위해 사용자 규모를 수억 명으로 늘려야 한다고 믿었다. 새로운 기능을 개발할 때마다 이렇게 물었다. 사용자 수를 10억 명으로 확장하는 데 어떤 도움을 줄 수 있을까? 처음에 10억 명은 다분히 추상적인 숫자로 보였다. 하지만 측정 가능한 연간 목표를 세우고 분기별로 문제를 해결해나가는 동안, 달 착륙 프로젝트는 실행 가능한 목표로 모습을 드러냈다. 이는 OKR의 놀라운 장점 중 하나다. OKR은 질적인 도약을 향한 여정에서 구체적이고 정량적인 목표를 가져다준다.

2008년에 2000만 명 목표 달성은 실패로 끝났다. 그러나 우리 부서는 더욱더 깊이 파고들기로 결심했다. 목표는 그대로 유지했다. 다만 목표의 기반을 바꿨다. 나는 직원들에게 이런 메시지를 보냈다. "이번에는 목표를 달성하지 못했습니다. 이제 우리는 장애물을 뛰어넘을 발판을 만들어야 합니다. 앞으로 어떤 변화가 필요할까요?" 우리는 이 질문의 답을 구글 문화에서 얻어야 했다. 그것은 처음부터 끝까지 탭댄스를 출 수는 없다는 것이다. 다시 말해, 우리는 문제에 대한 근본적인 해결책을 파고들어야 했다. '인터넷 사용자가 새로운 브라우저를 받아들이도록 만드는 일은 왜 그리 힘든 것일까?'

이 질문으로부터 우리는 사람들에게 어필할 만한 크롬의 새로운 면을 찾아야 한다는 것을 깨달았다. 또한 사람들이 브라우저로부터 어떤 도움을 얻을 수 있는지 잘 이해하지 못한다는 사실도 깨달았다. 우리는 이를 설명하기 위해 TV 광고에 주목했다. 그리고 구글 역사상 최대의 광고 캠페인을 벌였다. 딸이 커가는 모습을 담은 아버지의 디지털 스크랩북이 나오는 광고 "소피에게"*를 아직도 많은 이들이 기억한다.[3] 우리는 크롬 브라우저를 기반으로 지메일과 유튜브에서 구글맵스에 이르기까지 다양한 웹 기반 어플리케이션을 쉽게 활용할 수 있다는 사실을 이 광고로 보여주었다. 또한 사람들이 웹 브라우저를 일종의 어플리케이션 플랫폼으로 바라보도록 만들었다.

---

* www.whatmatters.com/dearsophie

도전과 실패, 그리고 성공

성공은 하룻밤 사이에 이뤄지지 않는다. 2009년, 우리 팀은 크롬의 성공을 위해 또 한 번 도전적인 OKR을 세웠다. 그것은 크롬의 일상적인 사용자 수를 5000만 명으로 늘리는 것이었다. 하지만 그해 말, 최종 사용자 수가 3800만 명에 그치면서 또 다시 실패했다. 그래도 목표를 버리지 않고 2010년에 1억 명이 목표라고 다시 발표했다. 래리는 더 야심 찬 목표가 필요하다고 지적했다. 그는 1억 명이 전 세계 인터넷 사용자 10억 명의 10퍼센트에 불과하다고 말했다. 이에 나는 1억 명도 현실적으로 대단히 벅찬 목표라고 반박했다.

결국 래리와 나는 1억 1100만 명으로 합의를 봤다. 이 목표를 달성하기 위해서는 크롬 비즈니스를 새롭게 개선하고 성장을 완전히 다른 시각으로 바라봐야 했다. 다시 한번, 우리는 무엇을 다르게 해야 할 것인가? 그해 2월, OEM 방식을 기반으로 계획을 확장했다. 그리고 3월에는 "크롬 패스트" 마케팅 캠페인을 활발히 펼쳐 미국 시장에서 인지도를 높이고자 했다. 다음으로 5월에는 OS X와 리눅스용 크롬을 출시하면서 시장 범위를 확충했다. 이제 크롬은 더 이상 윈도우 사용자만을 위한 브라우저가 아니었다.

3분기로 접어들어서도 목표 달성은 여전히 의문으로 남았다. 그러나 분기 말에 크롬 사용자 수는 8700만 명에서 1억 700만 명으로 늘어났다. 그리고 얼마 후, 드디어 1억 1100만 명을 돌파했다. 마침내 목표를 달성한

구글 개발자 콘퍼런스에서 크롬을 주제로 기조연설을 하는 순다르, 2013년.

것이다.

오늘날 크롬 사용자 수는 모바일 시장에서만 10억 명을 넘어섰다. 목표와 핵심결과가 없었다면 결코 지금의 수준에 도달하지 못했을 것이다. OKR은 구글인들이 다양한 목표를 세우고 성취하는 발판이다.

차세대 프론티어

우리 아버지는 컴퓨팅 기술이 곧 거대한 팀과 메인 프레임, 그리고 시스템 관리자를 의미하는 시대를 사셨다. 당시 컴퓨터는 일반인의 접근이 불가능한 복잡한 물건이었다. 크롬을 연구하는 동안 나는 아버지가 원했던 것이 웹을 쉽고 직관적으로 사용하는 것이라는 사실을 깨달았다. 나역시 언제나 단순함에 이끌렸다. 구글 검색은 대단히 복잡한 기능을 수행하지만 사용자가 보는 화면은 단순하다. 나는 그러한 단순함을 크롬에서도 마찬가지로 구현하고 싶었다. 또한 이것은 사용자가 인도 소년이든 스탠포드 대학 교수든 누구에게나 평등해야 했다. 컴퓨터가 인터넷에 연결되어 있다면 누구든 간단하게 크롬을 사용할 수 있어야 했다.*

2008년에 아버지의 은퇴 기념으로 넷북을 선물하면서 크롬 사용법을 보여드렸다. 이후 놀라운 일이 벌어졌다. 아버지는 더 이상 기술적인 부분에 신경을 쓰지 않아도 됐다. 웹상에서 무섭게 발전하는 어플리케이션 플랫폼 덕분에 아버지는 자신이 원하는 모든 일을 쉽게 처리할 수 있었다. 일단 크롬 브라우저만 열면 다른 앱은 따로 실행할 필요가 없었다. 갖가지 소프트웨어를 다운로드받아야 하는 번거로움도 사라졌다. 아버지는 새롭고 단순한 세상에 몰두했다.

구글 초창기 시절부터 나는 툴바에서 크롬에 이르기까지 차세대 프론티어 제품을 끊임없이 상상했다. 그리고 아버지의 사례를 통해 이런 생각

---

* 내가 크롬 프로젝트를 맡게 된 것은 큰 행운이었다. 또한 우리 부서에서 엔지니어 팀을 이끈 라이너스 업슨(Linus Upson)과 함께 일할 수 있었던 것 역시 행운이었다. 하루 일과가 끝난 뒤, 나는 라이너스가 퇴근을 했는지 안 했는지 알 수 없었다. 그의 책상은 언제나 깨끗했기 때문이다(그의 책상 위에 펜이 있다면 뭔가 문제가 생겼다는 뜻이다). 라이너스는 단순함에 집중했다. 오늘날 우리가 크롬을 이렇게 사용할 수 있게 된 것은 라이너스 덕분이다.

을 했다. 사용자가 크롬 브라우저를 활용해 쉽게 커뮤니케이션하면서 단순하고 안전하게 운영 시스템을 설계할 수 있다면? 그리고 그러한 운영 시스템을 바탕으로 클라우드에 존재하는 모든 어플리케이션을 간편하게 활용할 수 있는 노트북(크롬북)을 개발한다면? 이것은 나의 또 다른 도전적인 목표가 되었다.

─14장─

도전: 유튜브 스토리

수전 워치츠키 Susan Wojcickii
- CEO

크리스토스 구드로 Cristos Goodrow
- 기술 부사장

구글은 도전적인 목표로 가득한 조직이라 그중 하나의 사례만 설명하고 넘어가기에는 아쉽다. 그래서 "도전적인" OKR 슈퍼파워를 통해 기하급수적으로 성장한 유튜브 이야기를 시작해보려 한다.

《타임》은 수전 워치츠키를 "인터넷 세상에서 가장 영향력 큰 인물"로 꼽은 바 있다.[1] 열여섯 번째로 구글에 들어온, 그리고 최초의 마케팅 매니저를 역임한 워치츠키는 구글의 초창기 시절부터 중심적인 역할을 한 인물이다. 1998년 9월, 구글이 설립되고 며칠 후 워치츠키는 자신의 멘로파크 창고를 구글의 첫 사무실로 임대해주었다. 그리고 8년 후 애널리스트들이 유튜브의 생존 가능성을 의심하던 무렵, 구글 이사회를 적극적으로 설득하여 이를 인수하도록 했다. 워치츠키는 온라인 동영상 서비스가 향

구글의 역사가 시작된 수전 워치츠키의 멘로파크 창고.

후 TV 시장을 완전히 뒤집어놓을 것이라고 예상했다.

2012년, 유튜브는 세계 최대의 동영상 플랫폼으로 자리 잡고 시장 리더로 우뚝 섰다. 하지만 이후로 뜨거운 혁신의 열기는 차츰 식어갔다. 한번 멈춰버린 바퀴는 다시 굴리기 힘들다. 그 무렵, 워치츠키는 구글의 광고 수석부사장으로 승진했다. 그리고 애드워즈의 비전을 새롭게 구상하면서, 애드센스와 더불어 매출을 일으킬 수 있는 새로운 방안을 모색했다(결국 구글의 주요한 두 가지 매출원을 창조했다). 2014년, 유튜브 CEO로 취임한 워치츠키는 구글의 가장 공격적인 목표를 유산으로 물려받았다. 그녀는 4년 동안 유튜브 시청자 수를 10억 명으로 늘리겠다는, 다시 말해 열 배 성장 목표를 세웠다. 그러나 목표 달성을 위해 다른 것을 희생시키고 싶지는 않았다. 워치츠키는 책임 있는 모습을 보여주고 싶었다. 그래서 경험 많은 유튜브 기술 책임자 구드로와 손을 잡았다. 두 사람은 OKR을 기반으로 삼고 목표를 향해 함께 달리기 시작했다.

도전적인 목표는 열정을 자극한다. 체계적인 조직은 획기적이고 차별화된 발전에 집중함으로써 급박함의 인식을 강조하고 수익을 크게 높일 수 있다. 유튜브 역시 동영상 사용자 수를 전체 인터넷 사용자 집단의 3분의 1에 달하는 10억 명 규모로 확장하는 데 성공했다. 오늘날 80개국이 넘는 지역의 사용자들이 70개 이상의 언어로 유튜브 영상을 검색한다. 또한 유튜브는 18~49세 사용자를 기준으로 전 세계 모든 케이블 및 공중파 방송보다 더 많은 시청자 수를 확보하고 있다.

이러한 성공은 절대 우연이 아니다. 한 가지 기발한 아이디어로 이룬 것도 아니다. 구글은 치밀한 실행과 세세한 관심, 그리고 OKR 시스템을 통해 수년간 많은 노력을 기울였다. 그리고 한 가지가 더 있다. 구글은 유튜브에 관한 도전적인 목표를 추구하기 전부터 중요한 것을 측정해야 한다는 사실을 잘 알았다.

———

수전 워치츠키: 래리와 세르게이에게 창고를 임대해줄 때는 구글이라는 기업에 별 관심이 없었다. 그저 월세만 꼬박꼬박 내기를 바라는 마음이었다. 그러나 머지않아 그들이 어떤 사람인지, 무슨 생각을 하는지 차츰 이해하게 되었다. 사실 나도 새로운 비즈니스를 시작할 마음을 먹고

있었다. 하지만 비즈니스를 시작하기에 래리와 세르게이가 나보다 유리한 조건을 갖췄다는 생각이 들었다. 그리고 언젠가부터 구글 검색 없이는 아무 일도 하지 못하게 되어버렸다. 그때 이런 생각이 들었다. '구글은 모든 사람에게 소중한 존재가 될 것이다.'

1999년 가을, 존 도어가 구글을 방문해 OKR을 주제로 강연을 했다. 나 또한 그 자리에 참석했다. 그 무렵, 멘로파크 창고는 구글이 사무실로 쓰기에 더 이상 적당한 공간이 아니었다. 그래서 우리는 예전에 선마이크로시스템즈가 있었던 맨해튼뷰 베이쇼어 2400번지로 이사를 갔다. 건물 전체 면적은 약 4000제곱미터였고, 그중에서 우리가 실제로 입주한 부분은 절반도 되지 않았다. 도어의 OKR 강연은 당시 우리가 사용하지 않던, 그리고 모두를 위해 남겨두었던 공간에서 진행되었다. 나는 그때 도어가 OKR의 개념을 설명했던 장면을 아직도 잊지 못한다. "OKR은 목표, 그리고 핵심결과입니다." 그는 미식축구 팀을 비유로 들어서 OKR 실행 과정을 보여줬다. 언젠가 서류를 정리하다가 당시 프레젠테이션 자료를 발견했다. 그건 프로젝터용 OPT 필름이었다.

그때 래리와 세르게이는 존의 설명에 집중했다. 도중에 논쟁을 하기도 했다. 사실 두 사람은 그전에 기업을 운영한 적도 없고, 심지어 기업에서 일해본 적도 없었다. 도어는 이렇게 말했다. "OKR은 비즈니스 운영 방식입니다. 그리고 측정과 추적이 가능합니다." 래리와 세르게이는 OKR이 측정 가능하다는 점에, 그리고 인텔이 OKR을 실제로 활용했다는 사실에 강한 인상을 받았다. 당시 인텔은 구글과는 애초에 비교할 수 없는 최고의 기업이었다.

구글에서의 경험에 비춰볼 때, OKR은 조직 문화를 구축해가는 신생 기업에서 그 효용이 더 높다. 자원이 충분치 않은 비즈니스 초창기 시절에 조직은 무엇보다 어디를 향해 가고 있는지 정확히 알아야 한다. 조직을 키우는 것은 아이를 양육하는 것과 흡사하다. 아무런 원칙 없이 키우다가 10대 시절부터 갑자기 "이제부터 이러저러한 규칙을 따라야 해"라고 말한다면 아이에게 큰 부담이 될 것이다. 그렇기 때문에 가능한 한 처음부터 규칙을 마련해서 시행하는 편이 낫다. 동시에 나는 이미 성장한 기업들이 OKR을 바탕으로 급격한 변화를 시도하고, 인력과 업무 방식에서 혁신에 도전하는 모습도 봐왔다. OKR을 받아들이기에 너무 어린, 혹은 너무 늦은 기업이란 없다.

OKR은 조직을 필요로 한다. 그 시스템을 받아들일 리더와 직원들이 평가와 검토 작업에 참여하도록 유도할 관리자가 필요하다. OKR을 수립하면서 나는 래리를 비롯한 경영진들과 함께 네 시간 동안 회의를 했다. 래리는 조직의 모든 목표에 대해 함께 논의했고, 참석자 모두 자신의 목표를 구체적으로 제시했다. 구글에서 OKR은 하향식으로 이뤄지지만, 팀 내 전문가들 간의 다양한 협의와 핵심결과에 대한 충분한 논의도 동시에 이뤄진다. '우리의 목표는 이것입니다. 이제 그 목표를 어떻게 이룰 것인지 이야기를 나눠봅시다.' 래리는 자신이 중요하게 생각하는 것을 강조했다. 특히 제품 OKR에서 서비스를 중심으로 드러난 불만을 함께 공유했다. 그는 이렇게 말했다. "최근 진행 속도는 어떤가요?" 그러고는 이렇게 덧붙였다. "기간을 절반으로 줄이면 어떨까요?"

구글은 이제 방대하고 다각화된 조직으로 성장해 다같이 논의를 진행하는 것이 불가능하게 됐지만 경영진은 분기마다 영상 회의 방식으로 OKR 논의를 진행한다. 전임자인 살라 카만가는 구글의 기업 OKR 수립을 위한 임원 전체 회의에서 유튜브 CEO로서 상당한 영향력을 발휘했다(살라는 무슨 일이든 상황에 따라 적절하게 처리하는 탁월한 능력이 있다). 하지만 구체적인 논의는 팀 내부에서 자체적으로 이뤄진다. 구글 사람들은 인트라넷의 팀 페이지에서 OKR을 확인한다. 모든 팀원은 여기에 자유롭게 접근해서 실시간으로 검토하고 수정할 수 있다.

이길 수 없다면

구글이 개발한 무료 동영상 공유 웹사이트 구글비디오는 유튜브에 한 달 앞선 2005년에 모습을 드러냈다. 우리가 구글비디오에 처음으로 업로드한 것은 보라색 인형이 나와서 이상한 노래를 흥얼거리는 영상이었다. 세르게이와 나는 그 영상을 보고 무척 당황했다. 그런데 우리 집 아이들은 기뻐하며 소리쳤다. "또 틀어주세요!" 그 순간, 뭔가를 깨달았다. 차세대 채널 기회, 다시 말해 사람들이 직접 동영상을 제작해서 전 세계 다른 이들과 함께 나눌 수 있도록 해주는 새로운 기회를 발견했던 것이다. 우리는 인터페이스를 개발해서 즉각 출시했고 반응은 놀라웠다. 가령 두 학생이 기숙사에서 백스트리트보이즈 노래를 부르는 동안 다른 룸메이트는 뒤에서 공부를 하는 영상이 올라왔다. 우리도 몇 편의 전문적인 동영상을 올렸다. 하지만 사용자들이 올린 영상이 더 나아 보였다.

구글비디오의 문제점은 업로드 시간이 지나치게 길다는 것이었다. 이는 구글의 제품 개발 이념, 즉 최대한 속도를 높여야 한다는 원칙에 위배됐다. 사용자가 동영상을 올리고 다른 이들이 이를 시청하기까지 꽤 오랜 시간이 걸렸다. 반면 유튜브는 달랐다. 이는 구글비디오의 심각한 결함이었다. 나중에 구글은 이 문제를 결국 해결했지만 그때는 이미 시장 점유율을 크게 빼앗긴 상태였다. 유튜브 콘텐츠 수는 우리보다 세 배나 더 많았다. 그런데 당시 유튜브는 재정적으로 어려움을 겪고 있었다. 그들은 사용자의 요구를 충족시키기 위해 시스템 제반 시설을 크게 확대해야만 하는 상황에 처했다. 이를 위해서는 막대한 자금이 필요했고, 이는 곧 매각이 불가피하다는 사실을 의미했다.

나는 구글비디오와 유튜브 서비스를 통합할 수 있다고 생각했다. 그리고 유튜브를 16억 5000만 달러에 인수하는 것이 최고의 선택이라고 확신했다. 유튜브가 구글에 엄청난 수익을 안겨다 줄 것이라고 설득하기 위해 자료를 만들어 래리와 세르게이에게 들고 갔다. 얼마 후, 두 사람은 이사회에 그 자료를 들고 오라고 했다. 이사회는 연간 사용자 수 증가에 대한 나의 주장을 전적으로 신뢰하지는 않았지만 어쨌든 유튜브 인수에 동의했다. 유튜브가 지금까지도 급속한 성장을 이어나가고 있다는 점에서 그 당시 이사회의 걱정은 기우에 불과했다.

큰 돌멩이 이론

크리스토스 구드로: 2011년 2월에 내가 수전보다 3년 앞서 구글 상품 검색에서 유튜브로 넘어왔을 때, 유튜브의 OKR은 검토가 필요한 상황이었다. 당시 800명에 달했던 유튜브 조직은 매분기 수백 개의 OKR을 만들어내고 있었다. 어떤 팀이 구글 문서를 열고 목표를 적기 시작하면, 10명당 30~40개의 OKR이 생성되었다. 그중 실제로 추진되는 것은 절반에도 미치지 못했다.

유튜브 엔지니어들은 목표를 설정하는 동안 두 가지 측면에서 문제점을 드러냈다. 우선, 자신의 아이디어가 채택되지 않는 것을 무척 싫어했다. 다음으로, 한 가지 목표를 달성하는 데 걸리는 시간을 과소평가했다. 나는 상품검색에 있었던 동안 이러한 문제를 똑같이 겪었다. 그곳 엔지니어들은 이렇게 말했다. "전 유능한 사람입니다. 훨씬 더 많은 일을 할 수 있습니다." 나는 팀별 목표를 3~4개로 줄이기 위해서 엄격한 원칙을 마련했다. 그 원칙은 중요한 변화를 가능케 했다. 직원들은 OKR 수립에 전보다 진지한 자세로 접근했고, 무엇이 가장 중요한 것인지 이해하려고 했다. 나는 유튜브로 넘어와서도 똑같은 원칙을 그대로 적용했다.

이후 살라 카만가는 유튜브 엔지니어 팀에 대한 실질적인 권한을 쉬시르 메로트라Shishir Mehrotra에게로 넘겼고 쉬시르는 초점을 조직 전반으로 확대했다. 그는 스티븐 코비가 사용해서 유명해진 '큰 돌멩이 이론'을 사람들에게 종종 들려주곤 했다. 그건 큰 돌멩이와 자갈, 모래를 항아리에

담는 방법에 관한 이야기다. 모래로 시작해서 자갈과 큰 돌멩이 순서로 담으면 항아리에 다 넣지 못한다. 그러나 반대로 돌멩이로 시작해 자갈을 집어넣으면 모래를 틈새 공간으로 흘려 넣을 수 있다. 다시 말해, 이것은 가장 중요한 것부터 시작하지 않으면 완성할 수 없다는 뜻이다.

그렇다면 유튜브의 큰 돌멩이는 무엇일까? 직원들은 각자의 일에 집중하면서 수천 가지 OKR을 만들어냈지만 누구도 상위 OKR이 무엇인지 몰랐다. 그때 쉬시르가 나서서 말했다. "여러분의 아이디어는 모두 훌륭합니다. 하지만 이번 분기에, 그리고 올해의 큰 돌멩이는 무엇입니까?" 이후로 유튜브 사람들은 점차 우선순위 목록에 집중했다. 그리고 큰 돌멩이부터 항아리에 집어넣어야 한다는 사실을 확실히 깨달았다. 이러한 노력은 그로부터 4년 동안 내 삶을 온전히 집어삼킨 목표를 향한 거대한 도약이었다.

핵심 기준

유튜브는 돈을 버는 방법은 발견했지만 시청률을 높일 확실한 방법은 찾지 못했다. 그러나 구글과 나에게 너무도 다행스럽게도, 구글 리서치 그룹의 한 엔지니어가 우리를 찾아왔다. 짐 맥페이든Jim McFadden이라는 엔지니어는 당시 시빌이라는 팀에서 "다음에 볼 영상"을 개발하고 있었다. 다음에 볼 영상이란 방금 본 동영상과 관련이 있거나 추천할 만한 영상을 노출시키는 서비스를 말한다. 이 서비스는 시청률을 근본적으로 높일 수 있는 엄청난 잠재력을 지닌 기술이었다. 그런데 시청률은 유튜브가 정말로 주목해야 할 기준일까?

마이크로소프트 CEO 사티아 나델라는 이렇게 지적했다. 컴퓨팅 파워가 무한으로 치닫는 세상에서 "인간의 관심은 진정으로 희소한 자원이 되어가고 있다."[2] 사용자가 자신의 소중한 시간을 투자해서 유튜브 동영상을 시청할 때 그들은 당연히 행복해야 한다. 그것은 일종의 선순환 과정이다. 다시 말해, 시청률(더 많은 동영상 시청 시간) 상승은 광고 수를 높이고, 광고 증가는 콘텐츠 생산자에게 더 많은 동기를 부여하고, 이는 다시 시청률 상승으로 이어진다.

이러한 점에서 유튜브의 진정한 수익 원천은 조회나 클릭 수가 아니라 시청률이다. 그건 엄연한 사실이다. 그렇기 때문에 유튜브는 새로운 핵심 기준을 마련해야 했다.

시청 시간, 오직 시청 시간

2011년 9월, 상사와 유튜브 경영진에게 도전적인 내용의 이메일을 보냈다. 제목은 이랬다. "시청 시간, 오직 시청 시간." 나는 그 메일에서 성공을 측정하는 기준에 대해 다시 생각해야 한다고 언급했다. "다른 조건이 똑같다면, 우리의 목표는 [영상] 시청 시간 확장이 되어야 합니다." 그러나 구글의 많은 이들은 나의 주장에 의구심을 드러냈다. 구글 검색의 목표는 사용자에게 원하는 결과물을 최대한 빨리 보여주는 것이다. 반면 시청 시간을 극대화하자는 접근은 그러한 목표와 정반대 방향으로 가는 것이었다. 또한 이것은 사용자와 콘텐츠 개발자에 관한 주요 기준인 조회 수에 부정적인 영향을 미칠 위험도 있었다. 게다가 시청 시간 확대는 적어도 단기적으로 막대한 금전적 손실을 의미했다. 유튜브 광고는 영상이 시작되기 전에 나오기 때문에 조회 수 감소는 광고 수 감소를 의미하고, 광고 수 감소는 수익 감소를 뜻한다.

나는 구글과 유튜브가 서로 완전히 다른 종種이라고 생각했다. 그리고 이러한 이분법적 인식을 강화하고자 시나리오를 짰다. 사용자가 유튜브에서 "나비넥타이 매는 방법"이라고 검색어를 입력한다. 그러면 두 가지 영상이 나온다. 첫 번째는 1분짜리 영상으로 나비넥타이 묶는 법만 간략하게 설명한다. 반면 두 번째 영상은 10분짜리로, 농담과 재미있는 이야기로 가득하다. 나는 동료들에게 이렇게 묻는다. "둘 중 어떤 영상을 검색 결과에서 위로 올려야 할까요?" 구글 검색 팀 사람들의 대답은 간단하다. "당연히 첫 번째 영상이죠. 사용자가 나비넥타이 매는 법을 알기 위해 접속했다면 유튜브는 당연히 그 방법을 알려주는 데 집중하는 영상을 보여줘야죠." 그러나 나는 이렇게 대답한다. "저는 두 번째 영상을 보여주고 싶은데요?" 검색 팀 사람들은 곧 반발한다. "왜 그렇게 생각하죠? 사람들은 단지 나비넥타이를 빨리 매고 파티에 가고 싶은 거라고요!"(그들은 아마도 나를 보고 이렇게 생각했을 것이다. '제정신이 아니군.') 그러나 그들과 내가 갈라서는 지점에 유튜브의 사명이 놓였다. 사용자가 정말로 넥타이 매는 법만 배우고자 한다면 1분짜리 영상으로 충분하다. 그러나 유튜브는 그보다 더 넓은 세상이다. 유튜브의 임무는 더 많은 사람이 참여해서 더 오랫동안 머무르도록 만드는 것이다. 10분짜리 영상을 7분 동안(혹은 단 2분이라고 해도) 본 사용자는 1분짜리 영상 '전부'를 본 사용자보다 더 큰 만족감을 느낄 것이다.

내 주장이 받아들여지기까지는 6개월의 시간이 걸렸다. 그래도 나는 결국 논쟁에서 승리했다. 2012년 3월 15일, 유튜브는 시청 시간을 기준으로 최적화한, 그리고 사용자의 참여와 만족을 높이기 위한 추천 알고리즘을 개발했다. 그 알고리즘의 목표는 유튜브를 특히 음악, 노하우, 엔터테인먼트 및 심야 코미디 콘텐츠 분야와 관련하여 사용자 친화적인 플랫폼으로 만드는 것이었다.

거대한 숫자

2012년 11월, 로스앤젤레스에서 연례 유튜브 리더십 회의가 열렸다. 그 자리에서 쉬시르는 나를 포함한 몇 사람을 불러 모으고는 내년도 목표로 거대한 숫자를 내놓을 생각이라고 했다. 그것은 하루 유튜브 시청 시간을 10억 시간으로 늘리겠다는 것이었다(언제나 그렇듯 거대하고 단순한 숫자는 사람들의 이목을 끈다). 쉬시르는 우리에게 이렇게 물었다. "언제쯤 달성이 가능할까요? 얼마나 오래 걸릴까요?" 10억 시간은 우리에게 열 배 성장을 의미하는 것이었다. 우리는 몇 달이 아니라 몇 년은 족히 걸릴 것이며, 2015년도 촉박하고 2017년에나 가능할 것이라고 답했다(대개 소수는 좀 더 있어 보인다). 쉬시르가 연단에 올라서기 전, 우리는 결국 2016년 말로 합의를 보았다. 다시 말해, 점진적인 연간 목표와 분기별 핵심결과를 기반으로 4년짜리 OKR을 세웠던 것이다.

목표
하루 시청 시간을 10억 시간으로 늘리기[2016년까지]

핵심결과

1. 검색팀+주요 앱(XX% 증가), 거실 TV(+XX% 증가),
2. 참여 및 게임 시청 시간 증가(하루 X 시간)
3. 유튜브 VR 서비스를 실시하고, VR 목록을 X에서 Y로 확대하기

근본적인 정책에 기반을 둔 도전

구성원이 성취 가능성을 의심할 때 도전적인 목표는 그를 압박할 뿐이다. 그런 경우에는 관점을 바꿀 필요가 있다. 현명한 리더인 쉬시르는 BHAG를 그렇게 했다. 하루 10억 시청 시간은 엄청나게 거대한 숫자처럼 들리지만, 전 세계 TV 시청 시간의 20퍼센트라고 하면 느낌이 다르다. 이

러한 표현의 전환은 적어도 내게 도움이 되었다. 우리의 목표가 그리 무모한 것은 아니며 그보다 더 큰 존재가 이미 세상에 존재한다. 그리고 우리는 그것을 따라잡기 위해 노력할 뿐이다.

이후 4년간 사명을 위해 달려가면서도 우리는 열 배 성장을 절대적인 기준으로 생각하지는 않았다. 실제로 우리는 사용자 이익을 위해 시청 시간에 부정적인 영향을 미치는 선택을 내리기도 했다. 예를 들어 클릭을 유인하는 미끼 영상을 추천 서비스에서 배제했고, 이를 기본적인 정책으로 삼았다.

그리고 3주 후, 그러한 결정은 시청 시간에 0.5퍼센트만큼 부정적인 영향을 미친 것으로 드러났다. 그러나 우리는 사용자 만족도를 높여주었다는 점에서 그 결정을 번복하지 않았다. 우리는 계속해서 미끼 영상을 차단했고 그 정책을 밀고 나갔다. 그리고 다시 3개월 후, 시청 시간은 원래 수준으로 회복되었고 이후에는 증가세를 보였다. 미끼 영상을 차단하자 사용자는 양질의 콘텐츠를 더욱 쉽게 찾았다.

10억 시간을 BHAG로 세우고 나서 우리는 각각의 선택이 시청 시간에 미치는 영향을 측정했다. 만약 증가 속도를 느리게 만든다고 판단될 경우에는 더 신중하게 고민했다. 그리고 이를 통해 그 결정을 본격적으로 실행에 옮기기 앞서 내부적인 공감대를 형성했다.

속도 높이기

수전: 살라 카만가는 비즈니스 초창기에 더 활력이 넘친다. 그는 초기 단계를 다음 단계로 넘어가게 만드는 일을 좋아할 뿐 아니라 잘한다. 2012년, 유튜브가 거대 조직으로 성장했을 때 살라는 이동을 결심했다. 당시 유튜브 조직은 비즈니스 부분과 기술 부분으로 나뉘어 있었다. 그리고 이 둘을 하나로 연결해줄 리더를 필요로 했다. 나는 애드워즈 팀을 10년 동안 이끌면서 복잡한 생태계에 익숙해졌다. 그래서 유튜브 조직을 하나로 통합하는 과제에 적극적으로 도전하기로 마음먹었다.

유튜브 경영진이 하루 10억 시청 시간을 목표를 세웠을 때 직원들 대부분 그 가능성을 믿지 않았다. 만약 그렇게 된다고 해도, 인터넷이 마비될 것이라고 생각했다! 하지만 나는 구체적이고 측정 가능한 목표를 통해 그들에게 확신을 심어줄 수 있다고 봤다.

2014년 2월에 유튜브 CEO로 취임했을 때, 이 조직은 4년에 걸친 대단히 도전적인 OKR 여정에서 3분의 1 지점을 지나고 있었다. 그 OKR은 훌륭했지만 실행 과정은 순탄치 못했다. 시청 시간의 확장은 기대치를 한참 밑돌았고 관련된 모든 이에게 스트레스의 원천이었다. 물론 구글은 도전적인 목표에서 0.7점(혹은 70퍼센트 성취율)을 성공 기준으로 삼지만 어느 팀도 "70퍼센트에 만족하고, 이를 성공이라고 부르자"는 마음가짐으로 OKR을 세우지 않는다. 구글의 모든 팀은 100퍼센트 달성을 기대한다. 특히 달성 가능성이 높다면 더욱 그렇다. 유튜브에서 그 누구도 하루 7억 시청 시간에 만족하지 않았을 것이다.

솔직하게 말해서 나는 10억 시간을 반드시 달성할 것이라고 확신하지 못했다. 하지만 목표에 못 미쳐도 그러한 도전이 조직의 통합과 정렬에 도움이 된다면 그것대로 의미가 있을 것이라 생각했다. 2007년에 우리가 웹 전체를 상품화하기 위해 애드센스 모형을 제시했을 때, 구글은 애드센스의 분기 내 출범을 OKR로 세웠다. 이를 달성하기 위해 우리는 정말로 열심히 노력했다. 하지만 마감 시한 이틀을 넘겨서야 정식으로 출범했다. 그렇지만 별다른 문제는 없었다.

OKR의 최대 장점은 발전 상황을 추적할 수 있다는 것이다. 이 장점은 특히 계획한 일정에 크게 뒤처졌을 때 빛을 발한다. 상황을 바로잡고 정상 궤도로 돌아가기 위해 종종 분기 중간에 OKR을 수정했다. 그리고 이를 통해 관리자들의 관심을 자극했다. 나는 "목표 달성에 기여할 수 있는 프로젝트 다섯 가지를 제출해주세요"라고 요청하면서 관리자들과 함께 OKR을 확장하고 팀원들의 열정을 자극했다. 그랬기 때문에 10억 시간을 시한 안에 반드시 달성해야 한다는 목표에 크게 얽매이지 않았다.

반면 OKR의 수호자 크리스토스 구드로는 나와 달랐다. 하루 10억 시청 시간은 그의 간절한 소망이었다. 내가 유튜브에 합류하고 얼마 지나지 않아서 열린 "속도 높이기" 회의에서 크리스토스는 내게 46쪽 분량의 서류 뭉치를 건네주었다. 그는 시작 부분의 다섯 쪽에 걸쳐 반드시 처리해야 할 과제를 나열했다.

크리스토스: 아주 걱정스러운 상황이었다. 우리는 매년 목표와 우선순

위 목록을 발표했다. 2013년에서 2016년까지 10억 시청 시간은 우리가 발표한 OKR의 핵심 주제였다. 우리는 또한 목표를 향한 확고한 여정을 만들기 위해 뚜렷한 중간 이정표도 세웠다. 수전을 처음 만났을 때, 나는 열 배 목표를 끝까지 포기하지 않은 것에 고맙다는 말을 전했다. 그리고 이렇게 덧붙였다. "아직까지 일정을 따라잡지 못했습니다. 걱정입니다. 당신도 마찬가지일 거라 생각합니다. 우선순위 목록을 정하거나 집중해야 할 과제를 선택할 때 10억 시간의 OKR에 특별한 관심을 기울이지 않으면 달성이 힘들 거라는 점을 꼭 기억해주시길 바랍니다."

수전: 나 역시 걱정이었다. 목표 달성을 위해 시스템을 구축하는 과정에서 엔지니어들이 자꾸만 일정을 미룬다는 사실이 무엇보다 마음에 걸렸다. 유튜브 영상을 우리의 데이터센터에서 사용자에게 전송하기 위해서는 이메일이나 SNS 서비스보다 훨씬 더 방대한 바이트(기술 용어로 "송신 대역폭")가 필요하다. 우리는 고양이 동영상을 스마트폰이나 노트북으로 전송하기 위해 필요한 서버를 충분히 확보하려고 최선을 다했다.

유튜브 경영진은 10억 시간 OKR을 발표하고 나서 2016년까지 갖춰야 할 대역폭을 확보하기 위해 구글을 설득하는 노력에 집중했다. 내가 유튜브 CEO로 취임했을 때 구글의 서버 그룹은 방대한 예산이 필요하다는 우리의 요구 사항에 재협상을 요청했다. 힘든 국면이었다. 모든 상황이 낯설고, 기대했던 지원은 줄곧 미뤄졌다. 그러나 서버 확장을 위한 노력을 포기한다면 앞으로 회복이 쉽지 않을 것으로 보였다. 그래서 재협상 제안을 거절하고 간부급 엔지니어들에게 이렇게 말했다. "일단 예정대로 진행하고 3개월 후에 다시 논의합시다." 나는 목표를 향한 여정에서 우리가 어디에 와 있는지 정확하게 알 때까지 일정을 계획대로 추진했다. 그리고 3개월 후, 우리는 더 많이 성장했고 더 많은 데이터를 확보했다. 요구를 관철시키기에 상황이 좀 더 유리해진 것이다.

10억 시간 OKR은 유튜브의 중요한 목표였다. 나는 어떻게든 목표 달성을 지원하고자 했다. 하지만 완전한 흑백 논리로 목표에 접근할 경우, 오히려 조직에 피해를 입힐 수 있다는 걱정이 들었다. 나는 자칫 간과할 수 있는 미묘한 회색 영역에 주목했다. 하루 시청 시간은 두 가지 부분으로 이뤄진다. 첫째, 일일 평균 시청자 수. 둘째, 평균 시청 시간. 유튜브는 후자 요소에서 성적이 좋았다. 하지만 그건 쉽게 얻을 수 있는 열매였다. 새로운 관계를 형성하는 것보다 기존 관계를 확장해나가는 편이 더 쉽다. 우리의 연구 결과는 기존 사용자를 유튜브에 두 배 더 오래 머물도록 만드는 것보다, 사용자 기반 자체를 확장하는 노력이 잠재적인 성장 가능성에 더 많은 도움이 된다는 사실을 보여줬다. 유튜브는 새로운 사용자를 원했다. 광고주들 역시 마찬가지였다.

서로를 신뢰하기

크리스토스: CEO가 바뀔 때마다 모든 업무 활동이 다시 검토된다. 수전이 유튜브 CEO가 되었을 때 10억 시간 OKR을 지지할 책임은 없었다.

이전 경영진이 세운 목표였기 때문이다. 수전은 예전처럼 조회 수를 기준으로 새로운 목표를 세우거나 매출에만 집중할 수도 있었다. 혹은 시청 시간 목표를 그대로 두고 또 다른 우선순위를 추가할 수 있었다. 만약 수전이 그런 선택을 했다면 유튜브는 아마도 집중력을 잃었을 테고 10억 시간을 결국 달성하지 못했을 것이다.

수전이 유튜브에 합류하고 난 뒤 우리는 기업 OKR 옆에 직원 이름과 진척 상황을 나타내는 녹색, 노랑, 빨강의 막대그래프를 붙였다. 주간, 분기, 연간 회의 때마다 나는 "10억 시청 시간" 옆에 붙은 내 이름을 보았다. 그걸 볼 때마다 막중한 책임감을 느꼈다.

나는 위험하고 공격적인 목표를 수립하고 실패를 두려워하지 않는 구글의 자신감을 대단히 높게 평가한다. 좋은 조짐이 느껴졌다. BHAG를 발표하고 난 뒤, 우리는 동영상 검색 및 추천 기능을 대대적으로 개선하기 시작했다. 우리 팀은 구글에서 유튜브의 위상을 크게 높일 OKR을 책임지고 있었다. 당시 구글의 사기는 최고로 높았다. 구글 마케팅 팀 내부에서 시청 시간에 대한 열띤 논의가 진행되고 있다는 소식이 들려왔다. 전혀 예상치 못한 일이었다.

이번 OKR은 유튜브는 물론 내 자신에게도 특별히 중요했다. 나는 앞서 쉬시르에게 4년짜리 목표를 제때 달성하지 못하면 구글을 나가겠다고 했다. 그건 진심이었다. 충동적인 발언으로 들릴 수 있겠지만 그때 나는 그만큼 절실했다. 그랬기 때문에 목표를 끝까지 붙잡고 있었다.

그 OKR의 마지막 해인 2016년으로 접어들 무렵, 우리는 간신히 일정을 따라잡고 있었다. 하지만 날씨가 따뜻해지면서 점점 뒤처지기 시작했다. 사람들은 집에서 동영상을 보기보다 야외에서 더 많은 시간을 보냈다. 그들은 과연 다시 돌아올 것인가? 7월로 접어들면서 목표를 향한 흐름은 더욱 느려졌다. 초조한 마음에 나는 속도를 다시 끌어올리기 위해 팀원들에게 각자 프로젝트를 재검토하도록 지시했다.

다행히 9월이 되자 많은 사람이 여름휴가를 마치고 일상으로 돌아왔다. 기존 사용자 집단이 활동을 재개했고, 동시에 새로운 사용자가 유입되면서 검색 및 추천 기능을 개선시킨 작업이 효과를 드러내기 시작했다. 10억 시간의 고지가 눈앞에 보였다. 엔지니어들은 시청 시간을 0.2퍼센트라도 늘리기 위해 다양한 변화를 시도했다. 2016년 한 해에만 150가지에 달하는 소소한 개선안을 내놓았다. 목표 달성을 위해 그 모든 노력이 소중했다.

10월 초로 접어들면서 상승세는 우리의 기대를 넘어섰다. 그때 비로소 목표를 달성할 수 있겠다는 확신이 들었다. 그래도 매일 시청 시간 데이터를 확인했다. 휴가 때도 확인을 멈추지 않았다. 그러던 어느 선선한 월요일 아침, 나는 드디어 지난 주말에 10억 시간을 돌파했다는 사실을 확인했다. 많은 이들이 불가능하다고 말했던 도전적인 OKR을 예상보다 일찍 달성한 것이다. 그리고 이튿날, 3년 만에 처음으로 데이터를 들여다보지 않았다.

우리는 예상을 뛰어넘고 기념비적인 OKR을 달성했다. 하루 10억 시청 시간에 도달하기 위해 노력했던 4년 동안 조회 수 역시 크게 증가했다.

도전적인 OKR은 변화를 이끈 강력한 원동력이었다. 이 흐름이 어디까지 이어질지 아무도 알 수 없었다. 이번 성공에서 경영진의 신뢰와 지지가 OKR 달성에 무엇보다 중요하다는 사실을 배웠다.

수전을 비롯한 유튜브 경영진은 우리 팀의 OKR에 신뢰를 보냈다. 그들은 우리가 최고의 목적지를 선택했고, 그 목표가 충분히 도전적이라는 사실에 흡족해했다. 많은 이들이 우리 팀의 OKR에 회의적인 입장을 공식적으로 드러냈을 때도 구글 경영진은 우리를 믿어주었고 절대적으로 필요한 권한을 허락했다.

더 큰 생각

수전: 도전적인 목표는 조직 전반을 새롭게 정렬한다. 우리는 OKR을 기반으로 유튜브 전체에 걸쳐 제반 시설을 확충했다. 직원들은 이렇게 말했다. "위대한 기업이 되려면 아키텍처를 새로운 형태로 설계해야 합니다. 또한 스토리지 역시 새로 구축해야 합니다." 유튜브는 직원들의 이러한 조언을 받아들여 조직 전반에 걸쳐 미래를 위한 준비를 시작했다. 또한 모든 구성원이 더 크게 생각하도록 격려했다.

지금 돌이켜보건대, 도전적인 OKR이 없었다면 4년간의 목표에 도달할 수 없었을 것이다. 조직이 빠르게 성장할 때 모두가 동일한 목표를 바라보도록 만드는 것은 대단히 중요하면서 어려운 과제다. 사람들은 목표

열 번째 유튜브 생일을 축하하는 수전 워치츠키, 2015년.

를 향해 달려가는 과정에서 성취가 얼마나 이뤄졌는지 확인하고 싶어 한다. 여기서 중요한 것은 올바른 평가 기준이다. 유튜브 엔지니어들에게는 하루 10억 시청 시간이 그 기준이었다.

그러나 세상에 변하지 않는 것은 없다. 2013년에 시청 시간은 유튜브 서비스의 품질을 측정하는 최적의 기준이었다. 그러나 이제 우리는 다른 웹 기반 동영상 및 사진에 대한 사용자 만족도에서 사회적 책임에 이르기까지 다양한 기준을 검토하고 있다. 우리는 이렇게 묻는다. 10분짜리 영상 두 개가 있을 때 사용자는 어디서 더 큰 만족감을 느낄 것인가?

어쩌면 이 책이 출간된 시점에 유튜브는 성장을 위한 또 다른 기준을 발견했을지 모른다. 이후 2015년에는 추천 영상을 선정하는 또 하나의 요소로 사용자 만족도를 추가해 새로운 방식의 개선 작업을 시작했다. 또한 사용자가 특정 콘텐츠를 "좋아요"나 "싫어요"로 평가하도록 함으로써 그들이 긍정적인 경험을 했는지 예전보다 더욱 정확하게 파악하고 있다. 2017년에는 뉴스 속보 서비스를 추가했다. 이를 통해 우리는 권위 있는 뉴스 매체에서 가장 주목받는 기사를 사용자에게 우선적으로 보여준다. 또 광범위한 분야의 새롭고 중요한 소식을 추천 콘텐츠에 통합하려는 노력도 기울이고 있다. 유튜브의 비즈니스가 성장하고 그 사회적 역할이 높아지면서 우리는 서비스 품질을 평가하는 새로운 기준을 모색 중이다. 그리고 그 기준을 중심으로 올바른 OKR을 세우기 위해 애쓴다.

OKR

2부

새로운 비즈니스 세상

─ 15장 ─

지속적 성과 관리: OKR & CFR

이야기는 생각을 바꾸고, 생각은 행동을 바꾸고,
행동은 조직을 바꾼다.

- 셰릴 샌드버그 Sheryl Sandberg

연간 성과 검토는 비용이 많이 들고 힘든 데다 별 쓸모도 없다. 일반적으로 관리자는 부하 직원 한 명의 연간 성과를 검토하는 데 7.5시간을 들여야 한다. 인사 관리자들 중에서 그러한 검토 작업이 비즈니스 가치를 높이는 데 "실질적인 도움이 된다"고 생각하는 비중은 12퍼센트에 불과하다.[1] 시간을 들일 만한 가치가 있다고 생각하는 비중은 6퍼센트다.[2] 실제로 연간 성과 평가는 상대 평가와 종 모양 분포 곡선을 기반으로 하는 왜곡된 방식으로서 공정하지도, 정확하지도 않다.

경영자들은 개인을 숫자로 환원할 수 없다는 사실을 오랜 경험으로 어렵사리 깨닫는다. 효과적인 목표 측정의 대표 주자인 피터 드러커조차 이러한 접근 방식의 한계를 인정했다. 그는 관리자의 "핵심 역할은 개인적인 것"이라고 주장했다. 다시 말해 "직원과 관계를 맺고, 상호 신뢰를 형성하고, 공동체를 구축하는 일이다."[3] 또한 아인슈타인은 이렇게 말했다. "측정할 수 있다고 해서 모두 중요한 것은 아니다. 반대로 중요하다고 해서 모두 측정할 수 있는 것은 아니다."

상상을 넘어 목표를 실현하기 위해 조직은 폭넓은 관점에서 구성원을 관리해야 한다. 그 과정에서 조직 내 커뮤니케이션 시스템에 대한 개선은 반드시 필요하다. 분기별 OKR이 등장하면서 기존의 형식적인 연간 목표가 효용을 잃어버렸듯이 시대에 뒤떨어진 성과 관리 시스템 역시 개선이 필요한 상황이다. 결론적으로 말해서 새로운 비즈니스 세상을 뒷받침할 새로운 인사관리 모형을 내놓아야 한다. 연간 성과 검토를 대체할 한 가지 혁신적인 대안으로 '지속적 성과 관리'를 꼽을 수 있다. 이 방식을 실행에 옮기기 위해서는 CFR이라는 도구가 필요하다.

- 대화Conversation — 관리자와 직원이 성과 향상을 위해 진행하는 솔직하고 다양한 의견 교환.

- 피드백Feedback — 발전 상황을 확인하고 향후 개선 방향을 잡기 위해 이뤄지는 구성원들 간의 양방향, 혹은 네트워크 형태의 의사소통.

- 인정Recognition — 모든 형태의 기여에 대한 인식과 보상.

OKR과 마찬가지로 CFR에서도 조직의 모든 단계에서 투명성, 책임, 권한 부여, 팀워크가 중요하다. CFR은 일종의 의사소통 촉진제로서

OKR의 필요성을 강조하고, 이를 정상 궤도로 올려놓는 역할을 한다. 그리고 가장 중요한 것을 측정하기 위한 완전한 실행 시스템이다. CFR 속에는 앤디 그로브가 언급한 혁신의 의미와 그 위력이 담겨 있다. 또한 CFR은 OKR에 인간적인 목소리를 더한다.

CFR과 OKR은 서로를 강화한다. 베타웍스의 CEO 더그 데널린Doug Dennerline은 클라우드와 스마트폰 분야에서 일찍이 OKR과 CFR을 결합한 개척자이자 수많은 기업이 자발적으로 이 둘을 결합하도록 만든 인물이다. 그는 이렇게 말했다. "정말로 중요한 것은 둘의 결합이다. 대화의 주제가 목표 달성에만 국한되면 논의는 이어지지 못한다. 우리는 지속적 성과 관리를 통해 다음과 같은 중요한 질문이 대화의 과정에서 떠오르도록 만들어야 한다. 목표 달성이 예상보다 어려웠는가? 목표 수립이 애초에 잘되었는가? 열정을 느꼈는가? 지난 분기에 실질적인 효과가 있었던 두세 가지 목표에 다시 집중해야 할 것인가? 아니면 다른 목표로 넘어가야 할 시점인가? 우리는 조직 전반에 걸쳐 이러한 질문에 대한 대답을 들어야 한다. 다른 한편에서 목표가 없으면 대화를 나눌 주제도 없다. 무엇을 어떻게 성취했는가? 내 경험상 분명하고 일관된 목표가 있을 때 사람들은 더 높은 성취감을 느낀다. 방황하거나 자신의 역할을 의심하지 않는다. 그리고 자신의 목표가 조직의 목표와 어떻게 연결되는지, 조직에 어떤 기여를 하는지 이해한다."

다시 한번 미식축구 팀 비유를 들자면, 목표는 골대이고 핵심결과는 야드라인이다. 감독과 선수는 승리를 위해 협력을 필요로 한다. 여기서

CFR이란 매 경기마다 선수들을 하나로 묶어주는 모든 교류를 말한다. 가령 월요일 경기 영상 시청, 주중 회의, 경기 전 작전회의, 골 세리머니 모두 CFR에 해당한다.

HR 재창조

좋은 소식이 한 가지 있다. 최근 변화의 물결이 부드럽게 흘러가고 있다는 사실이다. 포천 500대 기업 중 10퍼센트가 시대에 뒤떨어진 연간 성과 검토 시스템을 폐기했다. 그리고 그 수는 점점 늘어나는 중이다. 과거 유산에서 비교적 자유로운 많은 소규모 신생 기업들 역시 비슷한 흐름을 보여준다. 이제 우리는 기존 인사 관리 시스템을 재고해볼 시점에 도달했다. 신속하게 움직이는 노동력과 수평적인 조직 문화 또한 그 필요성을 높인다.

기업이 연간 성과 검토 시스템을 지속적 논의와 실시간 피드백으로 대체할 때, 혹은 적어도 이를 위해 노력할 때 더 많은 혁신을 꾀할 수 있다. 오늘날 조직의 일관성과 투명성은 일상 업무의 필요조건이 되었다. 직원이 어려움을 겪을 때 관리자는 예정된 실패의 순간을 기다리고 있어서만은 안 된다. 관리자는 소방관처럼 위기의 순간에 망설임 없이 현장에 뛰어들어야 한다.

대단히 쉬워 보이는 지속적 성과 관리 시스템은 실질적으로 모든 구성원의 성과를 높여준다. 그 시스템을 통해 성과를 바닥에서 끌어올릴 수 있다. 그리고 리더를 비롯한 구성원 모두의 사기와 개인적인 성장에 긍정적인 영향을 미친다. 또한 분기별 목표와 OKR에 내재된 추적 기능과 함께 활용할 때 효과는 극대화된다.

많은 기업이 이러한 변화의 흐름 속에서 성과를 평가하는 방식을 적합성이나 팀워크와 같은 대안적인 방식으로 대체하는 중이다. 또한 지속적 성과 관리나 지속적 논의와 같은 형태의 연간 평가 시스템도 받아들이고 있다.

대기업의 경우, 기존 접근 방식과 새로운 접근 방식의 균형이 무엇보다 중요하다. 일부 기업은 그 균형점을 계속해서 찾아나갈 것이다. 반면 어떤 기업들은 기존 접근 방식을 완전히 포기하고 투명성과 협력을 기반으로 하는 다차원적인 성과 평가 시스템을 도입할 것이다.

연간 성과 관리 vs. 지속적 성과 관리[4]

연간 성과 관리	지속적 성과 관리
연 단위 피드백	꾸준한 피드백
보상과 직접적인 관련	보상과 무관
하향적/독재적	협력적/민주적
결과 중심적	과정 중심적
약점 기반	장점 기반
편향에 취약	사실 기반

팩트의 지속적 성과 관리

워싱턴 D.C.에 기반을 둔 세계적인 무역 및 개발 분야의 비영리단체인 팩트^{Pact}는 OKR과 지속적 성과 관리 사이의 시너지 효과를 직접 경험했다. 팩트의 대표인 팀 스태퍼^{Tim Staffa}는 이렇게 말했다.

"성과 관리 주기가 점점 짧아지면서 OKR을 수용하게 되었습니다. 우리는 OKR 시스템을 도입하면서 연간 성과 검토를 공식적으로 중단했습니다. 관리자와 직원간의 주기적인 대화로 이를 대체했습니다. 내부적으로는 '프로펠^{Propel}'이라고 부릅니다. 프로펠은 네 가지 요소로 구성됩니다.

첫째, 관리자와 직원 사이에 매월 이뤄지는 일대일 회의입니다.

둘째, OKR을 주제로 한 분기별 검토 회의입니다. 여기서 이런 질문을 던집니다. '분기 목표를 달성하기 위해 어떤 일을 시작했습니까? 당신이 할 수 있는 일과 할 수 없는 일은 무엇입니까? 그 이유는 무엇입니까? 무엇을 변화시킬 수 있을까요?'

셋째, 6개월마다 경력 관리를 주제로 함께 논의하는 시간을 갖습니다. 지금까지 어떤 일을 했는지, 앞으로 어떤 일을 하고 싶은지에 대해 이야기를 나눕니다. 관리자와 조직은 직원이 새로운 경력을 선택하도록 돕습니다.

넷째, 자발적으로, 그리고 지속적으로 조언을 구할 수 있는 대화입니다. 우리는 주변에서 긍정적 강화와 피드백을 쉽게 발견할 수 있습니다. 하지만 많은 이들은 이를 그냥 지나쳐버립니다. 가령 여러분이 팀 회의에서 프레젠테이션을 했다고 해봅시다. 회의가 끝나고 한 동료 직원이 이렇게 말합니다. '참 좋았습니다.' 그러면 대부분 이렇게 답하죠. '감사합니다.' 그걸로 끝입니다. 그러나 우리는 여기서 한 걸음 더 들어갈 수 있습니다. '감사합니다. 특히 마음에 들었던 부분이 있습니까?' 우리는 이런 대화를 통해 구체적인 피드백을 실시간으로 얻을 수 있습니다."

협의 이혼(평가와 보상의 구분)

지속적 성과 관리 시스템으로 넘어가고자 할 때 기업이 가장 먼저 해야 할 일은 OKR과 보상(연봉 인상 및 보너스)을 구분하는 일이다. 그 둘은 서로 다른 주기와 일정으로 확연하게 나뉘어야 한다. 보상에 대한 평가는 뒤를 돌아보는 것이며 일반적으로 연말에 이뤄진다. 반면 OKR은 관리자와 직원이 함께 미래를 바라보는 대화다. 그 대화는 다섯 가지 질문을 중심으로 이어진다.

- 무슨 일에 집중하는가?
- 어떤 방식으로 처리하는가? 개인의 OKR과 어떤 관련이 있는가?
- 방해 요인은 무엇인가?
- 목표 달성을 위해 무슨 도움이 필요한가?
- 경력 발전을 위해 어떤 방향으로 나아가야 하는가?

OKR과 보상을 완벽하게 분리해야 한다고 말하려는 게 아니다. 성과에 대한 데이터 기반 요약은 평가에서 발생하는 편향을 치유하는 해독제다. 그리고 개인의 가장 중요한 업무를 반영한다는 점에서 OKR은 다음 분기를 위한 신뢰할 만한 피드백 원천이다. 그러나 보상을 결정하는 기준으로 OKR을 활용할 때 직원들은 압박감을 느끼고 방어적인 태도를 취하기 시작한다. 그리고 정상을 향한 도전을 멈춘다. 구성원이 도전을 포기하고 지루함을 느낄 때 조직은 심각한 타격을 입는다.

예를 들어 도전적인 목표를 세운 직원 A가 75퍼센트를 달성했다고 해보자. 그렇다면 기업은 그에게 보너스를 얼마나 지급해야 할까? 100퍼센트, 혹은 120퍼센트? 다른 직원 B는 90퍼센트를 달성했다. 그런데 목표를 지나치게 낮게 잡은 것으로 밝혀졌다. 게다가 중요한 팀 회의에도 몇 차례 참석하지 않았다. 그런데도 직원 B에게 A보다 더 많은 보너스를 지급해야 할까? 직원들의 도전 정신과 사기를 높이고자 한다면 그 대답은 당연히 '아니오'다.

라즐로 복의 설명에 따르면, 구글의 성과 평가에서 OKR이 차지하는 비중은 3분의 1 미만이다. 구글은 성과를 평가하는 과정에서 다양한 팀의 피드백과 주변 상황을 OKR보다 더 중요하게 고려한다. 라즐로는 이렇게 설명한다. "목표 설정 시스템이 있다고 해도 목표를 잘못 세우는 일은 종종 벌어집니다. 또한 시장이 요동치거나 클라이언트가 비즈니스를 중단하는 바람에 처음부터 새로 시작해야 할 경우도 있죠. 그러한 모든 변수를 신중히 고려해야 합니다." 구글은 OKR 점수와 보상 결정을 신중

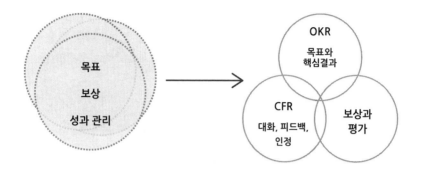

기업이 지속적 성과 관리로 넘어갈 때 OKR과 CFR은 보상과 공식 평가로부터 대부분 분리된다.

하게 구분한다. 게다가 OKR 점수는 해당 주기가 끝나고 시스템에서 삭제된다!

물론 이러한 분리 과정에는 인간의 판단이 개입되므로 인간의 복잡한 행동을 일일이 고려해야 할 것이다. 오늘날 직장에서 OKR과 보상은 여전히 친구로 남을 수 있다. 완전히 헤어지는 것은 불가능하다. 그래도 얼마든지 따로 살 수 있다. 그편이 더 건강하다.

대화 Conversations

피터 드러커는 관리자와 부하 직원 사이의 정기적인 일대일 회의의 중요성을 처음으로 강조했다. 앤디 그로브는 관리자가 90분을 투자함으로써 "2주일 동안 부하 직원의 업무 성과를 개선할 수 있다"고 말했다.[5] 항상 유행을 앞서가는 그로브는 인텔에서 일대일 회의를 제도화한 장본인이기도 하다. 그는 일대일 회의의 개념을 이렇게 설명했다.

> 회의의 목적은 서로 조언과 정보를 나누는 것이다. 문제와 주변 상황에 대해 논의하는 동안 상사는 부하 직원에게 자신의 기술과 노하우를 전수하고 문제 해결을 위한 접근 방식을 제시한다. 동시에 부하 직원은 자신이 무슨 일을 하고 있으며, 어떤 것에 관심을 갖고 있는지 구체적인 정보를 전한다. (……) 일대일 회의의 핵심은 부하 직원의 주도 아래 주제와 안건을 마련해야 한다는 것이다. (……) 상사는 다만 조언을 주기 위해 참여한다.*
>
> 관리자는 일대일 회의에서 직원이 안건에 대해 솔직하게 이야기하도록 분위기를 만들어야 한다. 일대일 회의는 부하 직원이 어려움을 겪는 미묘하면서도 중요한 문제를 해결하기 위한 논의의 장이기 때문이다. 자신의 성과에 만족하는가? 주변 상황이나 문제로 어떤 어려움을 겪고 있는가? 자신이 가는 방향에 확신을 갖고 있는가?

회의를 자주 열어 협력을 도모할 수 있는 갖가지 도구가 나온 지금, 그로브의 이러한 접근 방식은 그 어느 때보다 중요한 의미가 있다.** 효과적인 일대일 회의는 일상적인 업무 단계에서 한 걸음 더 들어간다. 그리고 필요에 따라 일주일이나 분기 등 다양한 주기로 진행된다. 베터웍스를 비롯하여 수많은 기업의 경험에 비춰볼 때, 우리는 관리자와 직원 간 대화 속에서 다섯 가지 중요한 측면을 발견할 수 있다.

- 목표 설정과 회고 — 다음 주기를 위한 직원 개인의 OKR을 수립한다. 개인의 목표와 핵심결과를 조직의 우선순위 목록과 정렬하는 데 집중한다.
- 지속적인 발전 상황 검토 — 직원 개인의 실시간 진척 상황에 대한 간단한 검토를 실시한다. 필요한 경우, 문제 해결 방안도 함께 살펴본다.***
- 양방향 코칭 — 직원이 잠재력을 실현하고, 관리자가 효과적으로 과제를 처리할 수 있도록 도움을 주고받는다.
- 경력 발전 — 기술을 개발하고 성장할 수 있는 기회를 확인하고, 조직 내 개인의 미래에 대한 기대를 높인다.
- 가벼운 성과 검토 — 조직의 요구에 따라 데이터를 수집하고, 마지막 회의 이후로 직원의 성과를 정리하는 피드백 메커니즘이다(앞서 언급했듯이 직원 개인에 대한 연말 보상/상여금 평가와는 별개의 논의다).

일대일 회의가 정책적으로 자리 잡을 때, 관리자는 감독관이 아니라 교사와 코치, 혹은 스승이 된다. 예를 들어 제품개발 팀장이 디자인 문제로 머뭇거리는 바람에 출시 일정이 불투명해졌다고 해보자. 그렇다면

---

* 앤디는 "부하 직원"이 일대일 대화의 90퍼센트를 이끌어가야 한다고 생각했다.[6] 인텔 시절에 앤디와 일대일 회의를 할 때면 그는 내가 핵심결과를 성취하기 위해 자신이 어떤 도움을 줄 수 있는지에 집중했다.

** 갤럽 조사에 따르면, 잦은 일대일 회의를 통해 직원 몰입도를 세 배나 더 높일 수 있다.[7]

*** 발전 상황 점검에는 반드시 두 가지 기본적인 질문이 따른다. '어떤 일이 잘 진행되는가? 또 어떤 일이 그렇지 않은가?'

CEO나 코치는 다음 회의에서 이런 조언을 줄 수 있다. "지금 상황에서 판단을 내리려면 어떻게 접근해야 할까요? 최종 후보를 선정하고 그중에서 선택하는 방법은 어떨까요?" 팀장이 이 제안에 동의한다면 함께 계획을 세울 수 있을 것이다. 이러한 조언은 부정적 비판과는 달리 미래를 열어나가기 위해 시야를 넓히는 교육의 기회까지 제공한다.

피드백 Feedback

셰릴 샌드버그는 《린인》에서 이렇게 주장했다. "피드백은 관찰과 경험으로부터 도출한 의견이다. 우리는 피드백을 통해 자신이 다른 이들에게 어떤 인상을 주는지 알 수 있다."[8] OKR의 장점을 완전히 실현하는 과정에서 피드백은 필수 요소다. 자신의 성과를 정확하게 알지 못한다면 성과를 개선하기 위한 노력도 할 수 없다.

오늘날 직장 근로자는 "명령이 아니라 '자율'과 '동기'를 원한다. 그리고 연말마다 관리자에게서 피드백을 받는 것이 아니라 자신이 관리자에게 피드백을 줄 수 있기를 바란다. 또한 목표에 대해 주기적으로 논의하고 동료와 공유함으로써 자신의 발전 상황을 추적할 수 있기를 원한다."[9] 공식적이고 투명한 OKR은 모든 영역에서 쓸모 있는 질문을 제기한다. '이 목표는 내가/상사가/우리가 집중해야 할 것인가? 내가/당신이/우리가 그 목표를 달성한다면 중요한 성공으로 인정받을 것인가? 어떤 피드백에서

내가/우리가 도전의 기회를 발견할 수 있는가?'

피드백이 건설적이려면 충분히 구체적이어야 한다. 다음은 부정적인 피드백이다. "지난 주 회의를 늦게 시작했죠? 그건 체계가 제대로 잡히지 않았기 때문입니다." 반면 긍정적인 피드백은 이렇다. "프레젠테이션이 참 좋았습니다. 적절한 사례로 시작해서 청중의 관심을 사로잡았습니다. 실행 과제로 프레젠테이션을 마무리한 것도 인상적이었습니다."

조직이 성장할 때 피드백은 일반적으로 인사 팀에 의해 진행된다. 반면 성숙한 조직의 경우, 피드백은 임의로, 실시간으로, 다양한 형태로 이뤄지며 조직 내 모든 영역에서 구성원 간의 열린 대화로 이뤄진다. 우버에서는 운전사와 승객이, 엘프에서는 주인과 손님이 서로를 평가한다. 그런데 직장에서는 왜 관리자와 직원이 서로 피드백을 주고받을 수 없단 말인가? 피드백은 직원이 관리자에게 의견을 제시할 수 있는 소중한 기회다. 예컨대 이렇게 말이다. "팀의 성공에 제가 어떤 기여를 할 수 있을까요? 그리고 어떤 도움을 받을 수 있을까요?"

얼마 전만 해도 직원들은 자신의 목소리를 내기 위해 건의함에 익명의 쪽지를 집어넣었다. 그러나 오늘날 앞서는 기업은 건의함 대신에, 간단한 설문조사에서 SNS, 혹은 회의와 회의 주관자를 평가하는 앱에 이르기까지 익명의 다양한 피드백 툴을 선택하고 있다.[10]

동료(peer-to-peer) 피드백은 지속적 성과 관리를 위해 추가할 수 있는 또 하나의 도구다. P2P 피드백은 익명으로 남을 수도, 혹은 공개될 수도 있다. 아니면 둘 사이에 위치한 절충적인 형태를 취할 수도 있다. 직원 개인의 경력 발전에 도움을 주기 위한 피드백인가?(그렇다면 해당 직원에게 개인적으로 전달되어야 한다) 아니면 조직의 문제를 드러내기 위한 피드백인가?(그렇다면 인사 팀으로 즉각 전달되어야 한다) 이처럼 공개와 익명은 상황과 목적에 따른 선택의 문제다.

동료들 간의 피드백은 팀들 사이의 관계를 강화함으로써 협력을 높인다. 수평적인 의사소통이 활성화될 때 부서 간 팀워크는 새로운 표준이 된다. OKR이 360도 피드백과 결합할 때 부서 간의 장벽은 머지않아 과거의 유물이 될 것이다.

인정 Recognition

인정은 CFR 중에서 가장 저평가된 요소다. 오래 근속한 직원에게 번쩍이는 금시계를 보상으로 선물하는 시대는 끝났다. 오늘날 인정은 성과를 기반으로 수평적인 형태에서 이뤄지며 무엇보다 역량에 주목한다. 제트블루가 가치 기반의 P2P 인정 시스템을 도입함으로써 직원들이 서로의 업무 활동을 쉽게 확인할 수 있게 되었을 때 업무 만족도는 두 배 가까이 높아졌다.

지속적인 인정은 직원의 참여를 이끌어내는 강력한 동인이다. "'감사합니다'는 부드러운 인정의 말이면서 동시에 열정적인 팀을 구축하기 위한 특별한 도구다. (……) '강력한 인정' 문화를 갖춘 기업의 이직률은 그렇지 않은 기업에 비해 31퍼센트나 더 낮다."[11] 이제 인정의 문화를 실행에 옮기기 위한 몇 가지 방법을 살펴보자.

- 동료(peer-to-peer) 인정을 제도화하기 — 직원들끼리 서로의 성과를 꾸준히 인정할 때 감사의 문화가 모습을 드러낸다. 줌 피자에서 전 직원이 참석하는 금요일 회의는 놀라운 성과를 기록한 직원에 대한 동료들의 칭찬으로 끝난다.
- 분명한 기준 마련하기 — 프로젝트 완성, 기업 목표 달성, 기업 가치 실현 등 특별한 노력과 성취를 보인 업무 활동을 인정의 기준으로 삼는다. "이달의 직원"을 "이달의 성취"로 바꾸자.
- 인정 스토리 공유 — 뉴스레터나 기업 블로그를 통해 성취와 관련된 숨겨진 이야기를 공개함으로써 인정을 더욱 큰 의미로 만들 수 있다.
- 더욱 쉽게, 더욱 자주 인정받도록 만들기 — 마감 시한을 지키기 위한 노력이나 제안서에서 특별히 돋보였던 내용 등 관리자가 쉽게 지나칠 수 있는 사소한 성과도 인정 대상으로 삼아야 한다.
- 인정을 기업 목표와 전략으로 연결하기 — 알맞은 시기에 인정을 함으로써 고객 서비스, 혁신, 팀워크, 비용 절감 등 조직의 당면 과제에 집중하도록 만들어야 한다.

OKR은 동료(peer-to-peer) 인정을 위한 맞춤화된 시스템이다. 분기별 목표는 피드백과 인정을 중요하게 여기는 영역을 계속해서 구축한다. 직원들은 투명한 OKR을 기반으로 동료의 중요한 성과와 사소한 성과를 똑같이 자연스럽게 축하한다.

이를 통해 팀과 부서가 서로 이어지기 시작할 때 점점 더 많은 구성원이 참여하게 된다. 그리고 그 과정에서 인정의 엔진은 조직 전반에 활기를 불어넣는다. 직급이나 부서를 떠나 모든 구성원은 다른 동료를 칭찬할 수 있다. 칭찬은 OKR과 CFR의 목적, 즉 최고의 비즈니스 운영을 향해 나아가는 발걸음이다.

16장

연말 성과평가를 폐지하다: 어도비 스토리

도나 모리스 Donna Morris
- 부사장, 고객 및 직원 만족 담당

소프트웨어 기업 어도비 또한 6년 전만 해도 대부분의 기업처럼 시대에 뒤떨어진 연말 평가 시스템을 가지고 있었다. 관리자는 부하 직원 한 명을 평가하는 데 여덟 시간을 투자했지만 평가 결과는 전반적으로 사기 진작에 도움이 되지 않았다. 매년 2월이면 어도비 직원들 사이에서 자발적 이직이 절정을 이뤘다. 실망스런 평가를 받은 직원은 회사를 떠나는 방식으로 대응했다. 어도비 관리자들은 연말 평가를 위해 총 8만 시간을 허비했다. 이는 40일 근무와 맞먹는 시간이다. 그러나 연말 평가는 어떠한 뚜렷한 가치도 창출하지 못하는 기계적인 과정에 불과했다. 어도비는 클라우드 기반의 가입 비즈니스 모델을 향해 서둘러 움직였고 그 노력은 성공으로 이어졌다. 그리고 제품과 고객 관리를 현대적인 형태로 바꾸었

어도비, 연말 평가를 포기하다

지속적인 피드백을 기반으로 한 평가 및 보상 시스템으로의 전환

데비나 셍굽타

방갈로르

인도 지사의 2000명을 포함하여 총 1만 명에 달하는 어도비 전 직원들은 이제 마지막 성과 평가를 마쳤다. 글로벌 기업인 어도비는 직원들끼리의 경쟁을 부추기고, 1년에 한 번 관리자의 평가로 이뤄지는 기존 평가 시스템을 중단하기로 결정했다.

어도비 수석 부사장 도나 모리스는 이렇게 말했다. "어도비는 기존 성과 평가 시스템을 중단할 계획입니다." 도입 예정인 새로운 시스템은 연말까지 기다렸다가 평가하는 것이 아니라 관리자가 팀원에게 정기적으로 피드백을 제공함으로써 신속하고 지속적인 성과 달성을 추구한다.

고객층이 전혀 다르고 인사 관리에서 전반적인 조정이 불가피한 마케팅 전략을 요구하는 디지털 마케팅 시장으로 진입하면서 어도비는 새로운 시스템을 도입하고 있다.

연말 평가를 중단해야 하는가?

중단해야 하는 이유……

연말 평가는 기억에 의존한다.
정기적인 피드백은 지속적인 성과 개선에 도움을 준다.
매년 직원들끼리 경쟁시키는 것은 **불공정**한 처사다.

> **연말 평가를 중단하면 안 되는 이유……**
>
> 특히 글로벌 가상 팀의 경우, 개인 성과를 지속적으로 추적하기 **힘들다.**
> **승진** 및 연봉 결정이 복잡해진다. 연간 목표와 평가 없이 최고 성과를 이끌어내기 **어렵다.**

그 기원은 즉각적인 실시간 피드백이 성과를 높일 수 있다는 마샬 골드스미스Marshall Goldsmith 이론으로 거슬러 올라갈 수 있다.

인도 지사장 잘릴 압둘Jaleel Abdul은 이렇게 말했다. "더욱 신속하고 즉각적으로 수정이 가능하다."

많은 기업이 성과 평가 시스템을 지속적으로 개선 및 혁신해나가고 있다.

미래를 향한 어도비의 도약(《인디아 타임스IndiaTimes》, 2012)

다. 하지만 인사관리에 대한 접근 방식은 기존 방식에서 조금도 벗어나지 못했다.

2012년, 어도비의 도나 모리스는 인도 출장 중에 기존 성과 평가 방식에 대한 개인적인 불만을 드러냈다. 시차 때문에 다소 느슨해진 상태에서 도나는 어도비가 연말 평가와 상대 평가 시스템을 폐지하고 미래 지향적인 피드백 시스템을 도입할 계획임을 밝혔다. 그건 훌륭한 아이디어였다. 문제는 도나가 인사 팀은 물론 어도비 CEO와 아직 최종 합의를 보지 못했다는 사실이었다.

문제 제기

카리스마 넘치고 열정적인 도나는 어도비 조직에 활기를 불어넣기 위해 애썼다. 그녀는 어도비의 인트라넷에 이런 글을 올렸다. 우리의 당면 과제는 "성과를 검토하고, 성공을 보상하고, 서로 피드백을 주고받는 일이다. 이러한 노력을 굳이 무리하게 단일 시스템으로 통합할 필요가 있을까? 나는 그렇게 생각하지 않는다. 이제 우리는 다르게 생각해야 한다. 그렇다면 '연말 평가'를 없애고 그 자리에 어떤 시스템을 들여야 할까? 효과적으로 성과를 자극하고, 높이고, 평가하기 위해서 어떻게 해야 할까?" 도나의 글은 어도비 역사상 가장 뜨거운 논쟁의 시발점이 되었다.

이 문제 제기는 어도비가 새로운 지속적인 성과 관리 시스템인 "체크인"을 구축하는 출발점이 되었다. 어도비의 관리자와 직원은 다양한 체크인 과정에 체계적인 방식으로 참여한다. 또 리더는 예전처럼 인사 팀에 의존하는 것이 아니라 주도적으로 과정을 이끌어간다.

가볍고 탄력적이고 투명하면서 동시에 아무런 추적 및 서류 작업 없이 진행되는 단순한 형태의 체크인 시스템은 세 가지에 집중한다. 분기별 "목표와 기대"(OKR을 일컫는 어도비의 용어), 정기적 피드백, 경력 개발과 성장이다. 체크인 회의는 직원이 자발적으로 소집하며 이는 보상과 엄격히 구분된다. 강압적인 상대평가 시스템은 연간 체크인 시스템으로 대체된다. 관리자는 직원의 성과, 비즈니스 기여도, 기술의 상대적 희소성, 시장 상황을 기준으로 보상을 결정하도록 교육받는다. 고정된 지침은 없다.

2012년 가을에 체크인 시스템을 도입한 이후로 어도비에서 쓸모없이 낭비되는 시간은 크게 줄었다. CFR과 함께 지속적 성과 관리 시스템을 실행에 옮김으로써 어도비는 비즈니스 전반에 활력을 불어넣었다.*

———

도나 모리스: 어도비는 '진정성 있는genuine', '우수한exceptional', '혁신적인innovative', '참여적인involved'이라는 네 가지 핵심 가치를 기반으로 설립되었다. 그러나 기존의 연말 평가 시스템은 이러한 가치와 조화를 이루지 못

---

* 어도비의 혁신적인 접근 방식에 관한 자세한 정보는 홈페이지(www.whatmatters.com/adobe) 참조.

했다. 나는 이런 의문을 제기했다. 측정, 평가, 형식이 없다면? 그 대신 모두가 자신이 해야 할 일을 잘 알고, 조직 내에서 경력을 발전시켜나가고, 그 과정에서 정당한 가치를 인정받을 수 있다면?

어도비의 모든 구성원은 체크인 시스템을 기반으로 기업 가치를 일상적으로 구현한다. 나는 그 새로운 시스템이 어떻게 움직이는지 보여주기 위해 36분짜리 웹 교육 컨퍼런스를 주최했다(당시 참여율은 90퍼센트에 달했다). 그리고 목표 설정에서 피드백 주고받기에 이르기까지 체크인 시스템의 새로운 기능을 분기마다 소개했다.

또한 인적자원센터에 투자함으로써 모든 직원이 생산적인 피드백 역량을 높이도록 자료와 영상을 제공했다. 초창기만 해도 어도비의 많은 엔지니어는 개방적인 토론 문화를 경험하지 못했다. 그래서 인적자원센터를 통해 그들이 토론 과정에 쉽게 익숙해지도록 도움을 주었다.

체크인 시스템

어도비의 리더는 체크인 시스템의 역할 모델을 맡았다. 그들은 적극적으로 피드백을 주고받고 목표에 대한 논의에 열린 태도를 보였다.

이제 어도비는 모든 관리자를 리더로 여긴다. 그리고 예산과 권한을 형평성에 맞게 할당한다. 권한을 부여함으로써 관리자 스스로 부하 직원에 대해 막중한 책임감을 느끼도록 유도한다. 직원들 또한 적극적으로 의견을 낼 수 있으며 이로써 강한 동기를 얻는다. 그들은 1년 동안 정기적으로 체크인 과정에 참여한다. 이 자리에서 과제 및 목표에 따른 진척 상황은 물론 경력 개발의 필요성과 관련된 아이디어를 관리자에게 보고한다. 또한 기존의 보상 시스템이 사라졌기 때문에 직원들은 더 이상 경쟁 관계가 아니다.

직원들은 주도적인 참여를 원한다. 연말까지 기다렸다가 평가받기를 원치 않는다. 또한 자신이 어떻게 일을 하고 있는지, 또한 앞으로 어떤 변화가 필요한지 알고 싶어 한다. 새로운 시스템에서는 모든 직원이 적어도 6주에 한 번씩 구체적인 성과 피드백을 받도록 되어 있지만 실제로는 매주 이뤄진다. 이렇게 모든 직원은 자신이 어느 위치에 있는지, 조직에 어

목표 최고회의에서 이야기를 나누는 도나 모리스, 2017년.

떤 기여를 하고 있는지 이해하게 된다. 성과 관리 시스템은 이러한 방식으로 계속해서 이어진다.

일반적으로 체크인 시스템에서 피드백은 관리자로부터 직원으로 흘러가지만 때로는 직원으로부터 관리자로 흘러가기도 한다. 가령 직원이 상사에게 이렇게 말할 수 있다. "X 프로젝트에 참여하는 사람들이 도움을 전혀 받지 못하고 있습니다. 많은 지원이 필요합니다." 또한 어도비 조직은 대단히 촘촘히 짜여 있기 때문에 동료들 사이에서도 쉽게 피드백을 주고받을 수 있다. 예를 들어 나는 주로 커뮤니케이션, 재무, 법률과 관련하여 동료들과 피드백을 주고받는다. 각자 상사는 다르지만 나와 동료들은 굵은 점선으로 연결되어 있다. 우리는 서로의 목표를 검토하고 성과에 대해 피드백을 주고받는다.

어도비 시절 경험으로부터 나는 지속적 성과 관리 시스템에 세 가지 조건이 필요하다는 사실을 깨달았다. 첫째는 경영진의 지원이다. 둘째는 OKR과 동의어인 "목표와 기대" 안에 설계된 것처럼 조직의 목표와 개인의 목표 간 뚜렷한 연결성이다. 셋째, 관리자와 리더의 역량을 높이기 위한 교육 투자다. 그렇다고 해서 외부 강의를 듣도록 하지는 않는다. 그 대신 역할극 대본으로 구성된 한 시간짜리 온라인 강의를 제공한다. "부정적인 피드백을 줘야 할 상황인가? 이를 위한 단계를 소개한다."

물론 개선을 요구하는 피드백은 직원에게 부담을 준다. 그러나 적절한 피드백은 직원을 위한 최고의 선물이 될 수 있다. 생각과 행동을 긍정적인 쪽으로 바꿀 수 있는 계기가 되기 때문이다. 우리는 또한 "실패를 걱정하지 마세요. 저도 그런 식으로 배웠으니까요"라고 용기를 주는 조직 문화를 구축할 수 있다. 이러한 분위기는 어도비의 문화적 변화에서 상당한 영향을 미쳤다.

체크인 시스템이 자리 잡으면서 인사 팀 리더들 역시 비즈니스에 기여하고 있다. 그들은 이제 조직의 다른 리더와 더불어 모든 구성원이 기업 사명을 이루기 위해 적극적으로 협력하도록 격려한다. 기업의 성공은 형식적인 평가나 순위 매기기로 이뤄지지 않는다. 또한 사람들을 괴롭히거나 방해하는 것들로 실현되지 않는다. 성공을 향한 시스템은 구성원의 역량을 강화하고 조직에 기여하도록 만드는 시스템이다.

서비스 기업에서 가장 중요한 자원은 변화를 주도하고 조직과 함께 나아갈 수 있다고 믿는 열정적인 직원이다. 그렇기 때문에 높은 이직률은 조직 입장에서 큰 손실이다. 가장 좋은 형태의 이직은 조직 내부에서의 자리 이동이다. 다시 말해 다른 회사로 옮기지 않고 조직에서 개인의 경력을 키워나가는 방식이다. 직원들은 떠돌이 삶을 꿈꾸지 않는다. 다만 자신의 영향력을 충분히 발휘할 수 있는 곳으로 이동하고 싶어 한다. 어도비의 체크인 시스템은 그러한 욕망을 채워준다.

	과거: 연간 성과 평가	**현재: 체크인**
목표 설정	연초에 세운 뒤 거들떠보지 않는다.	우선순위를 세우고 관리자와 함께 정기적으로 수정한다.
피드백 과정	성과를 확인하고, 피드백을 요청하고, 평가하는 오랜 과정.	형식적인 서류 검토가 필요 없는 지속적인 피드백과 대화의 과정.
과정	연봉과 보너스 결정을 위해 직원 개인의 점수와 순위를 매기는 복잡한 과정.	형식적인 평가나 순위를 매기는 작업 없이 성과를 기반으로 매년 연봉과 보너스를 결정한다.
회의 주기	피드백 회의가 일관적이고 체계적으로 이뤄지지 않는다. 직원 생산성은 평가가 이뤄지는 연말에 제일 높다.	분기별 피드백 회의를 중심으로 피드백 교류가 지속적으로 이뤄진다. 대화와 피드백이 한 해에 걸쳐 지속적으로 이뤄지면서 직원 생산성도 꾸준히 유지된다.
인사 팀의 역할	평가를 위한 서류 작업 및 전반적인 과정을 주도한다.	관리자와 직원이 생산적인 대화를 나누도록 격려한다.
교육과 자원	좀처럼 만나기 힘든 인사 담당자로부터 조언과 지원을 얻어야 한다.	중앙의 HR지원센터로부터 필요할 때마다 조언과 지원을 얻을 수 있다.

어도비의 과거와 현재

17장

매일 더 맛있는 피자를 만든다: 줌 피자 스토리

줄리아 콜린스Julia Collins, 알렉스 가든Alex Garden
- 공동 설립자이자 공동 CEO

지금까지 살펴봤듯이 OKR과 CFR은 성과 개선을 위한 검증된 도구다. 두 가지 모두 경영진에게 교육의 기회를 제공하거나 소극적인 직원에게 발언 기회를 주는 것처럼 미묘하고, 내적이고, 일상적인 다양한 효과를 가져다준다. 그리고 최고를 향한 길고 험한 여정에서 조직 전체가 매일 조금씩 나아가도록 힘을 준다. 그 과정에서 리더는 훌륭한 의사소통자이자 동기 부여자로 거듭난다. 또한 직원은 체계적이고 철저하게 사고하는 사람으로 성장한다. 의미 있는 대화와 피드백이 시작되면서 직원들은 체계적인 목표 수립으로 주어진 한계 내에서 어떻게 성과를 올릴 것인지 깨닫는다. 그리고 한계를 끊임없이 확장해나간다. 이러한 노력은 빠른 속도로 성장하는 신생 기업에 더욱 중요하다.

줌 피자 스토리는 이러한 가능성을 생생하게 보여준다. 줌 피자는 몇 대의 로봇과 함께 OKR과 CFR을 활용한 신생 기업으로 피자 시장에 도전장을 내밀었다.

100억 달러에 달하는 미국 피자 배달 시장은 지금까지 도미노, 피자헛, 파파존스 세 업체가 장악하고 있다. 이들은 엄청나게 맛있는 피자를 만들어내는 것은 아니지만 확고한 브랜드 인지도와 규모의 경제를 기반으로 압도적 경쟁력을 유지한다. 2016년 봄, 줌 피자가 실리콘밸리 한 구석에 매장을 열었을 때 많은 이들은 회의적인 반응을 보였다. 줌 피자의 "로봇이 만드는 피자"는 교묘한 마케팅 상술이라는 조롱까지 받았다. 당시만 해도 줌 피자의 성공 가능성은 높아 보이지 않았다.

그러나 줌 피자는 설립 2년 만에 경쟁적인 가격으로 세계적인 수준의 피자를 내놓음으로써 이러한 의혹을 불식시켰다. 줌 피자는 기계적인 업무를 모두 로봇을 사용해서 처리했고, 직원들은 가치를 더하는 창조적인 업무에 집중했다. 그들은 단순노동에서 비용을 절약함으로써 유전자 조작으로부터 안전한 밀가루로 만든 반죽, 유기농 토마토, 인근 지역에서 수확한 채소, 건강한 방식으로 얻은 육류 등 제품의 질을 높이는 요소에 더 많이 투자했다. 그 덕분에 소비자는 주문하고 5분 만에 도착하는 따끈한 피자를 맛볼 수 있게 되었다.

온라인이나 모바일 앱으로 주문이 들어오면 줌 피자의 로봇은 반죽을 만들고 소스를 뿌린 뒤 800도가 넘는 화덕으로 피자를 밀어 넣는다. 최근 로봇 기술이 크게 성장하면서 줌 피자는 치즈를 뿌리고 다양한 토핑을 얹는 일뿐 아니라 배송하는 동안 피자를 트럭에 싣는 일까지, 모든 생산 과정을 자동화하겠다는 포부를 밝혔다(머지않아 자율운행 트럭도 도입할 것으로 보인다).

줌 피자는 설립 3개월 만에 지역 시장에서 10퍼센트의 시장 점유율을 차지하는 데 성공했다. 그리고 2018년에는 샌프란시스코 베이 지역에서 피자 거물들을 공격하기 시작했다. 이러한 여세를 몰아 조만간 미국 전역으로 시장을 넓힐 계획이다. 또한 두 설립자는 2019년에 해외 진출까지 꿈꾸고 있다. 공동 설립자 알렉스 가든은 이렇게 말했다. "앞으로 식품 업계의 아마존으로 성장할 겁니다." 가든은 징가Zynga 스튜디오의 대표로 있는 동안 OKR 시스템을 처음 접했다.

피자를 굽는 트럭 앞에 선 줄리아 콜린스와 알렉스 가든.

골리앗에 도전하는 다윗에게 무엇보다 중요한 것은 시간과 기회다. 집중력과 일관성을 잃을 여유가 없다. 줌의 리더들은 OKR 덕분에 그들이 예상을 넘어 성장할 수 있었다고 말한다.

———

줄리아 콜린스: 줌은 우리 두 사람의 머리에서 나왔다. 그렇기 때문에 누군가 알렉스나 내게 줌과 관련된 질문을 한다면 틀림없이 똑같은 대답을 들을 것이다. 우리 두 사람은 오랜 시간 동안 함께했기 때문에 서로를 잘 이해한다. 우리는 줌을 효율적으로 운영했다. 최고기술책임자를 영입해서 우리가 "세 조각의 치즈"가 되었을 때도 문제는 없었다. 하지만 모차렐라, 로마노, 프로볼로네 치즈에 파머스 치즈까지 추가했을 때 상황은 달라졌다. 이후 7명을 영입했을 때 누군가 우리에게 "목표 달성을 위해 뭐가 필요합니까?"라고 물었다면 아마도 서로 다른 여덟 가지 대답을 들었을 것이다.

처음에 우리는 리퀴드플래너라는 프로젝트 관리 소프트웨어를 사용했다. 이는 "직선적인" 관리 시스템으로 주방을 만드는 과정에 도움을 주었다. 가장 먼저 콘크리트를 붓고 말린다. 다음으로 에폭시를 바르고 기다린다. 마지막으로 페인트를 칠하고 냉장고를 설치하면 끝이다. 선형적인 작업일 경우에 이러한 접근 방식은 효과적이다.

하지만 런칭을 준비하던 2016년 6월, 상황은 좀 복잡했다. 정규직 직원이 16명, 시간제 주방 직원과 피자를 배달하는 "파일럿" 직원들이 36명

피자를 만드는 줌 피자 로봇.

있었다. 우리는 과감하게 대량생산 시스템을 도입하고, 로봇 시스템을 구축하고, 소프트웨어를 설치하고, 새로운 메뉴를 개발했다. 이러한 과정은 부드럽게 진행되었다. 하지만 너무 많은 일이 한꺼번에 이뤄지면서 서로 의존하는 많은 하위 조직이 생겨났다. 우리는 어떻게든 민첩함을 유지하고자 했다. 첫 2주일 동안 엔지니어들은 지라JIRA의 프로젝트 관리 소프트웨어를 매일 아침 확인했다. 하지만 리퀴드플래너나 지라도 한 가지 중요한 질문, '가장 중요한 일은 무엇인가?'에 대한 답은 주지 않았다.

줌의 최대 자산은 재능 있고 창조적인 팀이다. 우리 직원들은 미처 처리하지 못한 일을 뒤로한 채 그들이 생각하는 가장 중요한 일에 뛰어들었다. 그들은 열정적으로 일했지만 언제나 서로 조화를 이루는 것은 아니었다. 그래서 우리는 피자 배달을 시작한 지 3주 만에 OKR 시스템을 도입했다. 조직 내 모든 구성원이 무엇이 가장 중요한 일인지 정확하게 이해하도록 도움을 주기 위해서였다. 그다음으로 알렉스와 나는 기업 사명을 실현하기 위해 완전한 하향식 형태로 조직을 정렬했다. 그때 처음으로 두 가지 OKR을 세웠다. 줌 피자가 발전해서 생존 과제로부터 어느 정도 벗어나면 조직을 좀 더 탄력적으로 운영할 생각이었다.

실질적인 것을 성취하기

알렉스 가든: 조직 전체를 리더의 사명과 연결 짓는 것처럼 OKR의 가치는 명백하다. 하지만 줌과 같은 신생 기업의 경우, 마찬가지로 중요한 '드러나지 않는' 가치 또한 존재한다. 그것은 OKR이 경영자와 관리자를 위한 효과적인 학습 도구로 기능한다는 사실이다. 우리는 OKR을 통해 기존의 한계 안에서 비즈니스를 관리하는 방법을 배웠다. 한계를 밀어붙이는 노력도 중요하지만 한계를 현실적인 것으로 받아들이는 자세도 필요하다. '모든 조직'은 시간, 돈, 인력 등 다양한 자원의 한계에 부딪힌다. 그리고 열역학 법칙과 같이 조직의 규모가 클수록 엔트로피도 증가한다. 나는 마이크로소프트 엑스박스라이브에서 관리자로 일하는 동안 몇몇 유명한 경영자와 함께했다. 그러나 리더의 역량과 조직의 역량 사이에서 나타나는 불일치로 많은 어려움을 겪었다. "어떻게"는 "무엇"과 함께 나

를 비롯한 여러 사업부의 일선 관리자가 맡아야 할 몫으로 남았다. 숭고한 사명을 추구하는 비현실적인 지시를 현실적으로 수행해야 하는 것은 관리자의 책임이었다. 목표 수립이 애초에 합리적으로 이뤄졌더라면 많은 관리자가 극심한 고통을 겪지 않아도 됐을 것이다.

과거의 비즈니스 모형에서 책임은 직급이 올라갈수록 추상적으로 변한다. 여기서 중간 관리자는 일종의 완충 작용을 함으로써 경영자가 일상적인 업무에서 벗어나 큰 그림에 집중하도록 만들어준다. 이러한 접근 방식은 세상이 느리게 흐르던 시기에는 유효했다. 그러나 오늘날 경영진이 종교적 신념처럼 무조건적인 헌신을 보여주지 않을 때 OKR은 위력을 발휘하지 못한다. 직원들의 생각을 바꾸려는 노력은 힘들고, 또한 그 가치를 제대로 인정받기 어렵다. OKR을 도입하는 1년, 혹은 그 이상의 시간 동안, 직원들은 경영자에게 많은 불만을 가질 것이다. 그러나 OKR은 그 모든 어려움을 감수할 가치가 있다.

더 나은 교육

줄리아: OKR의 내적 가치에 대해 이야기하자면, 공동 CEO인 우리 두 사람에게 훈련의 기회를 주었다는 점을 가장 먼저 꼽을 수 있다.

알렉스: 우리는 OKR을 통해 신중한 접근이 필요하다는 사실을 배웠다. 또한 관리자와 팀원들 역시 우리와 똑같은 것을 깨달았다. 직원은 경

력 초반에 업무량으로 평가받는다. 그러다가 언젠가 관리자로 승진한다. 하지만 관리자는 업무량으로 평가받지 않는다. 그들은 어떤 의사 결정을 내렸는지에 따라 평가받는다. 하지만 어느 누구도 관리자에게 이제 당신이 평가받는 기준이 바뀌었다는 말을 하지 않는다. 관리자가 한계에 부딪힐 때, 그들은 더 열심히 노력해야 한다고 생각한다. 지금까지 그렇게 해왔기 때문이다.

하지만 이제 직관에 반하는 일을 해야 한다. 잠깐 멈추어 서서 소음을 차단하고 눈을 감는다. 그리고 자신 앞에 무엇이 놓였는지 생각하고(조직의 필요에 관한), 자신과 팀이 선택해야 할 최고의 길을 모색한다. OKR의 장점은 회고를 공식화(혹은 정례화)한다는 것이다. OKR 시스템에서 사람들은 적어도 분기에 한 번 조용한 곳에서 자신의 선택이 기업 목표와 조화를 이루는지 숙고하는 시간을 갖는다. 그들은 거시적으로 생각하기 시작한다. 집중력과 정확성을 가다듬는다. OKR을 90쪽짜리 논문처럼 쓸 수는 없기 때문이다. 목표를 3~5가지로 줄이고, 성공을 어떻게 평가할 것인지 선택해야 한다. 누군가 "훌륭한 관리자군요"라고 칭찬했다면 그는 비로소 관리자의 사고방식을 터득한 것이다. 그건 대단히 중요한 일이다.

대부분의 신생 기업은 체계적인 목표 설정에 강한 의지를 보이지 않는다. 그들은 이렇게 생각한다. '아직은 필요 없다. 우리는 아주 빨리 성장하는 중이다. 다만 상황을 이해하면 된다.' 많은 신생 기업은 한참의 세월이 흐른 뒤에야 목표 설정의 중요성을 깨닫는다. 하지만 그럴 경우, 조직이 커지기 전에 직원들에게 유능한 관리자가 되는 법을 가르쳐줄 소중한 기회를 놓치고 만다.

체계적인 목표를 설정하고 지향하는 분위기가 처음부터 자리 잡지 못할 때, 두 가지 상황 중 하나가 벌어진다. 첫째, 성공적이지 못한 기업은 경영진의 역량을 넘어 성장하다가 결국 무너지고 만다. 둘째, 성공적인 기업은 팀의 역량을 넘어 성장하다가 결국 팀을 대체해버린다. 둘 다 비극적인 결말이다. 그러므로 기업은 조직을 구축하면서부터 모든 구성원이 리더처럼 생각하도록 훈련시켜야 한다.

OKR은 바로 이러한 방식으로 직원을 양성한다. 그리고 경영진을 단련시키고, 초보적인 실수를 피하도록 만든다. 또한 대기업의 체계와 리듬을 작은 조직의 일상 업무 속으로 심어준다. 줌에서 OKR을 도입했을 때, 우리는 그 과정 자체로부터 즉각 도움을 얻었다. 직원들이 비즈니스에 대해 깊이 있고, 투명하고, 상호 협력적인 방식으로 생각하게 함으로써 성장 속도를 가속화할 수 있었다.

강력한 몰입

알렉스: OKR은 애매모호함을 없애준다. OKR에 참여하기를 요구할 때, 어떤 직원은 이렇게 말한다. "입사할 때 생각했던 것과 다르군요. 그만두도록 하겠습니다." 그러나 다른 직원은 이렇게 말한다. "우리가 어디로 나아가는지 이해하게 되어 기쁩니다." 어느 쪽이든 여기에는 분명함이

있다. 머무르는 직원에게 OKR은 몰입을 위한 토대가 된다. 그들은 기업의 사명을 완전히 받아들인다. 팀 스포츠는 모두가 함께 움직여야 이길 수 있다.

줄리아: 직원들이 OKR 과정에 익숙해지면서 자연스럽게 많은 협력이 이뤄진다. 나는 알렉스와 함께 2016년 3분기 기업 OKR을 세웠다. 팀장들은 우리의 핵심결과 중 일부를 자신의 목표로 삼았다. 우리의 OKR은 그런 식으로 조직의 하부로 이어졌다. 4분기에도 우리 두 사람은 기업 목표를 세웠고, 팀장들은 우리의 핵심결과를 더욱 적극적으로 그들의 목표로 삼았다. 그 과정에서 팀장들은 창조적인 역할을 맡았고, OKR 시스템은 더욱 개선되었다. 우리는 여전히 도전적인 목표를 세웠지만 직원들은 이를 현실적인 시각으로 바라보기 시작했다.

"배달하면서 피자 굽기"는 줌 피자의 핵심 기술이다. 우리는 이 기술로 산업을 혁신했고, 소비자 만족도를 끌어올렸다. 4분기 목표는 8미터의 길이에 56대의 오븐을 탑재하고, 정교한 물류 및 주문 예측 시스템에 연결된 배송 트럭을 도입하는 것이었다. 그 목표를 달성한다면 우리는 피자 배달 시스템을 완성할 수 있었다. 즉, 온라인으로 주문이 들어오고 5분 안에 따뜻한 피자를 소비자에게 배달할 수 있다. 줌의 프로덕트 매니저 바입하브 고엘 Vaibhav Goel의 OKR은 배달 중에 피자를 굽는 트럭을 도입하고, 협력하고, 완성하는 것이었다. 당시 그의 OKR은 기밀 사항이었다. 바입하브가 그의 세 가지 핵심결과를 완수한다면 줌 피자는 그 목표를 달성할 수 있었다.

목표
트럭 배송 시스템 완성(마운틴뷰 본사)
핵심결과
1. 검수를 마친 126대 오븐 설치(11월 30일까지) 2. 검수를 마친 11개 랙 설치(11월 30일까지) 3. 검수를 마친 완전한 배송 트럭 2대 도입(11월 30일까지)

조직에는 자기주장이 강한 구성원이 있다. 주장이 받아들여지지 않으면 그들은 나중에 다시 한번 목소리를 높인다. 반면 과묵한 직원은 그렇게 하지 않는다. OKR 시스템은 모든 구성원의 의견에 똑같이 귀 기울인다. 그렇기 때문에 과묵한 직원도 불이익을 겪지 않는다. 우리의 목표는 모든 직원이 평등한 조언과 지원을 받도록 하는 것이다.

여기서 한 가지 덧붙이자면, 훌륭한 기업은 다양함을 중요한 가치로 여긴다. 그들은 다양함을 발견해서 이를 드러나게 만든다. 우리 역시 이러한 접근 방식을 바탕으로 능력주의를 강조한다.

알렉스: OKR을 발표하기에 앞서, 우리는 두 분기에 걸쳐 경영진 단계에서 실험을 했다. 먼저 OKR 문화를 조성하고자 했다. 그 실험 과정에서 깨달았던 사실은 뜻밖에도 가장 활발한 참여자가 처음에는 가장 회의적이었던 이들이라는 점이다.

조지프 스즈키 Joseph Suzuki(마케팅 책임자): 나는 OKR을 일종의 다이어트 프로그램이라고 생각했다. '이 프로그램만 따르면 금방 날씬하고 아름다

워질 거야.' 혹은 회계 방식쯤으로 여겼다. 그러나 OKR로부터 예상치 못한 영향을 받았다. 격주로 OKR을 들여다보는 동안 잠시나마 내가 무슨 일을 하는지, 이번 분기에 내 목표가 기업의 요구와 어떻게 연결되는지 생각할 여유를 가질 수 있었다.

신생 기업인 우리 조직은 전술적인 세부 사항에 매몰될 위험이 있었다. 특히 다양한 업무를 수행하는 마케팅 팀은 그 위험에 더욱 취약했다. 그건 대단히 위험한 상황임을 의미했다. 거친 바다에서 수영을 하다 보면 어디가 육지인지 방향을 잃기 쉽다. 하지만 OKR을 깊이 들여다본 덕분에 나침반을 계속해서 확인할 수 있었다. '어떻게 비즈니스 전반에 기여할 수 있을까?' OKR은 그저 그런 보고서나 캠페인, 혹은 행사가 아니다. OKR은 그보다 큰 의미와 가치에 연결된다.

더욱 높아진 투명성

줄리아: OKR 과정은 처음부터 우리에게 누가 무슨 책임을 지는지 분명하게 알려줬다. 두 외야수 사이로 공이 날아갈 때, 누군가 먼저 신호를 보내야 한다. 아니면 서로 미루거나, 혹은 충돌할 위험이 있다. 사업 초반에 우리의 외야수는 마케팅 팀과 제품 팀이었다. 둘 중 누가 매출을 책임져야 하는가? 우리는 각각 한 달씩 두 팀의 팀장과 함께 일했다. 그들은 OKR은 물론 줌의 전반적인 시스템을 낯설어했다. 물론 줌은 그 자체로

생소한 조직이었다. 알렉스와 나는 그들이 혼란을 겪고 있다는 사실을 파악했다. 그래서 목표를 신규 매출(마케팅)과 기존 매출(제품)로 나누고, 두 팀장이 각각의 목표를 책임지도록 합의를 보았다. 그건 중요한 논의였다. 목표 그 자체와 직결된 것은 아니지만 분명하게도 OKR 초기 단계의 부산물이었다. 뭔가 투명하게 설명되지 않을 때 곧바로 드러난다. 반드시 발견하게 된다.

향상된 팀워크

알렉스: 우리는 8개월 만에 식품과 물류, 로보틱스, 제조 기업을 설립했다. 그리고 OKR 시스템을 도입하여 상호 이해의 문화를 확산시켰다. 또한 자신의 일이 주변 동료에게 어떤 영향을 미치는지, 반대로 각자가 주변 동료로부터 어떤 영향을 받는지 깊이 들여다보도록 했다.

줄리아: 우리 기업은 다양한 출신으로 구성되어 있다. 주방장 에런 버트커스Aaron Butkus는 뉴욕의 레스토랑에서 일했다. 배달 책임자 마이크 베소니Mike Bessoni는 영화 쪽에서 일했던 인물이다. 그리고 제품 관리자와 소프트웨어 기술자는 서로 다른 언어로 말하는 분야에서 왔다. 이러한 상황에서 OKR은 조직의 공용어이자 공통 어휘가 되어줬다. 7명으로 구성된 리더십 팀은 월요일에 점심을 함께하며 격주로 OKR에 관한 이야기를 나눈다. 거기서 우리는 이런 질문을 던진다. "누가 그 고객을 담당합

니까?" "목표 달성을 위해 핵심결과를 어떻게 정해야 할까요?" 그러면 모두는 그게 무슨 의미인지 즉각 이해한다.

아무리 맛있는 피자라도 배달 도중에 식어버리면 고객을 만족시킬 수 없다. 마이크와 에런은 소비자 만족을 공동의 목표로 삼는다. 마이크는 이렇게 말했다. "배송 지역을 확대하는 방향으로 핵심결과를 잡았습니다. 그런데 얼마 전 심각한 문제가 발생했습니다." 제조 팀이 배달 트럭을 온라인으로 연결하는 작업을 연기했던 것이다. 그래서 우리는 그 문제가 서비스 범위와 매출 흐름에 어떤 영향을 미칠 것인지 함께 논의했다. 이 문제는 또한 마케팅 책임자 조 스즈키, 그리고 매출 상승을 위한 그의 OKR과도 깊은 관련이 있었다.

일반적인 기업이었다면 마이크는 아마도 제품 팀에 이렇게 항의했을 것이다. "제발 좀 서둘러 주세요. 언제까지 기다려야 하나요?" 하지만 그는 이렇게 말했다. "제 핵심결과가 위험에 처했습니다." 이는 협력적이고 건설적인 방식이다. 우리 조직은 완전하게 정렬되어 있으며 그렇기 때문에 모든 팀은 서로의 핵심결과와 그에 따른 의존성을 잘 안다. 거기에는 판단이 개입할 여지가 없다. 다만 해결해야 할 문제가 있을 뿐이다. 이후로 무슨 일이 벌어졌을까? 두 팀장은 알렉스와 내게서 더 많은 지원을 이끌어내기 위해 함께 손을 잡았다.

에런 버트커스(주방책임자): 새로운 계절에 제품을 출시하는 것은 단번에 끝나지 않는다. 적어도 일주일 전에 마케팅 팀에 알려야 한다. 그리고 디자인 팀에 촬영을 부탁해야 한다. 또한 프로덕트 매니저와 기술 팀, 모바일 앱 등 다양한 협력이 필요하다. 여기서 OKR은 내가 주도적으로 업무 상황을 추적하도록 해준다. 그리고 기다리는 모든 동료를 위해 제시간에 일을 끝마치도록 해준다. 나의 마감 시간은 핵심결과 속에 고스란히 나온다. 덕분에 나는 큰 그림을 선명하게 볼 수 있다.

OKR은 조직을 구축하는 과정이다. OKR은 모두가 공동체의 일원이라는 사실을 상기시켜준다. 직원들은 자신의 문제에만 몰두하는 경향이 있다. 주방 직원은 더욱 그렇다. 그러나 OKR은 모두가 생각하도록 만든다. 또한 우리 모두가 함께 일하고 서로 협력한다는 사실을 말해준다.

활발한 대화

알렉스: 줌에서는 모두가 2주일에 한 번, 한 시간 동안 자신의 상사와 함께 일대일 회의 시간을 갖는다(줄리아와 나는 둘이서 그렇게 한다). 일대일 회의는 신성한 시간이다. 연기하거나 취소할 수 없다. 일대일 회의에는 한 가지 규칙이 있다. 일에 대해서가 아니라, 당신 개인에 대해서 이야기한다. 향후 2~3년 동안 개인적으로 성취하고자 하는 바와 어떻게 하면 그것을 2주의 계획으로 세분화할 수 있겠는지에 관해서 이야기를 나눈다. 나는 특히 세 가지 질문으로 일대일 회의를 시작하길 좋아한다. '무엇으로부터 행복을 느끼는가? 어디서 활력을 얻는가? 꿈의 직장은 어떤 곳인가?'

그 시간에 나는 이렇게 말한다. "우선 내가 바라는 바를 말해볼게요. 항상 솔직하게 말할 것, 항상 올바른 일을 할 것. 이것만 지켜준다면 우리는 당신을 무조건 응원할 겁니다. 그리고 앞으로 3년 동안 희망하는 경력을 쌓을 수 있도록 보장하겠습니다." 일대일 회의는 그렇게 시작된다.

혹자는 이러한 회의를 이타주의적인 발상이라고 말할 것이다. 그러나 내 생각에 일대일 회의는 직원들이 열정적으로 업무에 뛰어들고 자신의 일에 더욱 집중하도록 만드는 강력한 방법이다. 직원들은 일대일 회의에서 문제를 극복할 아이디어를 얻는다. 어떤 리더는 이렇게 지적한다. "이 목표는 당신에게 대단히 중요합니다. 그런데 2주일 동안 별다른 진전이 없군요. 이유가 뭐죠?" 역설적으로 들릴 수 있겠지만 업무와 무관한 일대일 회의는 지속적인 성과 피드백을 위한 대화의 장이다. 직원에게서 개인적인 목표에 관한 이야기를 듣는 동안 리더는 그 직원의 경력을 어떻게 개발할 것인지, 혹은 어려운 상황을 버텨내도록 어떻게 힘을 실어줄 것인지 깨닫게 된다.

심도 있는 논의를 정기적으로 실시할 때 리더는 언제 직원에게 재충전의 기회를 제공해야 할지도 알 수 있다. 목표 달성을 위해 한동안 직원들을 몰아붙였다면 가끔은 그들이 개인적인 목표를 추구할 수 있도록 분위기를 만들어줘야 한다. 예를 들어 다음 분기에 업무 시간의 5~15퍼센트, 혹은 20퍼센트를 개인적인 경력 발전을 위해 투자할 수 있도록 허용해야 한다. 이는 기업의 입장에서 낭비처럼 보일 수 있지만, 향후 2~3분기 동안 조직에 활기를 불어넣을 것이다.

개선된 문화

줄리아: 기업 문화는 모든 구성원이 동일선상에서 논의하고 있으며, 그 논의가 의미 있다는 확신을 갖게 해주는 공통의 언어다. 이를 넘어서, 문화는 의사 결정을 위한 공통의 기반이다. 그러한 문화가 뿌리내리지 못할 때, 직원들은 주요 업무를 어떻게 지속하고 확장할 것인지 갈피를 잡지 못한다.

기업 문화에는 또한 미래지향적인 측면이 있다. 그것은 기업 가치에 대한 논의를 자극하는 것이다. 어떤 조직으로 성장하길 원하는가? 직원들이 자신의 업무와 담당 제품을 어떻게 바라보도록 해야 하는가? 사회에 어떤 영향을 미칠 수 있는가?

알렉스: 비즈니스를 처음 시작했을 무렵, 줄리아는 내게 전화를 걸어 줌 피자의 설립 원칙, 즉 기업 사명에 대해 두 가지를 언급했다. 첫째, '식품 비즈니스는 신성한 신뢰를 근간으로 한다.' 둘째, '모든 미국인은 맛있고, 값싸고, 건강한 식품을 누릴 자격이 있다.' 나는 그녀의 말에 강한 인상을 받았고, 그것을 큼직한 포스터로 만들어 주방 벽에 붙여놓았다. 이러한 사명을 바탕으로 우리는 다음과 같은 OKR을 세웠다.

줄리아: 우리는 수많은 일상적인 의사 결정을 기업 사명에 따라 내린다. 피자를 만들 때 소금을 조금 더 집어넣을 수 있다. 혹은 먼 지역에서 신선한 토마토를 공수하기보다 소스에 설탕을 추가할 수도 있다. 하지만 이와 같은 교묘한 타협이 점차 조직에 스며들면 결국 정체성이 무너지게

목표
고객을 만족시키기
세부적인 내용
식품 비즈니스는 신성한 신뢰를 근간으로 한다. 신뢰를 지키기 위해 최고의 품질과 서비스를 제공해야 한다. 식품 기업으로 성공하기 위해 우리는 소비자가 계속해서 피자를 주문하고, 우리와의 경험을 주위 사람과 기꺼이 나누도록 훌륭한 제품과 서비스로 보답해야 한다.
핵심결과
1. 순추천지수(NPS Net Promoter Score) 42점 이상 2. 주문 등급(Order Rating) 4.6/5.0 이상 3. 블라인드 테스트 경쟁사 대비 선호도 75% 확보

된다.

모든 신입 사원은 입사할 때 기업의 사명과 가치를 교육받는다. 알렉스와 나는 이들에게 우리의 기대를 분명하게 전한다. 그리고 팀으로서, 개인으로서 모두가 책임감을 가지고 행동하길 당부한다. 우리의 기업 문화는 아이디어를 소중하게 여긴다. 모든 구성원은 CEO를 포함하여 누구에게라도 아이디어를 제시할 수 있다.

알렉스: 특히 CEO로서 역할이 있다. 회의 시간에 직원이 이의를 제기할 때, 논의를 멈추고 귀를 기울이는 것이다. 우리는 직원들이 적극적으로 아이디어를 제시하도록 지나치리만치 노력한다.

강화된 리더십

줄리아: 지금까지 나는 몇몇 훌륭한 리더와 함께 일했다. 그들은 서로 달랐지만 한 가지 공통점이 있었다. 바로 신중하고 냉철한 집중력이다. 20분 동안 그들과 이야기를 나누다 보면 생각이 대단히 잘 정리되어 있다는 인상을 받는다. 그들은 해야 할 일에 집중한다. 가령 투자를 받거나, 로봇으로 피자를 만들거나, 주방을 설계할 때, 각각의 상황에 최대한 집중한다. 때로는 완전히 미친 게 아닌가 하는 생각이 든다. 기업 목표를 줄줄 외울 때 집중력은 높아진다. OKR은 리더가 분명하게 사고하도록 도움을 준다. 주변 상황이 아무리 복잡해도 언제나 중요한 일에 집중하게 만든다.

─ 18장 ─

문화

소소하고 기발한 아이디어를 축하하는 문화를 만들어야 한다.

– 제프 베조스 Jeff Bezos

문화는 아침으로 전략을 먹는다는 말이 있다. 문화는 기업의 근간이자 일에 가치를 부여하는 요소다. 리더는 기업 문화에 주목해야 한다. 그리고 설립자는 조직이 성장하는 과정에서 문화적 가치를 유지하기 위해 고민해야 한다.

오늘날 문화를 뒷받침하는 기술이 발전하면서 많은 대기업 경영자들이 OKR과 CFR에 관심을 기울이고 있다. 또한 새로운 일자리를 찾거나 경력 발전을 진지하게 추구하는 사람들은 기업 문화를 중요한 선택 기준으로 꼽는다.

이 책 전반에 걸쳐 살펴보고 있듯이, OKR은 리더가 목표를 세우고 아이디어를 얻도록 돕는 유용한 도구다. 그리고 CFR은 리더의 목표와 아이디어를 조직 전반으로 확장하는 역할을 한다. 하지만 목표는 진공 상태에서 전달되지 않는다. 음파처럼 매개 물질이 필요하다. OKR과 CFR의 매개 물질은 바로 기업 문화다.

긍정적인 기업 문화란 무엇인가?

그러므로 우리는 이러한 질문을 던져야 한다. 기업은 어떻게 긍정적인 문화를 정의하고 구축할 수 있는가? 이에 대한 정답은 없다. 그렇지만 OKR과 CFR로 청사진을 확인할 수 있다. OKR과 CFR은 기업 내 다양한 조직이 공동 목표를 향해 달려가도록 정렬함으로써, 긍정적이고 목표 지향적인 의사소통으로 관계를 강화함으로써 투명성과 책임감을 높인다. 이 두 가지 덕목은 높은 성과를 장기적으로 유지하기 위한 기둥이다. 건강한 기업 문화와 체계적인 목표 설정 시스템은 상호의존적이며, 최고의 성과를 이끌어내는 원천이다.

앤디 그로브는 문화와 목표 사이의 상호작용이 중요하다는 것을 이해했다. 그는 《하이 아웃풋 매니지먼트》에서 이렇게 언급했다. "간단하게 말해서 문화란 가치와 믿음, 그리고 업무를 처리하는 익숙한 방식의 조합을 뜻한다. 여기서 중요한 사실은 강력하고 긍정적인 기업 문화는 절대적으로 필요한 요소라는 점이다." 그로브는 엔지니어로서 기업 문화를 효율성을 높이기 위한, 혹은 신속하고 신뢰할 만한 의사 결정을 위한 매뉴

경영 방식
- 인텔의 가치 체계

- 사람 중심
  - 강한 상호 헌신을 소중히 생각한다
  - 모든 업무를 중요하게 여긴다
  - 도전과 기회

- 개방성
  - 문제점이나 예견된 사안을 공개적으로 거론하기

- 문제 해결
  - 투명하고 단순하게
  - 건설적인 논쟁

- 결과
  - 모든 업무는 결과 중심적
  - 표면적인 현상은 중요하지 않다
  - 긍정적인 피드백으로 성공을 지원

IOPEC

- 원칙
  - 치열한 경쟁과 복잡한 상황 속에서 최고의 성과를 올리기 위한 것

- 위험 감수
  - 첨단 기술 비즈니스는 위험 감수 불가피
  - 실패를 두려워 말고 과감하게 도전하기
  - 챔피언

- 신뢰와 진실

IOPEC

인텔 프레젠테이션 자료 ― 경영 방식

얼이라고 생각했다. 일관적인 기업 문화가 뿌리내릴 때 구성원은 기업의 비전을 이해한다.

> 기업 문화의 중요성을 이해하는 사람(조직 내 지적인 구성원)은 비슷한 환경 속에서 일관적인 행동을 보인다. 이 말은 곧 관리자가 공식적인 규칙이나 절차, 규제에 따른 관료적 비효율성으로 어려움을 겪지 않아도 된다는 뜻이다. (……) 경영자는 가치, 목표, 신뢰를 뒷받침하는 중요한 도구를 발견하고 개발해야 한다. 이를 위한 좋은 방법은 뭘까? 그 한 가지는 구체적인 설명과 이야기다. (……) 그리고 더 중요한 방법은 스스로 모범이 되는 것이다.

그로브는 iOPEC 세미나에서 인텔 신입 사원들에게 문화적 기준을 심어주기 위해 노력했다. 앞으로 1985년에 그로브가 발표했던 프레젠테이션 자료를 살펴볼 것이다. 여기서 우리는 그로브가 강조한 인텔의 핵심적인 일곱 가지 문화적 가치를 확인할 수 있다(앞의 〈인텔 프레젠테이션 자료〉 참조).

최고의 성과를 촉구하는 다섯 가지 질문

앤디 그로브가 강조한 집단적 책임과 과감한 도전, 측정 가능한 성공은 구글에서도 주목받았다. 180개 팀을 대상으로 한 구글의 내부 연구인 아리스토텔레스 프로젝트의 결과에 따르면, 최고의 성과는 다음의 다섯

가지 질문에 대한 대답과 밀접한 연관이 있는 것으로 드러났다.[1]

1. 체계와 명확성: 우리 팀의 목표와 역할, 실행 계획은 분명한가?

2. 심리적 안전감: 불안과 혼란을 느끼지 않고서 위험을 감수할 수 있는가?

3. 일의 의미: 개인적으로 중요하게 생각하는 업무를 수행하기 위해 협력하고 있는가?

4. 상호의존성: 업무를 제때, 높은 품질로 처리하기 위해 서로 의지하는가?

5. 일의 영향력: 자신의 일이 근본적으로 얼마나 중요하다고 믿는가?

첫 번째 항목인 체계와 명확성은 곧 목표와 핵심결과를 의미한다. 나머지 항목은 건강한 기업 문화를 이루는 핵심 요소이며 OKR의 슈퍼파워와 CFR의 커뮤니케이션 도구와 밀접한 연관이 있다. 가령 동료 간 "상호의존성"에 대해 생각해보자. 효율적으로 기능하는 OKR 시스템 아래 구성원들은 투명하고 일관적인 조직 안에서 본인의 책임을 성실하게 완수한다.

구글의 다양한 팀은 목표 달성에 대해, 그리고 실패에 대해 공동의 책임감을 느낀다. 동시에 개인 구성원은 핵심결과에 책임감을 느낀다. 최고의 성과는 이러한 협력과 '책임'의 산물이다.

OKR 문화는 책임의 문화다. 조직의 구성원은 단지 상사의 지시에 따라 목표를 향해 달려가지 않는다. 그들은 기업의 모든 OKR이 조직 전반에, 그리고 자신에게 의존하는 동료들에게 중요하기 때문에 움직인다. 어느 누구도 팀에 방해가 되길 원치 않는다. 그들은 성공을 향해 노력하는 과정에서 자부심을 느낀다. 책임은 사회적인 계약이면서, 동시에 자신과의 약속이다.

하버드 대학교 경영대학원 석좌교수 테레사 에머빌과 컨설턴트 스티븐 크레이머 부부는 《전진의 법칙》에서 26개의 프로젝트 팀, 238명의 개인, 그리고 1만 2000개의 업무 일지를 분석한 결과를 소개했다. 두 사람의 결론에 따르면, 동기 부여가 강한 기업 문화는 두 가지 요소를 포함한다.[2]

첫 번째는 '촉매 Catalyst'다. 여기서 말하는 촉매란 "업무를 뒷받침하는 활동"이라는 의미로 OKR 개념과도 맞닿아 있다. "촉매란 뚜렷한 목표를 세우고, 자율성을 허용하고, 충분한 자원과 시간을 제공하고, 업무에 도움을 주고, 성공과 실패로부터 학습하고, 활발한 아이디어 교류를 위한 모든 노력을 포함한다." 두 번째 요소는 '영양공급자 Nourishers'다. 이는 CFR 개념과 흡사하다. 영양공급자는 "상호 지원, 존경, 인정, 격려, 심리적 안정감, 협력의 기회"를 제공한다.

OKR은 기업 문화를 바꾸는 중요한 과정에서 구성원에게 목표와 명확함을 선사한다. 그리고 CFR은 변화의 여정에 필요한 활력을 공급한다. 동료들끼리 솔직한 대화를 나누고, 성공을 위해 건설적인 피드백과 인정을 주고받는 조직에서 열정은 쉽게 전파된다. 도전적인 자세와 사소한 개선을 위한 열정 역시 마찬가지다. 직원을 중요한 파트너로 대하는 기업은 최고의 서비스를 제공한다. 그리고 최고의 품질을 바탕으로 놀라운 매출 성장을 기록한다. 그들은 승리를 향해 나아간다.

동향조사

　지속적 성과 관리를 추구하는 과정에서 직원을 대상으로 1년에 한 번 실시하는 설문조사로 실시간 피드백을 얻을 수 있다. 대표적인 방법으로 기업 문화에 대한 온라인 스냅샷이라 할 수 있는 '동향조사pulsing'가 있다. 기업 인사 팀은 주별이나 월별, 아니면 "드립 마케팅"(이메일이나 SNS로 일정 기간 동안 메시지를 전송하는 방법-옮긴이) 방식으로 신호를 포착할 수 있다.

　어떤 경우든 동향조사는 간단하고, 신속하고, 광범위한 형태로 이뤄진다. 가령 이렇게 물을 수 있다. '충분한 수면을 취하고 있습니까? 최근 관리자와 함께 목표와 기대에 대해 이야기를 나눈 적이 있습니까? 경력이 발전하고 있다고 생각합니까? 충분한 도전 정신과 열정, 활력이 있습니까? 즉, 제 역할을 다하고 있습니까?'

　피드백은 귀를 기울이는 시스템이다. 새로운 비즈니스 세상에서 리더는 더 이상 글래스도어Glassdoor(근무 환경 등 기업과 관련하여 다양한 정보를 제공하는 사이트-옮긴이)에 부정적인 평가가 올라올 때까지, 혹은 유능한 직원이 사직서를 낼 때까지 기다리지 않는다. 리더는 주변의 신호를 민감하게 인지하고 이해해야 한다. 만약 직원이 로그인할 때마다 목표 설정 시스템이 몇 가지 질문에 대답하도록 한다면 어떨까? 혹은 이러한 시스템으로 정량적인 데이터, 그리고 활발한 대화와 피드백으로 얻은 데이터를 통합할 수 있다면 어떨까? 예를 들어 "밥과 이야기를 나눠볼 것. 그의 팀에서 지금 무슨 일이 벌어지는 중"과 같은 메시지를 자동적으로 관리자에게 전송하는 소프트웨어 기술은 그리 먼 미래의 이야기가 아니다.

OKR이 목표 근육을 만든다면 CFR은 근육을 더욱 탄력적이고 민첩하게 만든다. 그리고 동향조사는 기업의 몸과 영혼, 즉 일과 문화의 건강 상태를 실시간으로 파악하게 해준다.

———

온라인에서 뛰어난 교육 프로그램을 운영하고 있는 코세라Coursera는 설립 이듬해인 2013년에 OKR을 도입했다. 인텔 출신으로 앤디 그로브를 존경하는 릴라 이브라힘Lila Ibrahim 대표의 주도하에 코세라는 보기 드문 도전을 했다.

그들은 OKR을 조직 문화에 뚜렷하게 반영된 기업 가치와 숭고한 사명으로 연결시켰다. "우리는 세상 모든 사람이 인생을 바꿀 최고의 강의를 들을 수 있는 세상을 꿈꿉니다." 코세라에서 팀 목표는 기업 목표와 직접적으로 연결된다. 그리고 기업 목표는 다음의 다섯 가지 핵심 가치와 다시 연결된다.

- 수강생 우선 — 수강생과의 관계를 강화하고 그들을 위한 가치 향상에 집중하기. 신규 수강생을 대상으로 하는 서비스 확대
- 훌륭한 파트너 — 대학과 협력 관계 맺기
- 큰 생각과 선진 교육 — 세계적 수준의 혁신적인 교육 플랫폼 개발

- 동료를 배려하고, 인간적이고, 겸손하기 — 튼튼하고 건강한 조직 구축
- 효과적인 운영 — 지속 가능한 비즈니스 모델을 실험하고 개발하기

코세라의 OKR은 각각의 핵심 가치를 반영한다. 예를 들어 "수강생 우선"에 상응하는 OKR을 살펴보자.

목표
신규 수강생 확대
핵심결과
1. 신규 수강생을 유치하고 기존 수강생과의 관계를 강화하는 과정에서 선호도 조사를 하고, 이를 통해 배우고 그 과정을 반복하기
2. 월간 모바일 사용자 규모를 15만 명으로 확대하기
3. 핵심적인 성장 기준을 추적하기 위한 내부 기준 마련
4. 강사들이 활발하게 영상을 제작할 수 있도록 새로운 기능 추가하기

코세라는 OKR을 기반으로 기업의 사명을 달성하기 위한 로드맵을 마련했다. 그리고 그 팀들은 자신의 목표를 분명하게 이해하고, 그것이 기업 목표는 물론 숭고한 가치와 조화를 이루는지 확인했다.

설립 후 몇 년이 흐른 지금도 코세라의 부드럽고 포용하는 문화는 많은 실리콘밸리 신생 기업의 강압적이고 전투적인 문화와 달리 사회적으로 환영받는다.

코세라 전 CEO 릭 레빈Rick Levin은 이렇게 말했다. "OKR이 없었다면

전직 대표이자 COO 릴라 이브라힘(맨 왼쪽), 공동설립자 다프네 콜러(존 도어의 왼쪽), 공동설립자 앤드류 응(맨 오른쪽), 그리고 코세라 팀, 2012년.

지금 우리가 어떤 모습일지 상상조차 힘듭니다. OKR 덕분에 분기가 끝날 때마다 돌아보면서 책임을 완수하고, 분기에 앞서 기업 가치를 어떻게 실현할 것인지 집중할 수 있었습니다."

2007년, 뛰어난 비즈니스 사상가 더브 사이드먼은 기업 문화에 관한 획기적인 저서 《하우》를 내놓았다. 여기서 더브는 기업 문화는 직원의 행동과 조직의 실질적인 업무 방식에 대한 지침이라는 전제로부터 이야기를 시작한다. 오늘날 고도로 연결된 열린 세상에서 기업의 행동은 제품이나 시장 점유율보다 그들의 정체성을 질적으로 드러낸다. 얼마 전, 더브는 내게 이런 말을 했다. "기업 문화는 결코 따라하거나 상품화할 수 없는 고유한 자산입니다."

자율 관리 조직

더브의 핵심 주장은 경쟁자보다 "탁월한 행동"을 보이는 기업이 탁월한 성과를 거둘 수 있다는 것이다. 그는 가치 기반 모형으로 "자율 관리 조직"을 제시했다. 여기서는 기업의 장기적인 유산이 다음 분기 투자수익률보다 중요하다. 이러한 조직은 단지 직원을 채용하는 것이 아니라 그들에게 '영감'을 불어넣는다. 그리고 규칙이 아니라 공유된 원칙을 제시한다. 즉, 당근과 채찍을 공통적인 목적의식으로 대체한다. 그들은 신뢰를 기반으로 기꺼이 위험을 감수하고 혁신을 가속화하며 성과와 생산성을 지속적으로 높여나간다.

더브는 이렇게 말했다. "직원이 지시에 따라 올바르게 업무를 처리하기만 하면 되던 시절에 기업 문화는 크게 중요하지 않았습니다. 하지만 이제 우리는 직원들에게 단지 '알아서 올바르게 업무를 처리하라'고 말해야 하는 세상에 삽니다. 할 수 있는 것과 할 수 없는 것을 규칙이 말해준다면 기업 문화는 '무엇을 해야 하는지'를 말해줍니다."

이는 타당하면서 잠재적으로 혁신적인 생각이다. 그러나 더브도 인정했듯이 용기와 열정, 혹은 창조성 같은 가치를 소중히 여기는 것과 그 가치를 평가하는 것은 완전히 다른 일이다. 측정하기 위해서는 기준을 포함한 시스템이 필요하다. 더브는 이렇게 지적한다. "측정 대상으로 선택한 것은 가치 있게 여기는 것을 들여다보는 창을 뜻합니다. 뭔가를 측정한다는 것은 사람들에게 그것이 중요하다고 말하는 것입니다."

더브는 자신의 주장을 뒷받침하고 검증하기 위해 아주 방대한 데이터를 수집했다. 그가 설립한 컨설팅 기업 LRN은 엄격한 실증적인 분석 작업에 착수했고, 수년에 걸쳐 이를 다듬었다. 그리고 연간 '하우' 보고서를 펴내 그 결과를 발표하고 있다.[3]

앤디 그로브가 양적인 목표와 균형을 이루기 위해 질적인 목표를 추가했다면 더브는 신뢰와 같은 추상적인 가치를 정량화하는 방법을 발견했다. 그는 "신뢰 지수"로 행동을 평가한다(가령 투명함의 정도). 그는 말한다. "직원에게 그들의 생각을 묻지 않습니다. 가령 이런 질문을 던지지 않습니다. '기업이 당신에게 솔직하다고 느낍니까?' 대신 데이터의 흐름을 봅니다. 기업이 정보를 쌓아두고만 있는가? 중요한 정보를 공개하는가? 혹은 자유롭게 흘러가도록 내버려두는가? 상사와 어울리거나 상사의 상사와 이야기를 나눌 때 칭찬받는가, 혹은 질책받는가?"

2016년, '하우' 보고서는 17개 국가의 1만 6000명이 넘는 근로자를 분석했다. 그 결과는 자율 관리 조직의 비중이 2012년 3퍼센트에서 8퍼센트로 높아졌다는 사실을 보여주었다. 또한 이러한 가치 기반의 기업 중 96퍼센트가 조직 혁신의 항목에서 상대적으로 높은 점수를 받은 것으로 나타났다. 95퍼센트는 직원 참여 및 소속감 항목에서 높은 점수를 기록했으며 94퍼센트는 시장 점유율 증가를 보였다. "탁월한 행동"이 탁월한 성과로 나타난 것이다.

더브는 내게 "사람들이 마음의 문을 열고, 진실을 공유하고, 다른 이를 참여하게 만들고, 서로를 소중한 존재로 대하는 적극적인 투명성"이야말로 가장 강력한 문화적 요소라고 말했다. 그때 나는 그의 표정에서 앤디 그로브의 미소를 떠올렸다. OKR과 CFR 문화는 무엇보다 투명한 문화다. 나는 그 사실을 처음으로 인텔에서, 다음으로 구글에서, 이후 여러 미래지향적인 조직에서 깨달았다. 비전에 기반을 둔 경영은 명령과 통제 시스템보다 우월하다. 조직이 수평적일수록 기업은 민첩하게 움직인다. 성과 관리가 양방향으로, 혹은 네트워크 형태로 이뤄질 때 직원들은 위대함을 향해 함께 나아간다. 이는 결국 관계에 관한 이야기다. 더브의 설명대로 "협력, 즉 '관계'를 맺는 역량은 성장과 혁신의 원동력이다."

그 잠재력을 고려할 때 OKR과 CFR은 앞으로 하향식 정렬, 팀을 우선시하는 네트워킹, 상향식 자율과 참여(가치에 기반을 둔 활력 있는 조직 문화의 기둥)를 강화해나갈 것이다. 그러나 루머리스와 같은 몇몇 사례 속에서 다시 확인해보겠지만 문화적 변화는 OKR을 도입하기 '이전에' 시작되어야 한다. 그리고 보노와 그의 원캠페인 사례에서 알 수 있듯이, 카리스마 넘치는 CEO와 설립자는 OKR을 통해 위로부터 문화를 바꿔나갈 수 있다. 마지막 두 이야기에서는 문화적 변화와 체계적인 목표 설정 사이의 상호 관계를 살펴보도록 하자.

──19장──

문화를 바꾸다: 루머리스 스토리

앤드루 콜 Andrew Cole
- **최고 인사/조직개발 책임자**

개방과 책임의 가치를 완전히 받아들일 준비가 아직 되지 않았을 때, 기업은 OKR 도입에 앞서 문화에 주목해야 한다. 짐 콜린스가 《좋은 기업을 넘어 위대한 기업으로》에서 언급했던 것처럼 가장 먼저 "올바른 사람을 버스에 태우고 잘못된 사람을 내리게 한 뒤 모두가 제자리에 앉도록 해야 한다." 그런 다음에야 기사는 시동을 걸고 액셀러레이터를 밟을 수 있다.

세인트루이스에 본사를 두고 의료보험 사업자와 가입자를 대상으로 소프트웨어와 서비스 및 자문을 제공하는 가치 기반의 IT 기업인 루머리스Lumeris는 얼마 전 중요한 갈림길에 섰다. 그들의 고객층은 대학병원 네트워크에서 기존 보험사에 이르기까지 다양하다. 2006년, 루머리스는 가장 먼저 연방정부의 규제를 받는 보험사 에센스 헬스케어를 통해 세인트 루이스 지역에서 활동하는 200명의 의사 집단과 협력 관계를 맺고, 메디케어 어드밴티지 플랜에 가입한 6만 5000명에 달하는 미주리 지역 노인들을 대상으로 서비스를 시작했다.

오늘날 루머리스는 방대한 환자 데이터베이스를 바탕으로 협력 관계를 맺은 다양한 기관들이 기존의 진료 기준 수가 방식에서 벗어나 예방을 장려하고 불필요한 검사나 입원을 막는 새로운 의료 서비스 시스템을 채택하도록 도움을 주고 있다. 이와 같은 가치 기반의 모형에서 1차 의료 기관은 환자를 말 그대로 요람에서 무덤까지 책임진다. 이러한 새로운 시스템의 목표는 소중한 자원과 예산을 절약하면서 동시에 환자의 삶의 질을 개선하는 것이다. 루머리스 사례는 이러한 두 가지 목표를 어떻게 조화롭게 추구할 수 있는지 생생하게 보여준다.

루머리스의 CEO 마이크 롱Mike Long의 설명에 따르면 그들의 원대한 포부는 미국 의료보험 시장을 합리적인 형태로 바꾸는 것이다. "다른 산업의 경우, 투명한 비용과 품질, 서비스, 선택의 다양성이 비즈니스 성공을 결정한다. 하지만 의료보험 시장에는 이러한 원칙이 적용되지 않는다. 그 시스템 자체가 완전히 불투명하기 때문이다. 의사는 환자 입장에서 어떤 의료 서비스가 필요한지, 비용이 얼마나 들지 알지 못한다. 이러한 상황에서 어떻게 의사가 재정적으로 책임감을 가지고 행동하도록 만들 수 있을까?" 이는 혁신적인 도전 과제다. 여기서 루머리스는 OKR 시스템을 기반으로 이러한 과제를 이끌어 나가고 있다.

투명한 데이터베이스를 기반으로 한다는 점에서 루머리스는 앤디 그로브의 OKR 시스템과 쉽게 조화를 이뤘을 것으로 보인다. 하지만 전 인사 책임자 앤드루 콜은 OKR을 받아들이는 것이 결코 쉽지 않았다고 말한다. 그는 이렇게 설명했다. 문화적 장벽이 그대로 남았을 때 "항체는 힘을 잃고, 결국 우리 몸은 이식된 기관인 OKR을 거부하게 된다." 전면적인 조직 변화를 주도한 노련한 사령관 앤드루는 OKR 시스템을 루머리스에 이식하는 과정에서 최적의 자리에 앉은 최적의 인물이었다.

앤드루 콜: 내가 루머리스에 들어왔을 때 OKR 시스템은 이미 3분기 동안 실행된 상태였다. 직원 참여율은 꽤 높았다(혹은 그렇다고 들었다). 하지만 그 과정을 깊이 살펴보자 OKR이 피상적으로 진행되고 있다는 사실을 깨달았다. 인사 팀의 잭 러셀Jack Russell은 분기 말이면 이사회가 소집되기 전에 업데이트된 자료를 구하기 위해 관리자들을 혼자서 부지런히 쫓아다녔다. 직원들은 소프트웨어 플랫폼에 접속해서 개인 목표와 평가 기준을 대충 수정하고는 이렇게 말했다. "좋아. 다했어." OKR 시스템은 파워포인트에서는 그럴 듯하게 보였지만 실제는 그렇지 못했다.

루머리스의 누구도 OKR을 뒷받침하는 비즈니스 원칙을 이해하지 못했다. 경영진 역시 그 시스템을 진정으로 받아들이지 않았다. 무엇보다 OKR 시스템의 실질적인 운영을 아무도 책임지지 않았다. 직원들의 목표는 실제 업무와 별 관련이 없었다. 나는 관리자들을 불러 이렇게 물었다.

"왜 이러저러한 업무가 OKR에 나와 있지 않습니까?" 대부분의 경우, 관리자들은 자신의 목표가 업무와 어떻게 연결되는지 알지 못했다. OKR은 그저 형식적인 서류 작업에 불과했다.

나는 본격적으로 개입하기 전에 먼저 루머리스 조직을 완전하게 이해하고자 했다. 그러나 두 분기가 지나도 OKR 시스템을 살릴 수 있을지 확신이 서지 않았다. 비공개 이사회 모임에서 나는 존 도어에게 이렇게 물었다. "우리 회사와 맞지 않다면 차라리 포기하는 게 낫지 않을까요?" 그의 대답은 이랬다. "물론 그게 좋겠죠." 이후 나는 루머리스의 근본적인 문제가 수동적이면서도 공격적인 태도에 있다는 사실을 차츰 깨닫게 되었다. 어느 누구도 OKR에 대한 직원들의 궁금증에 답해주지 않았다. "그게 나한테 무슨 도움이 될까?" OKR 시스템은 목표 설정과 활발한 의사소통을 돕기 위한 것이었지만 직원들은 그 효용을 신뢰하지 않았다. 이러한 분위기를 바꾸지 않는다면 OKR의 성공은 기대할 수 없었다.

변화는 하룻밤 새 일어나지 않는다. 루머리스 경영진은 서로 충돌하는 내부적인 문화를 통합하기 위해 OKR을 도입했다. 세인트루이스 지역 의사 단체가 설립한 건강보험 기업인 에센스는 지극히 위험 회피적이었다. 반면 루머리스는 차세대 주요 기술을 모색하고, 데이터 분석으로부터 새로운 아이디어를 이끌어내는 노력에 대단히 적극적이었다. 또한 에센스는 경쟁이 치열한 시장에서 소유권 모형을 구축했다. 반면 루머리스는 경험으로 얻은 노하우를 세상과 함께 공유하고자 했다.

루머리스 서비스에 대한 수요가 증가하면서 이러한 문화적 차이는 우리의 발목을 잡았다. 내가 루머리스에 합류하고 11주가 흐른 2015년 5월, 우리 조직은 루머리스를 최고 기관으로 하는 전면적인 조직 개편을 발표했다(조직 전반이 하나의 이름으로 활동해야 한다는 이유였다). 나는 그 과정에서 OKR이 조직 전반의 공용어가 될 수 있으며, 모든 구성원의 목표를 효과적으로 연결하는 데 도움을 줄 것으로 기대했다. 조직 개편에는 오랜 시간이 필요했다. 우리의 최고 전략은 문화적 정렬 없이는 성공을 거둘 수 없었다.

HR 혁신

세상은 기업의 말이 아니라 행동에 주목한다. 루머리스에는 여전히 수직적인 사고방식을 고수하는 임원이 몇몇 남아 있었다. 그들은 주인의식, 책임감, 열정, 소속감 등 루머리스의 핵심 가치를 실행에 옮기지 않았다. 이들이 요직을 맡고 있는 한 어떤 노력도 성공을 거두기 어려워 보였다. 결국 개인적인 평판과 이미지를 해치지 않는 선에서 그들을 내보내기로 결정했다. 변화를 위한 불가피한 선택이었다.

우리는 회의 때마다 직원들에게 이런 메시지를 전했다. "여러분 모두에게는 우리가 생각하는 조직 문화를 기업 경영진이 구축하도록 계속해서 요구해야 할 권리와 책임이 있습니다. 경영진이 그 역할을 게을리한다면 면담을 신청하거나 이메일을 보내세요. 아니면 복도에서 붙잡고서라도 문제가 있다고 이야기하세요."

직원들이 이 요청을 받아들이기까지 3개월의 시간이 걸렸다. CEO 마이크 롱은 직원과 함께한 오찬 자리에서 이렇게 말했다. "사람들이 서로에게 책임을 지우는 두려운 문화에서 일을 하려는 이유가 뭘까요?" 그의 질문은 생각을 자극했고, 이후로 직원들은 점차 그의 제안을 받아들이기 시작했다. 문화적 변화는 개인적인 차원에서 이루어지는 것이기도 하다. 책임 공유와 투명성 확보가 결국 보상으로 이어질 것이라고 직원들을 설득하기 위해서, 그리고 새로운 루머리스를 두려워할 필요 없다는 확신을 심어주기 위해서 무엇보다 일대일 회의가 필요했다.

인사관리는 최고의 성과를 향한 유용한 도구다. 그리고 문화적 변화가 결정화되어 모습을 드러내는 접점이기도 하다. 결국 기업 문화란 그들이 채용하는 인재와 그 인재들이 가져오는 가치의 총합이다. 루머리스 조직에는 A와 B등급의 우수 직원도 있지만 잘못된 면접 절차와 애매모호한 채용 기준으로 들어온 C등급 이하의 직원도 있다. 이처럼 절차와 기준에 문제가 있을 경우에 OKR은 물론 어떤 방법도 효과가 없다.

시간은 변화의 적이다. 인사관리 전문가의 85퍼센트를 교체하기까지 무려 18개월이 걸렸다. 그리고 경영진을 비롯한 모든 구성원이 제자리를 잡았을 때 더 힘든 문제에 직면했다. 중간 관리자 집단을 강화하는 일이었다. 이 작업이 어느 정도 마무리될 때까지 3년 정도의 시간이 걸렸다. 그리고 나서야 비로소 새로운 기업 문화가 뿌리를 내리기 시작했다.

목표
A급 인재를 채용하고 유지하는 기업 문화 구축

핵심결과

1. A급 관리자/리더 채용에 집중하기
2. A급 인재를 끌어들이기 위해 채용 절차를 최적화하기
3. 모든 직무 기술서를 폐기하기
4. 지원자 모두를 면접에 포함시키기
5. 지속적인 교육과 지원
6. 기존 및 신입 직원의 역량 개발을 위한 학습 문화 구축

OKR의 재건

2015년 말, 나는 인사 팀에게 예전에 시도했던 OKR 시스템을 분석해 줄 것을 요청했다. OKR을 새롭게 시작하고자 한다면 조직 내 모든 구성원을 대상으로 한 재교육이 필요하다는 생각에서였다. 한 번 더 실패한다면 아마도 세 번째 기회는 없을 터였다.

이듬해 4월, 우리는 100명의 직원을 대상으로 60일짜리 시범 프로그램 형태의 OKR 시스템을 새롭게 실시했다. 처음에 프로그램을 이끌었던 수석 부사장은 우려를 숨기지 않았다. 그러나 개선된 교육 프로그램과 소프트웨어를 확인하고는 열정적인 지지자로 돌아섰다. 그는 2주일이 지나기 전에 시범 프로그램에 참여한 직원들에게 이런 식으로 이메일을 보냈다. '왜 목표를 그렇게 세웠습니까? 평가 기준은 뭔가요? 그걸 OKR로 볼

수는 없습니다. 고객 피드백에서 직접 확인한 것과는 다르군요.' 그의 이메일은 직원들에게 이런 경각심을 가져다줬을 것이다. '그가 지켜보고 있다!' 나는 그러한 상황을 면밀히 들여다보았다.

직원들을 OKR 시스템에 적응시키는 것은 결코 쉬운 일이 아니었다. 진행 속도도 더뎠다. 자신의 실패를 공개적으로 인정하는 것은 분명 피하고 싶은 일이다. 우리는 직원들이 유치원에서부터 배운 것을 몽땅 잊어버리도록 만들어야 했다. 그건 마치 스쿠버 다이빙을 처음 하는 것과 같다. 잠수를 해서 10미터 정도 내려가면 아드레날린이 솟구치면서 본능적으로 두려움에 휩싸인다. 그러나 잠수를 마치고 수면 위로 올라올 때 희열을 느낀다. 그리고 물속에서 어떻게 움직여야 하는지 이해한다.

OKR로 뛰어드는 것도 이와 다르지 않다. 일단 상사와 함께 솔직하고 개방적인 양방향 대화를 시작하면 직원들은 자신이 무엇으로부터 동기를 얻는지 이해하게 된다. 그들은 자신보다 더 큰 존재에 이어져 있기를 바란다. 그리고 중요한 일을 한다는 주위의 인정을 스스로 갈망한다는 사실을 깨닫게 된다. 목표와 핵심결과로 이뤄진 열린 창을 통해서 그들은 고립에 대한 두려움을 떨치고 자신의 여러 가지 약점을 파악할 수 있다 (관리자를 위한 OKR의 장점은 채용을 통해 자신의 부족한 부분을 보완할 수 있다는 것이다). 어느 순간부터 직원들은 더 이상 뒤로 물러서지 않았다. OKR 덕분에 빠르고 현명한 실패를 선택한 것이 더 이상 부끄러운 일이 아니라는 사실을 깨닫기 시작한 것이다.

이윽고 흐름이 바뀌었다. 여기저기서 이런 말이 들려오기 시작했다.

"처음에는 완전히 반대했지만 제게 어떤 도움이 되는지 차차 이해하게 되었습니다." 시범 프로그램에 참여한 직원들 중 99퍼센트가 OKR 시스템을 실질적으로 활용했고, 72퍼센트는 기업 목표와 정렬된 한 가지 이상의 목표를 세웠다. 또한 92퍼센트는 "관리자가 내게 무엇을 기대하는지" 이해하게 되었다고 밝혔다.

절대적인 투명성

2016년 봄, 나는 우리 회사의 대표이자 COO로 이사회에 합류한 아트 글래스고Art Glasgow와 함께 일하기 시작했다. 우리 두 사람은 철저한 실행이 이뤄지지 않으면 OKR은 아무런 쓸모가 없다는 생각에 동의했다. 아트는 운영 지원자의 입장에서 OKR 안내자 역할을 자발적으로 맡았다. 그는 모두가 참석한 회의에서 이렇게 밝혔다. "OKR은 앞으로의 기업 운영 방식이 될 겁니다. 그리고 이를 바탕으로 여러분 모두의 상사를 평가할 것입니다."(이는 채찍에 상응하는 당근이었다.) 아트는 OKR을 실행에 옮기는 과정에서 너무도 중요한 역할을 했다. 그는 자신이 말한 잔인할 정도의 "절대적인 투명성"을 위한 환경을 조성했다. 또한 나 혼자 OKR을 이끌어야 할 외로움을 덜어주었다.

3분기에 OKR을 루머리스 전 직원 800명을 대상으로 실시했을 때 우리는 내부 코치를 위한 훈련 프로그램을 열었다. 한층 강화된 인사 팀은

5주일에 걸쳐 250명 이상의 관리자와 야근을 하면서까지 면담을 나눴다. 그리고 오픈하우스 행사에 관리자를 초대하여 일대일 회의를 진행했다. 우리는 이들 관리자에게 어떠한 질문도 좋다고 일러두었다. 그 시간은 우리에게 소중한 기회였다. 이후 중간 관리자들은 관계를 구축하고, 직원들이 조직의 기대에 부응하도록 동기를 부여하는 과정에서 중요한 역할을 맡았다.

목표 설정은 과학보다 기술에 가깝다. 우리가 직원들에게 전하고자 한 것은 목표와 측정 가능한 핵심결과를 정의하는 방법이 아니었다. 우리는 다음과 같은 문화적 안건을 염두에 두고 있었다.

- **왜** 투명함이 중요한가? 왜 사람들은 다른 부서 직원이 자신의 목표를 이해해주기 바라는가? 그리고 우리가 하는 일이 중요한 이유는 무엇인가?

- **무엇**이 진정한 책임인가? 존경에 대한 책임(다른 사람의 실패에 대한)과 약점에 대한 책임(자신의 실패에 대한)의 차이는 무엇인가?

- **어떻게** OKR은 관리자가 "직원을 통해 업무를 처리하도록" 돕는가?(이는 조직의 성장을 위해 중요하다) 어떻게 다른 팀이 우리의 목표를 우선순위로 받아들이고, 우리가 목표를 달성할 것이라고 확신하게 만들 수 있는가?

- **언제** 팀의 업무량을 늘리거나, 혹은 부담의 강도를 낮춰야 하는가? 언제 목표를 다른 팀에게 넘기거나, 더욱 구체적인 형태로 수정하거나, 혹은 완전히 폐기해야 하는가? 직원의 신뢰를 얻기 위해서는 무엇보다 시점이 중요하다.

이 질문에 대한 정답은 없다. 다만 자신의 성공이 어떤 것인지 보여줄 수 있고, 성공을 언제 발표해야 하는지(조언을 하자면, 절대 서둘러서는 안 된다) 이해하며 자신의 팀과 관리자가 개인적인 관계를 맺고 있는 리더에게서 지혜를 발견할 수 있다.

교육에 대한 투자는 효과가 있었다. 루머리스의 전 직원이 2016년 3분기에 OKR 시스템에 본격적으로 뛰어들었고 그중 75퍼센트는 하나 이상의 OKR을 수립했다. 참여율은 점차 증가했다. 최근에는 자발적 퇴사자 수가 크게 줄었다. 우리는 올바른 인재를 채용하고, 이곳에서 성공을 거둘 수 있는 사람과 함께한다.

빨간색을 팔아라

아트는 루머리스에 합류하자마자 리더십 팀을 대상으로 외부에서 하루 동안 진행되는 비즈니스 검토 회의를 열었다. 이후 이 회의는 우리 기업의 월례 행사로 자리 잡았다. 프레젠테이션 화면에 기업 OKR이 나올 때, 이제 우리 직원들은 어떤 리더가 그 목표를 세웠는지 금방 알아챈다. 아트는 노란색을 좋아하지 않기 때문에 모든 OKR은 녹색(정상)이나 빨간색(위험)으로 표시된다. 여기에는 애매모호한 종 모양 곡선도, 문제를 숨길 구석도 없다.

일반적으로 비즈니스 검토 회의는 세 시간에 걸쳐 진행되며 12명의 임원이 차례로 나와 발표를 한다. 이 회의에서는 녹색 OKR을 거의 다루지 않는다. 대신에 임원들은 각자의 빨간색을 "판다." 임원들은 기업 차원에서 위험에 처한 주요 OKR을 투표로 선정하고, 이를 중심으로 브레인스토밍을 진행한다. 브레인스토밍은 해당 OKR이 녹색으로 바뀔 때까지 반복해서 진행된다. 임원들은 부서를 떠나 거시적인 관점에서 동료들의 빨간색을 "산다." 아트는 이렇게 표현했다. "우리가 여기에 모인 것은 도움을 주고받기 위해서입니다. 우리는 지금 같은 욕조 안에 있습니다." 내가 생각하기에 "빨간색을 파는 것"은 OKR 시스템의 특별한 기능이자 모두가 반드시 활용해야 할 기능이다.

변화에 성공한 루머리스는 상호의존성을 강조한다. 그리고 의식적인 협력을 중요하게 여긴다. 미국 시장을 담당하는 수석 부사장 제프 스미스Jeff Smith는 이렇게 설명했다. "OKR은 구체적인 업무가 아니라 비즈니스 그 자체에 집중하게끔 만들어줍니다. 우리 지역의 리더들은 혼자서 모든 일을 해내거나, 아니면 기회를 함께 이끌어나갑니다. 우리는 지금 영웅 문화에서 팀 문화로 넘어가는 중입니다." 스미스는 운영 팀과 배송 팀 직원들이 그들의 목표를 스미스 자신의 세일즈 목표와 연결 짓는 모습을 보고 깜짝 놀랐다. 예전에 그는 이렇게 말했다. "이런 이야기를 들었습니다. '나는 배송 팀이고 당신은 영업 팀이니 각자 알아서 합시다.' 그러나 이제 우리 직원들은 마치 와이드리시버를 향해 외치는 것처럼 이렇게 말합니다. '제가 여기 있습니다. 도움이 필요하면 언제든 말씀하세요.' 이러한 모습은 전혀 예상치 못한 OKR 시스템의 효과입니다."

루머리스의 의사와 임원들, 2017년. 의사 수전 애덤스와 COO 아트 글래스고(뒤쪽), 의사 톰 헤스팅스와 CEO 마이크 롱(앞쪽).

루머리스는 OKR 시스템이 뿌리를 내리도록 하기 위해 먼저 올바른 기업 문화를 구축했다. 다음으로 그들은 새로운 문화를 유지하고 강화하기 위해, 그리고 이성과 감성의 측면에서 직원들을 설득하기 위해 OKR을 활용했다. 이는 절대 끝나지 않을 도전이다.

———

어느 기준으로 보나 2017년은 가치 기반 경영의 리더로 자리매김을 한 루머리스에게 특별한 1년이었다. 아트는 내게 이렇게 말했다. "시장이 변하기 시작했습니다. 세일즈 계획이 이제야 비로소 현실적인 목표처럼 보입니다. 앞으로 목표를 더 도전적으로 세워야 할 것 같군요."

이 글을 쓰는 시점을 기준으로 루머리스는 가입자와 사업자 집단, 그리고 18개 주에 위치한 건강보험기관과 손을 잡았다. 이는 100만 명이 넘는 인구를 포함한다. 루머리스의 잠재력은 무한하다. 그들이 향후 비즈니스를 국가 범위로 확대할 때, 미주리 지역의 비즈니스 모델을 활용함으로써 미국 전체 의료비 지출에서 연간 8000억 달러를 절감할 수 있다. 그리고 더 중요한 사실은 수많은 미국인의 삶의 양과 질을 동시에 높여줄 수 있다는 점이다.

오늘날 OKR은 루머리스 사무실 벽면의 일부를 차지하고 있다. 앤드루 콜은 이렇게 말했다. "직원들이 숨어 있는 새로운 기업 가치를 발견할 때, 그들은 더 깊은 곳으로 뛰어들려는 욕망을 주체하지 못한다."

─20장─

문화를 바꾸다: 보노의 원캠페인 스토리

보노 Bono

- 공동 설립자

　지금까지 OKR이 어떻게 문화적 변화에 기여하는지 살펴보았다. 보노의 이야기로 살펴보겠지만 체계적인 목표 설정은 또한 새로운 문화 구축의 든든한 기반이 된다.

　세계적인 록 스타 보노는 20년 동안 "전 세계적인 무관심과의 싸움"을 벌였다. 보노가 처음으로 세운 크고 위험하고 대담한 목표는 가난한 국가를 위한 국제적인 채무 탕감 운동인 주빌리 Jubilee 2000에서 모습을 드러냈다. 이 운동은 해당 국가들로부터 총 1000억 달러에 달하는 채무를 덜어주는 성과를 올렸다. 그리고 2년 뒤, 보노는 빌&멀린다 게이츠 재단의 후원을 받아 공공 정책 수정을 위한 국제기구 DATA Debt, AIDS, Trade, Africa를 공동 설립했다. DATA는 여러 정부 및 비정부기관과 손잡고 아프리카 지역의 빈곤과 질병, 개발 사안에 주력하겠다는 사명을 내걸었다(빌 게이츠는 아마도 DATA에 대한 100만 달러 후원이 최선의 선택이었다고 흡족해했을 것이다). 그리고 2004년에는 DATA의 자체적인 사업을 뒷받침하기 위해 원캠페인을 출범시킴으로써 사회 저변의 비정치적인 운동가들의 연합 전선을 구축했다.

보노를 처음 만난 순간부터 사실 기반 행동주의, 즉 "사실주의"에 대한 그의 뜨거운 열정에 강한 인상을 받았다. 원캠페인의 치밀하고, 분석적이고, 결과 중심적인 특성을 고려할 때 그들이 OKR 시스템을 받아들이는 데 큰 무리가 없을 것이라는 기대를 했다. 실제로 원캠페인은 최근 10년 동안 OKR 시스템을 근간으로 조직의 우선순위를 정했다(세상을 바꾸겠다는 사명을 가진 조직에는 대단히 힘든 일이다). 원캠페인의 전 CEO 데이비드 레인^{David Lane}은 이렇게 설명했다. "세상의 모든 일에 신경 쓰지 않도록 우리를 자제시켜줄 원칙이 무엇보다 필요했습니다."

원캠페인은 조직이 성장하면서 OKR을 기반으로 근본에서부터 문화적 변화를 시도했다. 그들은 아프리카를 '위한' 사업에서 아프리카 '안에서', 아프리카와 '함께하는' 사업으로 방향을 전환했다. 데이비드는 이렇게 설명했다. "개발도상국 지원 사업에 대한 사회적인 인식에서 근본적인 변화가 일어났습니다. 그것은 이들 국가가 스스로 성장할 수 있도록 도움을 줘야 한다는 것이었죠. 이러한 인식 변화 과정에서 OKR이 중요한 역할을 했습니다."

원캠페인은 개발도상국 취약 계층의 삶을 높이기 위한 건강 개선 프로그램을 추진할 때 필요한 500억 달러를 모금하는 과정에서 주도적인 역할을 했다. 더 나아가 부패를 척결하고 아프리카의 석유와 가스 자원을 활용하여 극단적인 빈곤에 맞서 싸우기 위해 투명성의 원칙을 구축하고자 로비를 벌였다. 이러한 노력으로 2005년에 보노는 게이츠 부부와 함께 《타임》이 선정한 올해의 인물로 이름을 올렸다.

———

보노: U2 결성 때부터 우리는 원대한 꿈을 품었다(아마 과대망상이라고 생각한 사람도 있었을 것이다). 당시 에지(U2의 기타리스트 디 에지The Edge – 옮긴이)는 이미 유명한 기타리스트였고 래리(U2의 드러머 래리 멀린 주니어Larry Mullen Jr. – 옮긴이) 역시 뛰어난 드러머였다. 그러나 나는 그저 그런 보컬이었고 애덤(U2의 베이시스트 애덤 클레이턴Adam Clayton – 옮긴이)은 아예 베이스를 연주할 줄도 몰랐다. 그래도 우리는 이렇게 믿었다. '다른 그룹보다 실력이 뛰어나지 않지만 우리는 계속해서 발전할 것이다.'

실제로 우리는 그동안 공연을 보러 쫓아다녔던 유명한 밴드들처럼 화려하지도 않고 인기가 많지도 않았다. 그러나 우리에게는 소위 '케미'(서로 잘 어울린다는 뜻을 가진 신조어로 영어 단어 chemistry에서 유래했다 – 옮긴이)란 게 있었다. 케미는 우리 주변의 모든 것을 마술처럼 바꿔놓았다. 우리는 끝까지 포기하지만 않는다면 세상을 뒤집을 수 있다고 믿었다. 하늘 높이 날아오를 거라 확신했다. 다른 밴드에게는 실력이 있었지만 우리에게는 그런 '믿음'이 있었다. 우리는 그 믿음을 계속해서 되뇌었다.

U2 360° 투어, 2009년.

　우리는 U2의 사회적 영향력을 어떻게 측정했을까? 처음부터 우리는 팝 차트나 클럽을 넘어서 사회적으로 우리의 위상이 어떨지 궁금했다. 우리 음악이 '쓸모가 있을까?' 우리 노래로 사회적인 변화를 자극할 수 있을까? 내가 열여덟 살이던 1979년, 우리는 인종차별과 피임을 주제로 공연을 시작했다. 두 가지는 당시 아일랜드 사회에서 뜨거운 화두였다. 그리고 20대 초반부터는 아일랜드 테러 집단, 그리고 그들을 암묵적으로 인정하는 모든 이들에게 불쾌한 존재가 되기로 결심했다. 우리는 아이들을 시켜 슈퍼마켓을 폭파하도록 하는 것이 결코 옳은 일이 될 수 없다고 외쳤다. 그때 나는 우리를 향해 되돌아온 사회적 비난의 강도로 U2의 정치적 영향력을 가늠했다.

우리는 언젠가부터 노래를 널리 알리기 위해 노력했다. 주류 음악 시장에서 살아남기 위해 발버둥쳤다. 우리는 하나의 사회적 현상으로 주목받았지만 노래는 크게 인기를 끌지 못했다. 그 무렵에는 공연 입장권 판매로, 혹은 앨범 판매로 성공을 평가했다.

싸울 대상을 선택하기

비영리단체 DATA를 설립했을 때의 상황은 U2를 결성했을 때와 크게 다르지 않았다. DATA는 루시 매튜Lucy Matthew, 바비 슈라이버Bobby Shriver, 제이미 드러먼드Jamie Drummond와 나로 구성된 하나의 밴드였다. 다만 누가 보컬이고 베이스인지, 혹은 드러머나 기타인지만 정해지지 않았을 뿐이었다. 그러나 우리는 이 조직이 히피나 이상주의 집단과는 다르다고 믿었다. 그보다는 펑크록 밴드에 더 가까웠다. 우리는 신념으로 무장한 기회주의자였다. 처음에 DATA의 목표는 단 하나, 가난한 나라의 채무를 탕감해주는 것이었다. 우리는 한 번에 하나씩 상대를 정하고 그것을 무찌르기 위해 최선을 다했다.

그다음으로는 에이즈 치료제의 광범위한 보급을 목표로 세웠다. 사람들은 우리를 비웃었다. "제정신이 아니군요. 그건 불가능한 목표입니다. 말라리아나 사상충증을 놔두고 왜 거기에 그 많은 돈을 투자한단 말입니까? 차라리 천연두에나 신경을 쓰지."

그러나 나는 이렇게 대답했다. "아닙니다. 우리는 에이즈와 싸우기로 선택했습니다. 그건 두 가지(현재는 한 가지) 에이즈 치료제가 불평등의 상징이 되어버렸기 때문입니다. 더블린이나 팰로앨토에 거주한다면 쉽게 그 약을 구할 수 있습니다. 하지만 아프리카 릴롱궤나 말라위에서는 그렇지 못합니다. 어떤 지역에 태어났다는 이유만으로 누구는 살고 누구는 죽습니다. 그건 부당한 일입니다."

나는 사람들을 설득할 수 있을 것이라 믿었다. 사회 전반이 부당함을 인식하고 있기 때문이었다. 문제는 간단했다. 내가 OKR을 처음으로 접한 것은 그로부터 몇 년 후였지만 그때도 나는 이렇게 말했다. "먼저 에베레스트 정상을 떠올리고, 등반이 얼마나 힘든 일일지 생각하자. 그러고 나서 거기에 올라갈 수 있는 방법을 고민하자." 당시 에이즈는 우리에게 에베레스트처럼 보였다. 우리는 먼저 그것이 무엇인지 확인하고, 그다음으로 무찌를 방법을 찾았다.

2017년을 기준으로 2100만 명의 에이즈 환자가 항레트로바이러스제를 복용하고 있다. 이는 놀라운 성과다. 지난 10년 동안 에이즈로 사망한 사람의 수는 45퍼센트 감소했다. 신규 아동 감염자 수 역시 절반 넘게 줄었다. 이제 우리는 2020년까지 태아 감염을 완전히 차단함으로써 에이즈 정복을 위한 싸움을 벌여나가고 있다. 나는 우리가 살아 있는 동안 에이즈가 사라진 세상을 볼 수 있을 것이라 확신한다.

OKR과 함께 성장하기

우리 NGO 밴드는 기업가 정신을 발휘하여 목표를 측정하고자 했다. 물론 시스템이 없는 상태에서 노력은 한계가 있었다. 하지만 사회적인 영향력이 높아지면서 데이터도 쌓여갔다. 그리고 과정과 결과를 객관적으로 평가할 수 있게 되었다. 우리는 원캠페인을 중심으로 11개 단체와 연합을 형성했다. 그리고 이를 통해 뛰어난 인재를 확보했다. 하지만 한 가지 문제가 있었다. 목표가 너무 많았다. 아프리카의 녹색혁명, 소녀를 대상으로 한 교육 프로그램, 에너지 빈곤, 지구온난화 등 다양한 사안에 관심을 기울이고 있었다.

우리는 원캠페인과 DATA를 중심으로 서로 다른 문화를 통합하고자 했다. 그건 대단히 힘든 과제였다. 그 과정에서 무엇보다 투명성이 부족하다는 사실을 깨달았다. 목표 달성을 확인하기 위한 기준이 없었고, 이 때문에 조직 간 중복과 불협화음의 문제가 발생했다. 구성원들은 업무에 혼란을 느꼈다. 그렇게 한동안 내부 갈등으로 고생했다.

우리는 세부 사항에 충분한 주의를 기울이지 않았다. 그리고 문제는 항상 거기서 비롯되었다. 목표는 지나치게 원대했고 사람들은 쉽게 지쳤다. 이러한 상황에서 OKR은 우리에게 구세주와도 같았다. 원캠페인 이사회 의장 톰 프레스턴Tom Freston은 OKR의 중요성을 잘 이해했고, 이를 운영 기반의 일부로 받아들일 것을 결정했다. 이후 프레스턴은 우리가 OKR 시스템을 도입하는 데서 결정적인 역할을 했다. 우리는 OKR 덕분에 우리의 자원으로 이룰 수 있는 목표를 분명하게 확인했고, 이에 대한 공감대를 형성했다. 또한 사람들의 열정을 더욱 높이 끌어올릴 수 있었다. OKR은 업무 차원에서 지나치게 추상적으로 생각하지 않도록 막아줬다. 또한 녹색, 노란색, 빨간색으로 이뤄진 OKR 신호등은 이사회를 바꿔놓았고 전략과 실행, 결과를 개선시켰다. OKR은 빈곤과의 전쟁에서 승리하기 위한 무기가 되어주었다.

전환

존 도어가 처음으로 원캠페인 이사회 모임에 참석했을 때 그는 단순하면서도 중요한 물음을 던졌다. "여러분은 누구를 위해 일합니까? 고객이 누구입니까?" 우리는 대답했다. "존, 우리는 세상에서 가장 가난하고 취약한 이들을 위해 일합니다." 존은 다시 물었다. "여기에 그들이 앉을 자리가 있습니까?" 우리는 말했다. "물론입니다. 이 자리는 그들을 위한 겁니다." 존의 질문 공세는 계속되었다. "그 사람들을 생생하게 떠올려볼 수 있나요? 그들이 여기에 실제로 앉아 있다고 생각해보면 어떨까요?"

그 물음은 원캠페인을 완전히 바꿔놓은 전환의 출발점이었다. 그의 질문은 예전에 파리에서 만났던 한 세네갈 사람을 떠올리게 했다. 그는 우리에게 이렇게 말했었다. "보노, 세네갈에는 이런 속담이 있습니다. '누군가의 머리카락을 자르려면 실내에서 하는 편이 더 낫다.'" 그의 말투는 상냥했지만 메시지는 분명했다. 그건 이런 의미였다. '우리가 뭘 원하는지 안다고 확신하지 말라. 그건 어쩌면 당신이 원하는 것일지 모른다. 당신은 아프리카 사람이 아니다. 그리고 당신의 그러한 메시아 콤플렉스가 항상 좋은 결과로 이어지는 것은 아니다.'

2002년, 아프리카 남동부 지역에서 죽음을 앞둔 에이즈 환자들을 만났다. 이후로 많은 운동가와 함께 에이즈의 감염 규모와 실태를 알리기 위해 노력했다. 나는 조직 내에서 에이즈를 언급할 때마다 반드시 '응급' 이라는 단어를 덧붙이도록 했다. 가령 "에이즈 응급 상황"이라는 식으로 말이다. 그러나 2009년, 저항에 직면했다. 여러 부유한 아프리카인들이 우리가 에이즈를 언급하는 방식에 불만을 품었던 것이다. 가령 경제학자 담비사 모요 Dambisa Moyo는 《죽은 원조》라는 책에서 이렇게 주장했다. '당신의 도움에 반대한다. 아무것도 필요 없다. 당신은 오히려 피해를 입히고 있다. 우리는 이 대륙을 투자와 삶과 일이 공존하는 새로운 땅으로 만들기 위해 노력 중이다. 당신은 그러한 노력을 방해한다.'

그 글을 읽고 나는 아프리카 땅에서 원캠페인에 대한 신뢰가 위협받고 있다는 생각을 했다. 사실 우리는 북반부 국가에 주목하고 있었다. 미국이나 영국, 혹은 독일 정부의 정책적 판단이 많은 가난한 국가를 구하는 과정에서 역할을 하기 때문이었다. 이후 제이미를 비롯하여 존 기통고 John Githongo, 오리 오콜로 Ory Okolloh, 라케쉬 라자니 Rakesh Rajani 등 많은 활동가들이 우리에게 비슷한 메시지를 전했다. 아프리카의 미래를 아프리카 사람들이 결정하도록 내버려둬야 한다는 주장이었다. 캠페인의 이름은

'원'이었지만 사실 우리는 문제 해결을 위한 반쪽에 불과했다. 남반구 국가와 협력이 없이 북반구 국가들하고만 세계적인 빈곤 문제를 해결할 수 있다는 생각은 착각에 불과했다.

이후 원캠페인은 문화적 변화에 집중했다. 지금도 여전히 민간단체 및 활동가를 비롯하여 다양한 아프리카 지도자와 협력을 강화해나가고 있다. 그리고 요하네스버그 등지로 아프리카 사무소를 확대 설치하는 중이다. 그 과정에서 OKR을 기반으로 아프리카에서 인재를 영입하고, 이사회 범위를 확대하고, 기존 주빌리 파트너와 다시 관계를 맺고, 새로운 네트워크로부터 조언을 구하는 등 변화를 위한 구체적인 과제에 집중했다. 덕분에 더욱 다양한 목소리를 들을 수 있게 되었다.

열정을 측정하기

원캠페인 이사회 일원이자 수단의 사업가, 자선사업가인 모 이브라힘 Mo Ibrahim은 놀라운 사람이다. 그는 아프리카에서 록 스타에 버금가는 인기를 누린다. 모와 그의 딸 하딜은 그전까지 알지 못했던 아프리카에 대한 새로운 생각을 들려주었다. 그건 반드시 귀 기울여야 할 조언이었다. 모를 만나기 전, 우리는 목표에 대해 조금은 자만했다. 모는 아프리카를 넘어서 유럽과 아메리카에서도 목표에 대한 투명성을 강조했다. 우리는 그간 실시한 조사로 많은 개발도상국이 부패 문제로 연간 수조 달러를

> **목표**
> 원캠페인 사업으로 아프리카의 다양한 관점을 통합하고,
> 아프리카가 직면한 과제와 긴밀하게 정렬하고,
> 원캠페인의 정치적 자산을 활용하고 공유함으로써
> 아프리카 내부적으로 뚜렷한 정책적 변화를 주도하기
>
> **핵심결과**
>
> 1. 3명의 아프리카인을 채용하고(4월까지), 2명의 아프리카인
>   을 이사회로 영입하기(7월까지)
> 2. 아프리카 자문위원회를 발족하고(7월까지) 회의 2회 개최
>   (12월까지)
> 3. 원캠페인 정책 방향과 외부 사업에 대해 조언을 줄 수 있는
>   앞서가는, 꾸준히 활동하는 아프리카 사상가 10~15명과 협
>   력하기
> 4. 2010년에 4회 아프리카 방문

낭비한다는 사실을 알고 있었다. 이에 대해 모는 이렇게 설명했다. "부패는 에이즈보다 더 심각한 문제입니다. 이 문제를 해결하면 더 많은 생명을 살릴 수 있습니다."

원캠페인은 바로 이러한 조언으로부터 변화하기 시작했다. 우리는 PWYP Publish What You Pay와 손잡고 로비를 추진했고, 이를 통해 뉴욕증권거래소에 상장된, 혹은 EU 내 모든 기업이 채굴권을 따내기 위해 지불한 대가를 공개하도록 만들었다. 또한 2016년에는 아프리카의 빌 게이츠라 불리는 알리코 단고테 Aliko Dangote를 원캠페인 이사회로 영입했다.

상황은 긍정적인 방향으로 흘러갔지만 현실은 여전히 만만치 않았다. 2017년 12월을 기준으로 원캠페인에 가입한 회원은 총 890만 명이었다. 대부분 온라인으로 서명에 참여했거나 여러 가지 행사에서 활동했던 사

람들이다(그중 300만 명 이상은 아프리카에 거주한다). 그러나 빌 게이츠는 곰곰이 생각하다가 이렇게 말했다. "대단하군요. 하지만 모두를 회원이라고 볼 수는 없어요. 그들은 그저 뭔가에 서명을 했을 뿐이죠." 타당한 지적이었다. 우리는 이런 고민을 시작했다. '정확한 회원 규모를 어떻게 측정해야 할까? 어떤 기준을 택하든 회원 수는 앞으로 늘어날까, 아니면 지금 상태를 유지할까?' 우리는 온라인 서명자들을 진정한 회원이자 활동가로 전환할 수 있다는 사실을 보여주고 싶었다. 이를 위해 그들이 행사에 참여한 것에 보상이나 고마운 마음을 전할 방법을 모색했다. 우리 회원들은 미국의 특정 지역에 많이 분포해 있었고, 해당 지역의 정치인들은 그 사실에 신경 쓰고 있었다. 가령 텍사스 공화당 하원 의원 케이 그레인저Kay Granger에게 물어봤다면 아마도 원캠페인 티셔츠를 입은 사람을 곳곳에서 볼 수 있다고 대답했을 것이다. 우리는 그레인저가 분명한 입장을 내놓도록 요청했다. 그녀는 전략적 대상 인물 중 하나였고 실제로 원캠페인을 위해 많은 노력을 했다.

사회운동가의 열정을 측정하려는 시도는 지금껏 없었다. 열정을 측정한다는 말이 이상하게 들릴지 모른다. 하지만 그건 다름 아닌 OKR의 핵심이다. 우리는 모두 열정적인 사람이다. 그런데 얼마나 열정적일까? 열정이 우리를 어디까지 이끌어주었나? 언젠가 빌 게이츠가 우리 이사회 모임에 참석해서 이런 힘든 질문을 던진다면 우리는 OKR을 보여주며 이렇게 대답할 것이다. "우리는 지금까지 이러저러한 노력을 했습니다. 그리고 다음과 같은 결실을 거두었습니다."

원캠페인 활동을 위해 나이지리아 달로이 난민 캠프를 찾은 보노, 2016년.

OKR 시스템

OKR에도 부작용이 있을까? 만약 OKR을 잘못 이해하면 '지나치게' 조직화될 위험이 있다. 물론 원캠페인은 절대 그래서는 안 된다. 우리는 끊임없이 혁신을 추구해야 하기 때문이다. 나는 원캠페인이 기업처럼 움직이거나, 혹은 매분기 목표 달성을 위해 안간힘을 쓰는 조직처럼 변할까 봐 항상 걱정한다. 나는 존이 우리에게 이런 말을 해주길 바랐다. "전부 녹색이라면 그건 성공이 아닙니다." 이러한 생각은 상식에 반한다. 특히 우리가 지금까지 많은 자금을 끌어모으는 데 성공했고, 또한 최고의 성과를 보여주고 있다는 점에서 더욱 그렇다. 그러나 존은 끊임없이 재촉한다. "빨간색이 더 많아야 합니다!" 그의 지적은 옳다. 우리에게는 더욱더 도전적인 목표가 필요하다. 그런 목표를 달성하는 것이야말로 우리가 가장 잘하는 일이기 때문이다. 점진적인 발전은 우리에게 어울리지 않는다.

원캠페인의 근간은 열정이 아니다. 도덕적인 분노도 아니다. 원캠페인의 근간은 굳건한 원칙, 다시 말해 OKR로부터 비롯된 특정한 사고방식이다. 그리고 우리는 그러한 사실을 대단히 감사하게 생각한다. 변화를 주도하기 위해서는 지성적인 엄격함, 즉 진지하고 심오한 전략이 필요하다. 머리와 가슴이 조화를 이루지 못할 때 열정은 아무런 의미가 없다. OKR 시스템은 잠재력으로 가득한 광기를 만들어낸다. 그리고 실패는 비난의 대상이 아니라는 신뢰의 분위기를, 다시 말해 누구나 자신의 생각에 따라 행동할 수 있는 안전한 장소를 마련해준다. 뛰어난 인재가 이러한 분위기 속에 있을 때 마술이 펼쳐진다.

에지는 처음부터 재능 있는 기타리스트였고 래리는 뛰어난 드러머였다. 그러나 나는 최고의 가수가 아니었고 애덤 역시 최고의 베이시스트가 아니었다. 그러나 도전적인 목표를 세우고 목표를 달성하기 위한 아이디어를 찾았다. 우리는 세계 최고의 밴드가 되고 싶었다.

─21장─

미래의 목표

목표는 나를 끊임없이 움직이게 만든다.

– 무함마드 알리 Muhammad Ali

여기까지 읽었다면 여러분은 아마도 OKR과 CFR이 모든 형태의 기업에게 거대한 산을 옮길 힘을 준다는 사실을 이해했을 것이다. 그리고 그두 가지가 어떻게 직원에게 영감을 주고, 리더를 양성하고, 조직을 단결시킴으로써 놀라운 성과를 달성하게 돕는지 이해했을 것이다. 목표와 핵심결과는 정말로 중요한 것을 측정하게 함으로써 보노와 게이츠 재단이빈곤과 질병에 맞서 싸우도록 격려한다. 또한 누구나 자유롭게 정보에 접근하도록 만들겠다는 야심 찬 목표를 실현하도록 구글에 힘을 실어준다. 그리고 로봇이 만든 최고급 피자를 따뜻한 상태로 고객의 집 앞에 배달하도록 줌 피자에 활력을 불어넣는다. 가장 흥미로운 사실은 이러한 움직임이 이제 시작에 불과하다는 것이다.

OKR의 무한한 가능성

사람들은 OKR을 특정한 도구나 규칙, 혹은 절차라고 생각한다. 그러나 나는 OKR을 기업가, 혹은 기업가 정신으로 무장한 직원들이 다가오는 물결을 향해 날아오를 준비를 하는 도약대라고 생각한다. 나는 앤디 그로브의 발명품이 우리 삶의 모든 것을 바꿔놓을 미래를 꿈꾼다. 그리고 OKR이 GDP, 의료보험, 교육, 정부, 기업, 사회 발전에 엄청난 영향을 미칠 것이라 믿는다. 우리는 최근 캘리포니아 마운틴뷰에 위치한 칸랩스쿨Khan Lab School의 모든 초등학생에게 OKR을 소개한 올리 프리드먼Orly Friedman과 같은 앞서가는 사상가의 노력으로 내일의 희망을 살짝 엿보고 있다(대여섯 살 아이가 생각하고 책을 읽는 법을 배우는 동안 스스로 목표와 핵심 결과를 세우고 있다고 상상해보자!).

나는 체계적인 목표 설정과 지속적인 의사소통이 엄격하면서도 자유롭게 널리 활용된다면 사회 전반에 걸쳐 놀라운 생산성 향상과 혁신적인 결과가 나타날 것이라 믿는다.

어느 조직이든 쉽게 받아들일 수 있다는 점에서 OKR의 잠재력은 어마어마하다. OKR 시스템에 한 가지 정답은 없다. 다양한 조직은 그들이 처한 상황에 따라 요구되는 바가 서로 다르다. 어떤 조직은 목표를 공개적이고 투명한 방식으로 수립하는 것만으로도 엄청난 성장을 일궈낼 수 있다. 그리고 다른 조직은 계획을 분기 단위로 수립함으로써 기존 게임 방식을 완전히 바꿔놓을 수 있다. 무엇에 집중할 것인지를 확인하고 그에 따라 적절한 도구를 찾는 일은 각자의 몫이다.

이 책에서 나는 OKR과 CFR에 관한 여러 가지 숨은 이야기를 소개했다. 최근에는 OKR에 관한 다양한 도전 사례와 이야기가 더 많이 나오고 있다. 우리는 앞으로도 whatmatters.com에서 OKR에 관한 논의를 이어나갈 것이다. 누구든 사이트에 접속해서 우리의 성과를 확인할 수 있다. 또한 이메일(john@whatmatters.com)로도 그 과정에 참여할 수 있다.

내 최고의 도전적인 OKR은 많은 이들이 불가능해 보이는 것들을 성취하도록 힘을 불어넣고, 성공과 의미를 끊임없이 추구해나가는 지속 가능한 문화를 구축하는 일, 그리고 모두가 가장 중요한 목표를 향해 달려가도록 영감을 불어넣는 일이다.

2016년 말, 우리 곁을 너무 빨리 떠난 소중한 두 사람에게 이 책을 바친다. 우선 OKR의 발명가 앤디 그로브에 대해서는 이 책 전반에 걸쳐 자세하게 소개했다. 반면 "코치" 빌 캠벨은 짤막하게 설명하는 데 그쳤다. 그래서 이 지면에서 다시 한번 빌을 기리고자 한다. 그는 많은 것을 남겼다. 솔직하고 열린 의사소통에서 데이터 기반 경영 방식에 이르기까지 OKR의 정수를 온몸으로 보여주었다. 이러한 점에서 빌의 이야기로 이 책을 마무리하는 것이 안성맞춤이라고 생각한다.

캘리포니아 애서턴의 어느 맑은 4월 아침, 새크리드하트 운동장에 빌의 조문객을 맞이하기 위한 커다란 천막이 들어섰다. 빌은 이 운동장에 토요일마다 들러 8학년 학생들을 대상으로 플래그풋볼이나 소프트볼을 가르치곤 했다. 래리 페이지와 제프 베조스에서부터 젊은 시절 빌의 밑에서 일했던 많은 이들에 이르기까지 3000명이 넘는 조문객이 그곳을 찾았다. 빌은 커다란 포옹과 열정적인 가르침으로 우리 모두를 끌어안아 줬다. 우리 모두는 빌을 최고의 친구라고 생각한다. 그의 인생이야말로 무엇보다도 커다란 천막이었다.

밤이 되면 펜실베이니아 홈스테드 제철소로 출근을 했던 체육 교사의 아들 빌은 1970년대에 자신이 사랑하는 모교인 컬럼비아 대학의 미식축구 대표 팀 코치를 맡았다. 그리고 이후 미식축구장을 떠나 더욱 경쟁이 치열한 실리콘밸리에 임원으로 들어왔을 때도 '코치'를 맡았다. 빌은 세상에서 경청을 가장 잘하는 사람이자 최고의 멘토, 그리고 내가 아는 한 가장 현명한 사람이다. 그의 야심 차고, 배려심 넘치고, 투명하고, 실용적이며, 책임감 강한 인간애는 구글을 비롯하여 많은 기업의 문화 속에서 꽃을 피웠고 지금까지도 유산으로 남았다.

켄 올레타는 《뉴요커》에 이렇게 썼다.[1] "1인당 소득이 사회적 기술과 반비례하는 것처럼 보이는 기술공학 세상에서, 캠벨은 설립자들에게 컴퓨터 화면에서 고개를 들어 똑바로 세상을 바라보라는 가르침을 전한 인물이었다. (……) 그의 부고는 유명 신문의 1면이나 기술 뉴스 사이트의 헤드라인으로 보도되지 않았다. 그러나 그랬어야만 했다."

빌을 처음 만난 때는 1980년대 말이었다. 그 무렵 나는 전자펜으로 입력하는 태블릿 컴퓨터를 개발한, 그리고 가장 악명 높은 실패를 경험했던 벤처 기업인 GO 코퍼레이션의 새로운 CEO를 물색하던 중이었다(빌은 그 태블릿을 "GO, Going, Gone"이라고 놀리곤 했었다). 나는 실리콘밸리의 임원 헤드헌터인 데브라 래더보Debra Radabaugh, 그리고 애플 시절 빌의 밑에서 일했던 플로이드 크배미Floyd Kvamme의 추천으로 빌을 영입했다(플로이드는 나중에 클라이너 퍼킨스로 데려왔다). 그와의 계약은 내가 애플의 소프트웨어 자회사 클라리스에서 빌의 팀을 방문했을 때 성사되었다. 나는 어떤 기업가와 함께 어려움을 헤쳐나갈지 빨리 결정하는 편이다(물론 나와 함께 어려움을 헤쳐나가자고 설득하기까지는 오래 걸리지만). 클라리스는 빌에 대한 존경심을 중심으로 강력하게 결속된 조직이었고, 그것은 무척 강한 인상을 주는 풍경이었다.

빌의 기대와 달리 애플과 존 스컬리John Sculley가 기업공개를 통해 클라리스를 분사하자는 제안을 거부했을 때, 빌은 GO 코퍼레이션 CEO 자리를 승낙했다. 이후 비즈니스 모델은 실패로 돌아갔지만 우리는 많은 시간을 함께 보냈다. 빌이 들어오기 전, GO 코퍼레이션 경영진은 그들의 전략과 성공, 실패에 대해 치열한 논쟁을 벌였고 투표로 의사 결정을 내렸다. 그러나 빌이 들어오고 모든 게 달라졌다. 그는 회의 시간에 임원들에게 가족 이야기를 물었고, 편안한 분위기에서 이러저러한 대화를 나눴다. 그리고 그 과정에서 임원들이 주어진 과제를 어떻게 바라보는지 파악했다. 그는 회의실에 들어가기도 전에 임원들에게 동의를 이끌어내는 놀라운 기술을 갖고 있었다. 덕분에 GO 코퍼레이션에서는 투표 절차가 사라졌다. 빌은 언제나 회사와 팀을 먼저 생각했다. 개인적인 동기나 사심은 없었다. 그의 사명은 숭고했다.

경영자교육과정에서 자신의 사인이 든 맥주 상자를 들어 보이는 빌 캠벨, 2010년.

빌은 리더를 길러내는 리더였다. GO 코퍼레이션 시절에 빌의 밑에서 일했던 5명의 직원은 모두 벤처 기업의 CEO, 혹은 CBO가 되었다(나는 그들에게 투자했고, 모두 수익으로 보답했다). 빌은 기업이 실패했을 때 그 직원들을 존중하고 소중하게 여겨야 한다는 사실을 깨닫게 해줬다. GO 코퍼레이션이 결국 AT&T에 매각되었을 때 우리는 조직을 떠나야 했던 모든 직원에게 최선을 다해 추천장을 써줬고 그들이 더 나은 경력을 만들 기회를 발견하도록 노력했다.

1994년, 나는 빌과 함께 클라이너 퍼킨스로 돌아갔다. 나는 그에게 상무 직함과 함께 내 사무실 바로 옆 중역실을 내주었다. 그리고 그가 운영하게 될 새로운 기업을 찾아보겠다고 약속했다. 마침 그 무렵에 인튜이트 설립자 스콧 쿡이 새로운 CEO를 물색하고 있었다. 나는 즉각 스콧에게 빌을 추천했고, 그는 빌이 살던 팰로앨토에 들러 함께 산책을 하고 난 뒤 곧바로 영입을 결정했다. 이후 빌과 스콧은 탄탄한 관계를 바탕으로 훌륭한 비즈니스 성과를 이어나갔다.

4년을 머물렀던 인튜이트의 임기 초반에 빌은 위기에 직면했다. 분기 매출 실적이 크게 떨어졌다. 낙관적이고 장기적인 안목을 가졌던 인튜이트 이사회는 어려울수록 더 많은 자본과 에너지를 투자해야 한다고 그를 독려했다. 라스베이거스의 한 호텔에서 이사회가 열렸을 때 빌은 이사회의 그러한 입장에 이의를 제기했다. "현실을 직시해야 합니다. 조직을 줄이고 인력을 삭감해야 합니다. 목표를 달성하기 위해 더 가벼워져야 합니다. 그건 저의 원칙이자 제가 기대하는 문화입니다." 빌은 주주를 위해, 팀과 고객을 위해 어떻게든 목표를 달성하고자 했다.

그러나 회의가 진행되는 동안 점점 더 많은 임원이 투자 쪽으로 뜻을 밝혔다. 빌의 얼굴은 굳어갔다. 내 차례가 되었을 때 나는 이렇게 말했다. "저는 코치의 뜻을 존중해야 한다고 생각합니다." 빌의 판단이 옳다는 확신은 없었지만 그의 요구가 타당하다는 생각이 들었다. 나의 발언은 회의장 분위기를 완전히 바꿔놓았다. 나중에 빌은 내가 큰 힘이 되었다고 했다. 그러고는 다른 쪽으로 결론이 났다면 사퇴했을 것이라고 말했다.

그 이후로 우리의 관계는 더욱 돈독해졌다. 물론 의견이 충돌하거나, 서로 독한 말을 내뱉은 적도 있었다. 하지만 그럴 때면 누군가 먼저 전화를 걸어 사과했다. 우리 두 사람은 서로에 대한 신뢰가 그 어떤 차이보다 더 중요하다는 사실을 잘 이해했다.

빌이 여전히 인튜이트에 몸담고 있었을 때 나는 다시 한번 그를 넷스케이프 이사회로 영입하고자 했다. 그 이후로도 나는 새로운 사업을 시작할 때마다 그를 1순위로 불렀다. 그것은 우리의 암묵적인 약속이 되었다. 가령 클라이너가 새로운 기업에 투자하고, 내가 캠벨을 부르고, 캠벨이 그 기업을 이끄는 식이었다. 우리는 그 방식을 끝까지 고수했다.

1997년, 스티브 잡스는 기업 역사상 가장 놀라운 비적대적 합병으로 돈 한 푼 들이지 않고서 애플로 돌아왔다. 잡스는 애플 임원들 중 한 명만 제외하고 모두 사퇴할 것을 요구했다. 그리고 빌 캠벨을 새로운 이사회 일원으로 요청했다. 그러나 빌은 실리콘밸리에서 아직 할 일이 남았다며 제안을 거절했다. 이후로도 몇몇 기업이 그에게 주식을 제안했지만 빌은 그것을 모두 자신의 자선단체로 보냈다.

2001년, 나는 구글 설립자들에게 에릭 슈미트를 CEO로 추천했다. 그리고 에릭에게 빌을 자문으로 영입할 것을 조언했다. 당시 에릭은 노벨의 CEO와 회장으로 자부심이 대단한 강한 인물이었다. 그런 그에게 내 조언은 아마도 그리 유쾌한 제안은 아니었을 것이다. 실제로 에릭은 내게 이렇게 답했다. "제가 무슨 일을 해야 하는지 충분히 잘 알고 있습니다." 덕분에 에릭에 대한 빌의 첫인상은 그리 우호적이지 못했다. 그러나 1년이 지나지 않아 에릭의 평가는 달라졌다. "캠벨은 우리 모두에게 많은 가르침을 줬습니다. 지금 생각해보니 그는 처음부터 필요한 사람이었습니다. 지금의 구조를 만들기 위해 좀 더 일찍 노력해야 했습니다. 제가 구글에서 일을 시작했던 때부터 그랬더라면 제일 좋았겠죠."[2]

빌은 구글에서 자신이 해야 할 역할의 한계를 정하지 않았다. 그는 래리 페이지와 세르게이 브린에게, 그리고 수전 워치츠키와 셰릴 샌드버그, 조너선 로젠버그를 비롯한 구글 경영진 전부에게 조언을 주었다. 그는 젠 시절에, 그리고 버드라이트 시절에 완성한 자신만의 독특한 방식대로 임무를 수행했다. 빌은 대부분 듣는 입장이었지만, 질문을 던질 때면 언제나 날카로웠다. 빌은 비즈니스 세상에는 정답이 여러 개 있고, 리더의 역할은 그중 하나를 고르는 일이라고 생각했다. 그는 이렇게 말했다. "자, 결정을 내립시다. 앞으로 나아갈 건가요? 승부를 지을 건가요? 그렇다면 계속해봅시다."

빌은 구글의 OKR에서 화려하지 않은 "필수적인" 목표에 많은 관심을 쏟았다(예컨대 "그 망할 기차를 제시간에 도착하도록 만드세요"와 같은, 그의 괴팍함이 묻어나는 코칭 활동을 하면서). 구글 CEO 피차이의 기억에 따르면 "빌은 매일 최고를 만들어내는 일에 집중했다." 이 말은 겸손하면서도 소중한 그의 모토인 "나날이 발전하라"와 맥락을 같이 한다. 그 모토만큼이나 힘들면서 동시에 강한 성취감을 주는 것은 없다.

빌은 구글에서 월요일마다 열리는 임원 회의의 숨은 실력자였다. 내막을 잘 아는 사람이라면, 빌이 구글 이사회의 비공식 의장이라는 생각에 공감할 것이다. 동시에 빌은 애플 이사회 일원으로도 활동했다. 이것은 많은 갈등을 빚었다. 특히 불만이 많았던 사람은 스티브 잡스였다. 안드로이드가 아이폰에 도전장을 내밀면서 그의 불만은 고조되었다. 결국 잡스는 빌에게 애플과 구글 중 하나를 선택하라고 요구했다. 하지만 빌은 답하지 않았다. "스티브, 기술적인 차원에서 구글을 돕는 게 아닙니다. 난 HTML도 몰라요. 다만 구글 비즈니스가 매일 발전하도록 조언을 하는 겁니다." 물론 잡스는 동의하지 않았다. 빌은 이렇게 덧붙였다. "선택을 강요하지 마세요. 제 결정을 아마 마음에 들어 하지 않을 테니까요." 그 이후로 잡스는 다시 묻지 않았다. 빌이야말로 그가 전적으로 신뢰할 수 있는 유일한 인물이었기 때문이다(에릭 슈미트는 《포브스》 기사에서 이렇게 밝혔다. 빌은 "스티브 잡스가 계속해서 나아가게 했다."[3] 그는 잡스의 "멘토이자 친구였으며 보호자이자 아이디어의 원천이었다. 잡스는 누구보다 빌을 신뢰했다").

빌은 기술에 대해 누구보다 지식이 깊었지만 엔지니어나 제품 개발자로 활동하지는 않았다. 그의 통찰력은 주로 리더십, 조직과 구성원을 움직이는 힘, 직원들이 일상 업무에 매몰되지 않도록 하는 데 집중되었다. 누군가 부당한 대우를 받는 장면을 목격하면 빌은 어김없이 CEO에게 전화를 걸어 이렇게 따졌다. "시스템에 문제가 있는 것 같군요." 그러고는 문제를 바로잡았다.

사람들은 비즈니스 세상과 사랑을 거리가 먼 것으로 생각한다. 하지만 빌은 그러지 않았다. 사랑은 빌의 고유한 특성이었다. 인튜이트 시절, 그가 회의장으로 들어설 때 모두의 얼굴이 환하게 빛났던 장면을 아직도 생생히 기억한다. 그는 때로 상대방에게 무안을 주는 식으로 자신의 애정을 드러내기도 했다(가령 어울리지 않는 스웨터를 입고 출근한 직원에게 이렇게 면박을 주곤 했다. "화장실에서 뺏어 입고 왔어요?"). 그래도 모두들 언제나 빌의 애정을 느꼈다. 직원들은 그가 항상 뒤에 서 있다는 사실을 알았다. 그가 우리를 지탱해준다고 생각했다. 빌만큼 애정과 냉철한 피드백을 동시에 주는 리더는 찾아보기 힘들 것이다. 분명하게도 그는 우리 모두의 엄격한 코치였다.

빌은 비즈니스 못지않게 가족도 끔찍이 아꼈다. 빌의 딸 매기와 나의 딸 메리가 함께 소프트볼 훈련을 하는 모습을 지켜볼 때 그는 가장 행복해 보였다. 아무리 중요한 회의가 있어도 빌은 오후 3시 20분이면 어김없이 운동장을 찾았다. 그리고 6회가 되면 스마트폰으로 정신없이 업무를 처리했다. 그런 소프트볼 코치도 찾아보기 힘들 것이다. 빌은 어디서나 존재감을 드러냈고 언제나 빛났다.

빌은 건강이 악화되고 나서도 활동을 멈추지 않았다. 내가 클라이너 퍼킨스 회장직 제안을 수락했을 때도 빌의 조언이 크게 작용했다. 마침 두 딸 모두 대학에 들어가면서 집을 떠난 터라 시기도 적절했다. 빌은 내가 앞으로 계속해서 노력할 것이라는 사실을 잘 알았다. 나는 내가 좋아하는 일, 즉 유능한 기업가를 발굴하고, 지원하고, 그들이 조직을 잘 이끌도록 돕기 위해 그의 조언을 받아들였다. 그건 내가 빌을 따라서 차세대 리더와 파트너의 코치가 될 수 있는 소중한 기회였다.

세상을 뜨기 몇 달 전, 빌은 클라이너의 파트너인 랜디 코미사와 함께 팟캐스트 방송에 출연해 이렇게 말했다. "전 해결책의 일부가 되길 원합니다. (……) 사람이야말로 우리가 가장 주목하는 대상입니다. 우리는 훌륭한 인재들이 계속해서 발전하도록 도울 것입니다."[4]

코치 빌 캠벨, 2013년.

이제 빌은 우리 곁을 떠났다. 그러나 그가 전한 다양한 원칙들, 그동안 길러낸 경영자들, 그리고 그가 이룩한 업적은 그대로 남았다. 오늘도 우리는 더 나아지기 위해 노력한다.

빌, 당신이 보고 싶다. 우리 모두 당신이 그립다.

2018년 4월, 존 도어

구글 OKR 플레이북

OKR 시스템을 조직적인 차원에서 추진한 대표적인 기업으로는 구글을 꼽을 수 있다. 구글은 조직 규모가 커지면서 OKR 관련 지침서를 정기적으로 내놓았다. 앞으로 소개할 이야기는 구글의 허락을 받아 가져온 내부 자료의 내용이다(주의: 이것은 OKR에 대한 구글의 접근 방식이며 조직마다 적용 방식은 다를 것이다).

——

구글인은 거시적 사고를 좋아한다. 목표와 핵심결과, 즉 OKR 시스템을 기반으로 의사소통하고, 평가하고, 도전적인 목표를 달성한다.

우리의 선택이 구글의 미래를 결정한다. 구글 검색에서 크롬, 안드로이드 사례를 통해서 살펴봤듯이 구글의 다양한 소규모 팀들은 협력을 통해 공동의 도전적인 목표를 달성함으로써 2년 만에 산업 지평을 완전히 바꿔놓았다. 구글 사람들은 개인으로서, 팀의 구성원으로서 객관적인 정보를 바탕으로 시간과 에너지를 어디에 쓸지 신중하게 판단한다. 그러한 의사 결정은 OKR에 고스란히 드러난다. OKR은 기업 목표를 달성하기 위해 구성원 개인의 노력을 하나로 연결하는 통로이기 때문이다.

우리는 OKR을 기반으로 무엇을 만들어내야 할 것인지 계획을 세우고, 이를 기준으로 발전 상황을 추적하며, 개인과 팀의 주요 과제와 이정표를 정렬한다. 또한 OKR 시스템을 활용함으로써 모든 구성원이 가장 중요한 목표에 집중하도록 만들고, 일상적인 업무 때문에 집중력이 흐트러지지 않도록 한다.

OKR은 거대하지만 점점 증가하지는 않는다. 그리고 모든 OKR을 달성할 수 있다고 기대하지 않는다(만약 그렇다면 OKR을 충분히 공격적으로 세우지 않은 것이다). 구글은 OKR의 추진 상황을 한눈에 파악할 수 있도록 색깔로 구분한다.

- 0.0~0.3 빨간색
- 0.4~0.6 노란색
- 0.7~1.0 녹색

효과적인 OKR 세우기

OKR을 잘못 세우거나 제대로 관리하지 못하면 시간 낭비와 겉치레로 끝나게 된다. 효과적으로 수립한 OKR은 동기 부여를 위한 경영 도구다. 또한 조직에 무엇이 중요하고 무엇을 최적화해야 하며 일상적인 업무 과정에서 어떤 타협이 필요한지 구체적으로 말해준다.

물론 OKR 수립은 쉽지 않다. 하지만 불가능하지도 않다. OKR 수립을 위한 몇 가지 원칙을 소개한다.

목표는 '무엇'을 말한다. 목표는……

- 목적지와 방향을 가리킨다.

- 공격적이면서 현실적이다.

- 뚜렷하고 객관적이고 구체적이어야 한다. 성공 가능성을 떠나 누구나 쉽게 이해할 수 있어야 한다.

- 목표를 달성했다면 구글은 뚜렷한 가치를 얻을 수 있어야 한다.

핵심결과는 '어떻게'를 말한다. 핵심결과는……

- 측정 가능한 이정표다. 모든 이정표를 거쳤다면 목적지에 도달해야 한다.

- 노력이 아니라 결과에 관한 것이다. "조언", "도움", "분석", "참여"라는 용어가 보인다면 그것은 노력에 관한 설명이다. 핵심결과는 이러한 노력이 최종 사용자에게 미치는 영향을 말한다. 가령 "3월 7일까지 주요 여섯 팀의 평균 및 테일 레이턴시 발표하기."

- 완성의 증거를 포함해야 한다. 그리고 그 증거는 접근 가능하고 객관적이며 뚜렷하게 확인할 수 있어야 한다. 그러한 증거로는 변화를 기록한 목록, 문서, 기록, 발표된 기준 보고서 등이 있다.

수평적 OKR

여러 중요한 프로젝트를 추진하려면 다양한 팀의 기여가 필요하다. 이 과정에서 OKR은 협력과 열정을 이끌어내는 최고의 도구다. 수평적

OKR은 관련된 모든 팀을 포함해야 하며 각 팀은 그들의 OKR에 이를 명시적으로 반영해야 한다.

예를 들어 광고개발 팀, 광고 SRE 팀, 네트워크 구축 팀이 새로운 광고 서비스를 지원해야 하는 경우라면 각 팀은 프로젝트에서 담당한 역할을 수행하기 위해 OKR을 세워야 한다.

필수적인 committed OKR vs. 도전적인 aspirational OKR

OKR에는 두 가지 유형이 있다. 이 둘은 구분할 필요가 있다.

먼저 필수적인 OKR은 모두가 성취 가능하다고 동의한 OKR을 뜻한다. 필수적인 OKR을 달성하기 위해 일정과 자원을 효율적으로 조율해야 한다.

- 필수적인 OKR의 기대 점수는 1.0이다. 결과가 1.0보다 낮다면 분석이 필요하다. 계획의 수립과 실행에서 문제가 있었음을 나타내는 것이기 때문이다.

도전적인 OKR은 세상이 어떻게 되기를 바라는지 소망하는 결과를 의미한다. 이 OKR을 어떻게 달성할 것인지, 어떤 자원이 필요한지 구체적으로 몰라도 상관없다.

- 도전적인 OKR의 기대 점수는 대략 0.7점이다.

OKR 수립 과정에서 발생하는 일반적인 오류와 함정

함정 #1: 필수적인 OKR과 도전적인 OKR을 혼돈

- 필수적인 OKR을 도전적인 OKR로 제시하면 실패 가능성이 높아진다. 팀원들은 이를 진지하게 받아들이지 않고, OKR 달성을 위해 기존 우선순위 목록을 바꾸지 않는다.

- 반대로 도전적인 OKR을 필수적인 OKR로 제시할 경우에 팀은 소극적인 자세를 취한다. 그들은 OKR을 달성하기 위한 방법을 찾기 위해 노력하지 않는다. 또한 필수적인 OKR에 투입할 인원을 도전적인 OKR에 투입함으로써 우선순위 목록상 역전 현상이 발생한다.

함정 #2: 관성적인 OKR

- 팀이나 고객이 정말로 원하는 것이 아니라 기존 상태에서 충분히 이룰 수 있는 것을 OKR로 세운다.

함정 #3: 소심한 OKR

- 많은 조직이 도전적인 OKR을 세우는 과정에서 이런 질문을 던진다. "인력이 충원되고 행운이 따른다면 우리는 무엇을 할 수 있을까?" 하지만 대신 이러한 질문을 던지길 권한다. "우리를 가로막는 제약이 사라진다면, 우리의 [혹은 고객의] 세상은 앞으로 어떻게 바뀔까?" 도전적인 OKR은 그 정의상 어떻게 달성해야 할지 알 수 없는 목표다. 그렇기 때문에 도전적인 OKR이라고 부르는 것이다. 그러나 우리가 원하는 최종 상태에 대한 이해와 설명은 꼭 필요하다.

그것마저 없다면 OKR 달성에 대한 확신마저 사라지기 때문이다.

- 고객에게 정말로 원하는 것이 무엇인지 묻는 '리트머스 테스트'를 해보자. 우리의 도전적인 OKR은 고객의 요구를 충족시키는가? 혹은 넘어서는가?

함정 #4: 자원을 미비하게 활용

- 필수적인 OKR을 위해서는 가용 자원의 상당 부분(그러나 전부는 아닌)을 활용해야 한다. 그리고 도전적인 OKR을 위해서는 가용 자원 이상을 활용해야 한다(그렇지 않다면 그건 필수적인 OKR에 불과하다).
- 조직의 인력과 예산을 모두 활용하지 않고서 모든 OKR을 달성했다면 자원을 비축하거나, 혹은 OKR을 적절하게 세우지 않은 경우다. 이는 팀의 관리자가 인력을 비롯한 다양한 자원을 더 효율적으로 활용할 수 있는 다른 팀에 넘겨야 한다는 신호다.

함정 #5: 저가치 목표(혹은 "아무도 신경 쓰지 않는" OKR)

- OKR은 기업의 가치를 높여야 한다. 그렇지 않으면 자원을 투자할 이유가 없다. 1.0을 받아도 아무도 인정하거나 관심을 주지 않을 목표를 일컬어 저가치 목표Low Value Objectives, 이하 LVO라고 한다.
- 일반적인 LVO 사례: "작업 CPU 활용을 3퍼센트 높이기"는 그 자체로 사용자나 구글에 실질적인 도움을 주지 못하는 목표다. 반면 "품질과 레이턴시를 유지하면서 최대 쿼리에 필요한 코어 수를 3퍼센트 줄이기. 그리고 이에 따른 여유 코어를 예비 자원으로 전환하기"는 명백한 경제적 가치를 보여주는 더

나은 목표다.

- 리트머스 테스트: OKR을 달성했음에도 사용자에게 이익이나 경제적인 혜택을 제공하지 못할 수도 있을까? 그럴 가능성이 있다면 객관적인 이익을 염두에 두고 OKR을 새로 세워야 한다. 성공을 평가하기 위한 기준을 명시하지 않은 채 "X를 출시할 것"이라고 목표를 세우는 경우가 바로 그렇다. 대신 이렇게 바꿔야 한다. "X를 보그셀 90퍼센트 이상으로 출시함으로써 조직 전반에 걸쳐 Y를 두 배로 높이기."

함정 #6: 불충분한 핵심결과

- OKR은 원하는 결과(목표)와 결과를 달성하기 위한 측정 가능한 기준(핵심결과)으로 구성된다. 모든 핵심결과가 1.0을 기록했다면 목표도 당연히 1.0을 기록해야 한다.

- 목표 달성을 위해 '필요하지만 충분하지 않은' 핵심결과를 세우는 것은 일반적인 오류에 해당한다. "어려운" 핵심결과를 달성하기 위해 필요한 자원, 우선순위, 위험에 대한 책임을 회피할 수 있다는 점에서 이러한 오류는 벗어나기 쉽지 않다.

- 목표 달성에 필요한 자원의 발견을 방해하고 마감 시한을 넘길 것이라는 인식을 가로막는다는 점에서 이 함정은 특히 치명적이다.

- 리트머스 테스트: 모든 핵심결과에서 1.0을 받았지만 목표 달성에 실패한 상황이 이론적으로 가능한가? 만약 그렇다면, 핵심결과 달성이 곧 목표 달성을 의미할 때까지 핵심결과를 추가하거나 새롭게 정의해야 한다.

OKR 읽고 해석하고 실행하기

필수적인 OKR의 경우

- 마감 시한 전에 1.0을 달성하기 위해 다양한 주요 과제를 새롭게 조율해야 한다.

- 1.0을 달성할 수 없을 것으로 보인다면 즉각적인 개선이 필요하다. 중요한 사실은 이러한 (일반적인) 상황 속에서 개선은 선택이 아니라 필수다. OKR과 주요 과제에 대한 의견 불일치, 혹은 시간·인력·자원에 대한 미비한 투자 때문에 문제가 발생했다면 추가적인 지원이 필요하다. 이로써 관리자는 새로운 선택권을 찾고 갈등을 해결할 수 있다.

그에 따른 결과, 기존의 우선순위와 책임에 변화가 일어나면서 OKR 과정이 어느 정도 개선된다. 모든 팀의 업무에 변화를 요구하지 않는 OKR은 관성적인 OKR이며 이러한 OKR은 처음 세웠다고 해도 새로운 OKR이라 할 수 없다.

- 필수적인 OKR에서 마감 시한 전까지 1.0을 달성하지 못했다면 사후 분석이 필요하다. 그 목적은 실패에 대한 처벌이 아니다. 대신 계획을 수립하고 실천하는 과정에서 어떤 문제가 있었는지 확인하기 위함이다. 이를 통해 필수적인 OKR에서 1.0을 달성할 수 있도록 역량을 강화할 수 있다.

- 필수적인 OKR 사례는 다음과 같다. 서비스 품질을 분기 내에 SLA^{service level agreement}, 서비스준수협약로 끌어올리기. 특정 시점까지 제반 시스템에 새로운 기능을 추가하거나 개선하기. 혹은 주어진 예산 내에서 서버를 생산하거나 제공하기.

도전적인 OKR의 경우

- 도전적인 OKR은 특정 시점 내에 달성 가능한 조직의 역량을 넘어선 목표다. OKR은 임무 수행 후 남은 자원을 어디로 할당해야 할지 말해준다. 일반적으로 우선순위가 높은 OKR은 낮은 OKR보다 앞서 달성해야 한다.

- 도전적인 OKR은 달성될 때까지 상위 OKR 목록에 남아야 한다. 또한 필요하다면 다음 분기로 넘겨야 한다. 진전이 없다는 이유로 OKR 목록에서 제외하는 것은 잘못된 판단이다. 그 이면에 우선순위 선정, 자원의 활용 가능성, 혹은 문제와 해결책에 관한 이해 부족이 숨어 있을지 모르기 때문이다. 따라서 다른 팀이 전문적인 지식과 충분한 역량을 갖췄다면 도전적인 OKR을 그 팀에 넘기는 편이 낫다.

- 팀 관리자는 도전적인 OKR 달성에 필요한 자원을 검토하고 분기별로 그 자원들을 '요구'하는 의무를 다해야 한다. 물론 그들의 도전적인 OKR이 필수적인 OKR 다음으로 조직이 중요하게 생각하는 주요 목표가 아닌 이상, 관리자는 요구하는 모든 자원을 지원받지는 못할 것이다.

다양한 리트머스 테스트

훌륭한 OKR인지 판단하기 위한 몇 가지 간단한 테스트를 소개한다.

- 5분 만에 작성했다면 아마도 훌륭한 OKR은 아닐 것이다. 좀 더 고민하자.

- 목표를 하나의 문장으로 요약할 수 없다면 충분히 다듬지 않은 것이다.

- 개인의 핵심결과를 팀 차원에서 정의하면 안 된다(가령 "Foo 4.1 출시하기").

여기서 중요한 것은 출시가 아니라 출시가 미칠 영향이다. Foo 4.1의 출시가 중요한 이유는 무엇인가? 이러한 물음을 염두에 두고 핵심결과를 이렇게 잡아보자. "Foo 4.1를 출시함으로써 가입률을 25퍼센트 높이기." 혹은 좀 더 간단하게 "가입률 25퍼센트 높이기."

- 실질적인 데이터를 활용하자. 모든 핵심결과를 분기 말에서야 확인할 수 있다면 계획 수립은 무의미하다.

- 핵심결과는 반드시 측정 가능해야 한다. 그리고 분기 말에 객관적으로 점수를 매길 수 있어야 한다. 가령 "가입률 높이기"는 바람직한 핵심결과가 아니다. 대신 이렇게 잡자. "5월 1일까지 가입률 25퍼센트 끌어올리기."

- 기준은 구체적이어야 한다. "100만 명의 사용자"라고 할 때 사용자는 누구를 의미하는가? 매일 활동하는 사람을 말하는가, 어느 정도 오랫동안 활동하는 사람을 말하는가?

- 팀의 업무 활동 중 OKR에 포함되지 않는 것이 있다면 새롭게 추가하자.

- 대규모 조직이라면 OKR을 수직적인 형태로 수립하자. 먼저 조직 전체를 위한 상위 OKR을 세우고 그다음으로 각 팀을 위한 구체적인 하위 OKR을 세우자. 그리고 여러 팀이 한 프로젝트에 함께하는 경우라면 개별 팀을 위한 핵심결과를 "수평적" OKR에 담자.

—— 참고자료 2: 일반적인 OKR 주기 ——

기업과 팀, 구성원 개인의 차원에서 OKR을 세운다고 가정하고 그 절차를 확

인해보자(규모가 큰 기업이라면 세부 단계를 더 추가해야 한다).

1분기 시작 4~6주 전

연간 및 1분기 OKR에 대한 브레인스토밍
경영진은 기업 OKR에 대해 브레인스토밍을 시작한다. 1분기 OKR을 수립한다
면 전반적인 비즈니스 방향에 지침을 주는 연간 OKR도 동시에 수립해야 한다.

1분기 시작 2주전

연간 및 1분기 기업 OKR에 대한 본격적인 논의
기업 OKR을 최종적으로 결정하고, 이를 전체 구성원에게 알린다.

1분기 시작

팀별 1분기 OKR에 대한 논의
기업 OKR을 기반으로 팀별 OKR을 수립하고 회의에서 공유한다.

1분기 시작 일주일 후

개인별 1분기 OKR 공유
팀 OKR 논의를 시작하고 일주일 후 팀원은 각자의 OKR을 세우고 공유한다.
그 과정에서 일대일 회의 시간에 직원과 관리자 사이의 협의가 특히 중요하다.

1분기 전체

발전 상황 추적·검토
모든 팀원은 1분기 동안 발전 상황을 확인하고 공유하며 관리자와 함께 주기적
으로 검토한다. 자신의 OKR을 어느 정도 성취할 수 있을 것인지 정기적으로 평
가한다. 성공 가능성이 낮다면 OKR 수정이 필요하다.

1분기 말

1분기 OKR에 대한 분석과 평가
1분기 말이 다가오면 모든 구성원은 개인의 OKR 점수를 매기고 자율적인 평가
를 실시해 자신의 성취를 깊이 생각한다.

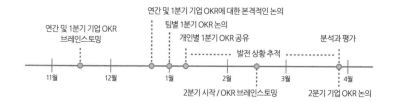

성과 논의

지속적 성과 관리는 두 부분이 긴밀하게 얽힌 형태로 이뤄진다. 첫 번째 부분은 OKR을 수립하는 과정, 두 번째 부분은 필요에 따라 진행되는 정기적이고 지속적인 논의다.

목표 수립과 회고

이 논의를 활성화하기 위해 관리자는 직원에게 다음과 같은 질문을 던져야 한다.

- 자신의 역할과 팀, 기업의 가치를 높이기 위해 어떤 OKR에 집중할 것인가?
- 여러 OKR 중에서 무엇이 주요 프로젝트와 정렬되는가?

발전 상황 검토

직원들로부터 논의를 이끌어내기 위해 관리자는 다음과 같은 질문을 던져야 한다.

- 자신의 OKR을 어떻게 도출했는가?

- 목표 달성을 위해 필요한 역량은 무엇인가?

- 목표 달성을 가로막는 장애물은 무엇인가?

- 우선순위를 바꾼다면 어떤 OKR을 추가, 혹은 제거할 수 있는가?

관리자의 코칭 활동

논의를 준비하는 과정에서 관리자는 다음 질문을 생각해봐야 한다.

- 부하 직원에게 기대하는 지속적인 노력이나 자질은 무엇인가?

- 부하 직원이 시작하거나 혹은 중단했으면 하는 활동은 무엇인가?

- 부하 직원의 잠재력을 최대한 실현하기 위해 어떤 코칭이 필요한가?

- 논의 과정에서 이렇게 물어보자. 자신의 업무 중 가장 흥미로운 부분은 무엇인가? 지금의 역할에서 바꾸고 싶은 부분이 있다면 무엇인가?

상향식 피드백

직원에게서 솔직한 의견을 듣기 위해 관리자는 다음과 같은 질문을 던져야 한다.

- 내가 어떤 도움을 줄 수 있는가?

- 능력을 발휘하는 과정에서 내가 방해하는 부분이 있는가?

- 목표 달성을 위해 어떤 지원이 필요한가?

경력 관리

직원이 어떤 경력을 희망하는지 파악하기 위해 관리자는 이런 질문을 던져야 한다.

- 경력 개발을 위해 어떤 기술이나 역량을 키우고 싶은가?
- 경력 목표를 달성하기 위해 어떤 분야에서 일하고 싶은가?
- 희망하는 역할을 맡기 위해 어떤 기술이나 역량을 개발하고 싶은가?
- 학습과 성장, 개발의 차원에서 기업과 내가 어떤 도움을 줄 수 있는가?

성과 논의를 위한 준비

직원들과 성과 논의를 시작하기에 앞서 몇 가지 준비 작업이 필요하다. 관리자는 특히 다음 사항에 주목해야 한다.

- 해당 기간에 직원의 주요 목표와 책임은 무엇이었나?
- 그 직원의 성과는 어떠했는가?
- 목표를 달성하지 못했다면, 무엇을 바꿔야 하는가?
- 성과가 좋거나 기대 이상일 경우, 그 흐름을 유지하기 위해 내가 할 일은 무

엇인가?

- 직원의 열정이 가장 높을 때는 언제인가?

- 열정이 가장 낮을 때는 언제인가?

- 그 직원은 조직에 어떤 가치를 가져다주는가?

- 어떤 학습 경험이 도움을 줄 것인가?

- 앞으로 6개월 동안 그 직원은 무엇에 집중해야 하는가? 주어진 기대를 충족
  시키고 있는가? 현재 역할에서 충분히 기여하고 있는가? 아니라면 신규 프로
  젝트, 새롭게 확장된 책임, 혹은 새로운 임무 등 다음 기회를 준비하는가?

직원들도 성과 논의를 앞두고 준비가 필요하다. 특히 자신에게 이런 질
문을 던져야 한다.

- 목표 달성을 위해 나아가고 있는가?

- 기회의 영역을 확인했는가?

- 내 역할이 광범위한 이정표와 어떻게 연결되는지 이해하는가?

- 관리자에게 어떤 피드백을 줄 수 있는가?

요약

OKR의 4가지 슈퍼파워
1. 우선순위에 대한 집중과 전념
2. 팀워크를 위한 정렬과 연결
3. 책임 추적하기
4. 최고를 향한 도전

지속적 성과 관리
문화의 중요성

우선순위에 대한 집중과 전념

- OKR 주기를 적절하게 잡아야 한다. 분기별 OKR(단기 목표)과 연간 OKR(장기 전략)을 병행하기를 추천한다.

- 실행 과정의 문제점을 해결하고 리더의 열정을 강화하기 위해 상위 OKR을 시작으로 단계적인 집중이 필요하다. 구성원 전체를 포함하기 전에 이러한 과정이 동력을 얻도록 하자.

- OKR 안내자를 지명하여 모든 구성원이 각 주기의 주요 목표에 확실히 집중하도록 하자.

- 각 주기마다 3~5가지 상위 목표(반드시 성취해야 할)에 집중하자. 너무 많은 OKR은 구성원의 노력을 희석·분산시킨다. 하지 않아도 되는 것, 포기할 것,

미뤄도 좋은 것, 별로 중요하지 않은 것을 선별해서 실제 역량을 집중하자.

• OKR을 선택하는 과정에서 탁월한 성과와 밀접하게 관련되는 목표가 어떤 것인지 살펴보자.

• 상위 OKR을 세우기 위해 기업사명, 전략 계획, 혹은 경영자가 선택한 폭넓은 주제로부터 재료를 찾아보자.

• 팀 OKR을 강조하고 수평적 지원을 강화하고자 한다면 이를 기업 OKR로 격상시키자.

• 각각의 목표에 대해 다섯 가지 이하의 측정 가능하고, 구체적이고, 마감이 결정된 핵심결과(목표 달성을 위한 방법)를 정의하자. 모든 핵심결과를 달성했다는 것은 곧 목표를 달성했다는 의미다.

• 균형과 수준을 유지하기 위해 양적인 핵심결과와 질적인 핵심결과를 쌍으로 연결하자.

• 핵심결과에 추가적인 관심이 필요하다면 여러 주기에 걸친 목표로 확장하자.

• OKR 달성에서 가장 중요한 요소는 경영진의 선택과 열정이다.

팀워크를 위한 정렬alignment과 연결connect

• 개별 직원의 목표가 경영진의 비전, 기업의 주요 과제와 어떻게 연결되는지 보여줌으로써 동기를 부여하자. CEO까지 포함하여, 투명하고 공식적인 목표는 최고의 성과를 향한 고속도로다.

- 모두가 참석한 회의에서 OKR이 조직 전반에 중요한 이유를 설명하자. 스스로 지겨워질 때까지 그 메시지를 전하자.
- 경영진이 세운 목표를 시작으로 하향식 OKR 시스템을 채택했다면 핵심결과와 관련해서 현장 근로자의 피드백을 적극적으로 받아들이자. 혁신은 조직의 중심이 아니라 가장자리에 있다.
- 상향식 OKR의 일정한 비중을 유지하자(약 절반 정도).
- 수평적 OKR을 중심으로 다양한 팀을 연결함으로써 부서별 장벽을 허물자. 수평적인 연결로 신속하고 협력적인 의사 결정이 가능하며 이는 경쟁력 확보의 기반이다.
- 팀들 간 수평적 의존성을 분명하게 확인하자.
- OKR을 수정하거나 제거할 때는 모든 이해 관계자에게 정확하게 알리자.

책임 추적하기

- 책임 문화를 구축하기 위해 지속적인 재평가와 솔직하고 객관적인 점수 매기기 작업을 위로부터 시작하자. 관리자가 공식적으로 잘못을 시인하면 직원들은 좀 더 편안한 마음으로 위험을 감수할 수 있다.
- 부수적인 보상이 아니라 공개적이고 객관적인 평가로 구성원에게 동기를 부여하자.
- OKR의 적절성과 유효성을 계속해서 유지하기 위해 조직이 정한 OKR 안내자가 이를 정기적으로 점검하고 발전 상황을 확인하도록 하자. 이로써 팀과

개인이 신속하게 OKR을 수정하거나, 아니면 빨리 실패에 직면하도록 하자.

• 좋은 성과를 유지하기 위해 관리자와 직원 간의 주간 일대일 OKR 회의를 비롯하여 부서간 월간 회의를 추진하자.

• 필요하다면 주기 중간이라도 OKR을 상황에 맞게 수정하고, 추가하고, 삭제할 수 있어야 한다. 목표는 돌에 새긴 규율이 아니다. 의미를 잃어버리거나 성취가 불가능하게 된 목표를 고집하는 것은 오히려 생산성을 악화시킨다.

• 주기의 마지막에 OKR 점수 및 주관적인 자기 평가를 통해 성과를 측정하고, 성공을 축하하고, 미래를 위한 계획을 세우자. 다음 주기에 진입하기에 앞서 시간을 갖고 자신이 지난 주기에 무엇을 성취했는지 신중히 살펴보자.

• OKR을 시기적으로 유효하게 유지하기 위해, 집중적이고 자율적인 클라우드 기반 플랫폼에 투자하자. 가장 효과적인 것은 공식적이고 협력적인 실시간 목표 설정 시스템이다.

최고를 향한 도전

• 새로운 OKR 주기가 시작될 때 반드시 달성해야 할 목표(필수적인 OKR)와 크고 위험하고 대담한 목표(도전적인 OKR)를 구분하자.

• 비난받지 않고 마음껏 실패할 수 있는 업무 환경을 조성하자.

• 몇 분기에 걸쳐 달성이 힘들어 보인다고 해도 문제 해결에 박차를 가하고 직원들이 더욱 거대한 성취를 향해 뛰어들도록 도전적인 목표를 정하자. 그러나 명백하게 비현실적인 목표는 금물이다. 성공하지 못할 것이라고 단념할 때

직원들의 사기는 꺾인다.

• 생산성을 높이고 혁신을 이루기 위해 구글의 "열 배 복음gospel of 10×"을 따르고 점진적인 OKR 대신 획기적인 OKR을 추구하자. 산업은 이러한 방식으로 혁신을 이룩하고, 새로운 카테고리를 창조한다.

• 조직 문화에 맞게 도전적인 OKR을 세우자. 기업의 최적화된 "도전"은 다음 주기의 비즈니스 상황에 따라 달라질 수 있다,

• 도전적인 OKR을 달성하지 못했다면 그 목표를 다음 주기로 연장하는 방법을 고려하자. 물론 그 목표가 여전히 유효해야 한다.

지속적 성과 관리

• 문제가 심각해지기 전에 해결하고 어려움을 겪는 직원에게 필요한 지원을 제공하자. 연간 성과 관리 시스템을 지속적 성과 관리로 대체하자.

• 미래 지향적인 OKR과 분석적인 연간 평가를 구분함으로써 도전적인 목표 수립을 격려하자. 목표 달성을 보너스 기준으로 삼는 평가 방식은 직원들이 방어적이고 위험 회피적인 태도를 취하게 만든다.

• 상대 평가와 순서 매기기에서 벗어나 투명하고 장점에 기반을 둔 다양한 기준으로 성과를 평가하자. 숫자를 넘어서서 협력과 의사소통, 도전적인 목표 설정을 함께 고려하자.

• 경제적 보상 대신에 목적 지향적인 업무와 성장을 위한 기회처럼 내적인 동기 부여에 집중하자. 이를 통해 훨씬 더 강력한 영향을 미칠 수 있다.

- 긍정적인 비즈니스 성과를 위해 체계적인 목표 수립과 함께 지속적인 CFR(논의, 피드백, 인정)을 실행하자. 투명한 OKR을 기반으로 구체적이고 유용한 조언을 제공할 수 있다. 또한 지속적인 CFR로 업무 효율성을 높이고 협력을 강화할 수 있다.
- 성과 향상을 위한 관리자와 직원 간 논의에서 먼저 직원이 안건을 꺼내도록 유도하자. 여기서 관리자의 역할은 피드백을 듣고 조언을 주는 것이다.
- 성과 피드백을 양방향으로, 탄력적으로, 다차원적으로, 조직도에 국한되지 않는 형태로 실행한다.
- 특정한 운영이나 조직 전반의 분위기에 대한 실시간 피드백을 얻기 위해 익명의 "동향" 설문조사를 실시하자.
- 수평적 OKR을 기반으로 구성원끼리 서로 피드백을 주고받게 함으로써 팀과 부서 간의 관계를 강화하자.
- 동료 인정을 적극 활용해서 직원 참여와 성과를 개선하자. 동료 인정의 효과를 극대화하기 위해 인정은 자주, 구체적으로, 뚜렷하게 이뤄져야 하며 상위 OKR과 조화를 이뤄야 한다.

문화의 중요성

- 상위 OKR을 조직의 사명과 비전, 핵심 가치와 정렬하기.
- 기업의 문화적 가치를 언어로, 무엇보다 행동으로 드러내기.
- 협력과 책임을 기반으로 최고의 성과를 달성하도록 독려하기. 공동의 OKR

의 경우, 핵심결과와 책임을 개별 구성원에게 할당하기.

• 동기를 부여하는 문화를 구축하기 위해 OKR "촉매제"(지원 활동)와 "영양 공급자"(상호 지원, 혹은 임의적인 친절한 행동) 사이에서 균형을 유지하기.

• OKR로 투명함과 분명함, 목적, 거시적 관점을 강조하고 CFR로 긍정적인 태도와 열정, 도전적인 사고, 지속적인 개선을 구현하기.

• 문화적 장벽을 허무는 과제, 특히 OKR을 수립하기 전에 책임과 신뢰의 문제에 주목하기.

더 읽어볼 만한 자료들

앤디 그로브와 인텔

• Andrew S. Grove, *High Output Management* (New York: Random House, 1983). [한국어판: 유정식 옮김, 《하이 아웃풋 매니지먼트》, 청림출판, 2018]

• Richard S. Tedlow, *Andy Grove: The Life and Times of an American* (Washington: Portfolio Hardcover, 2006).

• Michael S. Malone, *The Intel Trinity: How Robert Noyce, Gordon Moore, and Andy Grove Built the World's Most Important Company* (New York: Harper Business, 2014).

문화

• Dov Seidman, *HOW: Why HOW We Do Anything Means Everything* (New Jersey: Wiley, 2011). [한국어판: 권기대·김영옥 옮김, 《HOW 하우 새로운 세계 새로운 비전》, 베가북스, 2009]

• Sheryl Sandberg, *Lean In: Women, Work, and the Will to Lead* (London: Ebury Publishing, 2013). [한국어판: 안기순 옮김, 《린인》, 와이즈베리, 2013]

• Kim Scott, *Radical Candor: Be a Kick-Ass Boss Without Losing Your Humanity* (New York: St. Martin's Press).

• Jim Collins, *Good to Great: Why Some Companies Make the Leap …. and*

Others Don't (New York: HarperCollins, 2001). [한국어판: 이무열 옮김, 《좋은 기업을 넘어 위대한 기업으로》, 김영사, 2002]

• Jim Collins and Morten T. Hansen, *Great by Choice: Uncertainty, Chaos, and Luck—Why Some Thrive Despite Them All* (New York: Harper Business, 2011). [한국어판: 김명철 옮김, 《위대한 기업의 선택》, 김영사, 2012]

빌 캠벨과 코칭

• Eric Schmidt, Jonathan Rosenberg and Alan Eagle, *Trillion Dollar Coach: The Leadership Playbook of Silicon Valley's Bill Campbell* (New York: Harper Business, 2019, 출간 예정).

• Randy Komisar and Jantoon Reigersman, *Straight Talk for Startups: 100 Insider Rules for Beating the Odds* (New York: Harper Business, 2018).

구글

• Eric Schmidt and Jonathan Rosenberg, *How Google Works* (New York: Grand Central Publishing, 2014). [한국어판: 박병화 옮김, 《구글은 어떻게 일하는가》, 김영사, 2014]

• Laszlo Bock, *Work Rules!: Insights from Inside Google That Will Transform How You Live and Lead* (New York: Grand Central Publishing, 2015). [한국어판: 이경식 옮김, 《구글의 아침은 자유가 시작된다》, 알에이치코리아, 2015]

• Steven Levy, *In the Plex: How Google Thinks, Works, and Shapes Our Lives*

(New York: Simon & Schuster, 2011). [한국어판: 위민복 옮김, 《In The Plex 0 과 1로 세상을 바꾸는 구글, 그 모든 이야기》, 에이콘출판, 2012]

OKR

- www.whatmatters.com

- Christina Wodtke, *Radical Focus: Achieving Your Most Important Goals with Objectives and Key Results* (CA: Cucina Media, 2016).

책을 마무리하며 마음이 벅차오르는 걸 느낀다. 가장 먼저, 인간의 잠재력을 극대화하는 앤디 그로브의 시스템을 물려받은 것, 다음으로 영감을 주는 기업가와 리더, 그리고 수많은 조직이 꿈을 이루기 위해 그 시스템을 받아들이는 광경을 지켜볼 수 있어 행운이라는 생각이 든다. 또한 한번도 당연하게 생각한 적 없는, 도전 정신에 보상을 주는 위대한 미국 사회에 고마움을 느낀다. 무엇보다 독자 여러분의 관심과 참여, 피드백에 감사드린다. 여러분의 아이디어를 john@whatmatters.com로 보내주시길 바란다.

이 책의 출간은 성공하기 위해서 팀이 필요하다는 믿음을 다시 한번 확인시켜주었다. 아이디어가 책으로 완성되기까지 힘써준 포트폴리오와

펭귄 팀에게 고마움을 전한다. 이 책의 가능성을 알아봐 준 에이드리언 잭하임, 언제나 유쾌함을 잃지 않았던 최고의 편집자 스테파니 프레리히, 그리고 타라 길브라이드, 올리비아 펠루소, 윌 바이저에게도 감사드린다. 에이전트 미르시니 스테파나이즈와 변호사 피터 몰데이브에게도 고맙다는 말을 전하고 싶다. 경험 많고 다재다능한 라이언 팬처드새럼에게도 고마움을 전한다.

정신없이 바쁜 와중에도 짬을 내서 원고를 읽고 다듬어준 모든 이에게 감사드린다.

데브라 래더보우를 내게 소개시켜준 빙 고든, 그리고 다시 코치 캠벨을 소개시켜준 래더보우에게 고마움을 전한다.

구글의 OKR 활용법에 대해 다양한 개념을 설명해주고 "도전적인" 사례 연구를 소개해준 조너선 로젠버그에게 감사하다는 말을 하고 싶다.

목표와 지속적 성과 관리, 조직 문화 분야의 앞서가는 사상가 라즐로 복에게 감사드린다. 그리고 문화와 가치에 대한 통찰력을 전해준 비즈니스 사상가 더브 사이드먼에게도 고마움을 전한다.

톰 프리드먼, 로렌 파월 잡스, 앨 고어, 랜디 코미사, 셰릴 샌디버그에게 감사드린다. 방대한 지식은 물론 관대함까지 갖춘 이들은 팀과 조직 구축에 담긴 고유한 가치와 지혜를 아낌없이 나눠주었다.

짐 콜린스에게도 고마움을 전한다. 그의 데이터 중심적인 투명한 접근 방식 덕분에 더 많은 고민을 하고, 생각을 명료하게 다듬을 수 있었다. 짐이 혁신적인 연구를 통해 기반을 마련해놓지 않았다면 절대 이 책을 쓰지 못했을 것이다.

그리고 뛰어난 전기 작가 월터 아이작슨에게 감사를 전한다. 그의 조언은 이 책의 전체적인 구조를 완성하는 데 큰 도움이 되었다.

또한 클라이너 퍼킨스 파트너들에게도 감사의 말을 전한다. 마이크 애봇, 브룩 바이어스, 에릭 펭, 빙 고든, 마문 하미드, 웬 셰이, 노아 노프, 랜디 코미사, 메리 미커, 무드 로가니, 테드 슐라인, 베스 사이든버그. 비즈니스를 향한 그들의 열정은 언제나 좋은 자극제였다. 변함없는 지원을 보내준 수 비글리어리, 앨릭스 번즈, 줄리엣 드보비그니, 아만다 덕워스, 루즈 야자예리, 스콧 라일스, 래 넬 로즈, 신디 챙, 노엘르 미라글리아에게 특별한 감사를 드린다. 또한 사진으로 이 책에 생기를 불어넣어준 티나 케이스에게도 각별한 감사의 말을 전한다.

이 책의 핵심 개념은 CFR이 뒷받침하고 의미 있게 만들어주는 네 가지 OKR 슈퍼파워다. 그러나 이 개념을 생생하게 묘사해준 기업 내부의 다양한 사례가 없었다면 이 책은 공허한 이론으로 남았을 것이다. 다양한 사례와 소중한 경험을 흔쾌히 나눠준 이들에게 감사드린다.

그중에서도 게이츠 재단의 어제와 오늘을 이끈 사람들의 이름을 말씀드리고 싶다. 이들은 광범위한 사업 영역과 생명을 살리는 기적을 보여주며 내게 많은 영감을 줬다. 빌과 멀린다, 패티 스톤사이퍼, 래리 코언, 브리짓 아놀드, 실비아 매튜스 버웰, 수전 데스몬드-헬먼, 마크 수즈먼, 안쿠르 보라에게 감사드린다. 그들의 성공은 모두가 하루 빨리 읽고 싶어 하는 책으로 나올 것이다.

모두가 사랑하는 아일랜드 록 스타 보노에게 감사드린다. 그는 질병과 빈곤, 부패와 맞서 싸우는 글로벌 십자군 운동을 벌였다. 보노를 비롯하여 원캠페인 설립에 참여한 제이미 드러몬드, 데이비드 레인, 루시 매튜스, 바비 슈라이버, 게일 스미스, 켄 웨버에게 큰 감사를 드린다.

다음으로 구글 사람들을 말씀드리고 싶다. 래리 페이지, 세르게이 브린, 에릭 슈미트는 구글을 체계적인 목표 설정의 21세기 모델로 만들었다. OKR에 대한 그들의 열정과 성과는 앤디 그로브에게도 깊은 감명을 줬다. 그밖에도 10만 명이 넘는 구글 직원은 물론, OKR 복음을 전 세계에 전파하는 여러 구글 출신 인사들도 언급해야겠다. 특히 순다르 피차이, 수전 워치츠키, 조너선 로젠버그, 크리스토스 구드로에게 감사의 말을 전한다. 또한 팀 암스트롱, 라자 아야가리, 쇼나 브라운, 크리스 데일, 베스 도우드, 살라 카만가, 위니 킹, 릭 클로, 쉬시르 메로트라, 아일린 노튼, 루스 포랏, 브라이언 라코브스키, 프라사드 세티, 램 쉬리람, 에스더 선, 맷 수스킨드, 아스트로 텔러, 켄트 워커에게도 고마움을 전한다.

예전과 지금의 인텔 리더들 모두 지혜를 공유하는 데 관대하다. 고든 무어, 레스 바데즈, 에바 그로브, 빌 데이비도우, 데인 엘리엇, 짐 랠리, 케세이 파월에게 감사드린다. 또한 CEO 브라이언 크르자니크, 스티브 로저스, 켈리 켈리, 그리고 앤디 그로브의 경영 자문으로 오래 활동한 테리 머피에게 감사한 마음을 드린다.

리마인드: 브렛 코프, 데이비드 코프, 브라이언 그레이.

누나: 지니 김, 데이비드 첸, 캐티아 거스먼, 닉 성, 산제이 시버네산.

마이피트니스팔: 마이크 리, 데이비드 리.

인튜이트: 애티커스 타이슨, 스콧 쿡, 브래드 스미스, 셰리 화이틀리, 올가 브레일로브스클리.

어도비: 도나 모리스, 샨타누 나라옌, 댄 로젠스바이그.

줌: 줄리아 콜린스, 알렉스 가든.

코세라: 릴라 이브라힘, 다프네 콜러, 앤드루 응, 릭 레빈, 제프 매기온칼다.

루머리스: 앤드류 콜, 아트 글래스고, 마이크 롱.

슈나이더 일렉트릭: 허브 코레일, 샤론 에이브러햄.

월마트: 존 브라더스, 베키 슈미트, 앤절라 크리스먼.

칸 아카데미: 올리 프리드먼, 살 칸.

통찰력과 지혜를 함께 나눠 준 사람들, 그리고 OKR과 이 책에 기여한 이들에게 감사의 말을 전할 수 있어서 영광이다. 알렉스 바넷, 트레이스 벨트레인, 이든 번스타인, 조쉬 버신, 벤 브룩스, 존 브라더스, 에런 버트쿠스, 아이비 초이, 존 츄, 로저 콘, 앵거스 데이비스, 크리스 뎁툴라, 패트릭 폴리, 우웨 히겐, 아놀다 허, 톰 콜디츠 장군, 코리 크릭, 조너선 레서, 에런 레비, 케빈 루이, 데니스 라일, 크리스 메이슨, 어밀리아 메릴, 딥 니샤르, 빌 펜스, 스테파니 피멜, 필립 포트로프, 아우렐리 리처드, 데이비드 록 박사, 티모 잘츠지더, 제이크 슈미트, 에린 샤프, 제프 스미스, 팀 스타파, 조지프 스즈키, 크리스 빌라, 제프 와이너, 크리스티나 워드케, 제시카 우돌.

특히 CEO 더그 데닐린과 목표 지향적인 베터웍스의 직원 모두에게 감사드린다. 그들은 독창적인 방식으로 OKR과 CFR을 개선해나가고 있으며, 또한 매일 진화하는 중이다.

더 나아가 오랫동안 함께할 수 있는 영광을 베풀어준 특별한 분들께 감사의 말을 전하고 싶다. 우선 짐 바크스데일, 앤디 벡톨샤임, 제프 베조스, 스콧 쿡, 존 체임버스, 빌 조이, KR 스리다르가 떠오른다. 그리고 세상을 떠났지만 모두의 기억 속에 영원히 남을 앤디 그로브와 빌 캠벨, 스티브 잡스에게 고마움을 전한다.

제프 코플론에게도 특별한 감사의 말을 전한다. 그는 이 모든 일을 가능하게 만들어준 핵심 인물이다.

OKR이라는 개념을 접하기 오래 전, 내 영웅이자 아버지인 루 도어는 집중과 열정, 높은 기준, 그리고 더 높은 야망의 중요성을 가르쳐주셨다. 또한 RMA^{Right Mental Attitude, 올바른 정신적 태도}의 소중함도 알려주셨다. 어머니 로즈메리 도어는 내가 그 가르침에 따라 살아가도록 무조건적인 지지를 보내주셨다.

마지막으로 아내 앤과 딸 메리, 에스더에게 무한한 감사의 말을 전한다. 이들의 변함없는 격려와 사랑이 있었기에 길고 힘든 프로젝트를 무사히 마칠 수 있었다. 가족은 내게 무엇이 가장 중요한지 매일 상기시켜준다.

1부_OKR의 시작

1장. 구글, OKR을 만나다

1 Steven Levy, *In the Plex: How Google Thinks, Works, and Shapes Our Lives* (New York: Simon & Schuster, 2011). In some cases, the key result is binary, either done or not: "Complete onboarding manual for new hires."

2 Lisa D. Ordóñez, Maurice E. Schweitzer, Adam D. Galinsky, and Max H. Bazerman, "Goals Gone Wild: The Systematic Side Effects of Overprescribing Goal Setting," *Academy of Management Perspectives*, February 1, 2009.

3 Ibid.

4 Edwin Locke, "Toward a Theory of Task Motivation and Incentives," *Organizational Behavior and Human Performance*, May 1968.

5 "The Quantified Serf," *The Economist*, March 7, 2015.

6 Annamarie Mann and Jim Harter, "The Worldwide Employee Engagement Crisis," gallup. com, January 7, 2016. 전 세계적으로 열정적인 근로자의 비중은 13퍼센트에 불과하다. 영국 컨설팅 기업 딜로이트(Deloitte)의 자료 역시 비슷한 결과를 말해준다. 오늘날 근로자의 열정 수준은 10년 전보다 나아지지 않았다.

7   Dice Tech Salary Survey, 2014, http://marketing.dice.com/pdf/Dice_TechSalarySurvey_2015.
    pdf.

8   Annamarie Mann and Ryan Darby, "Should Managers Focus on Performance or
    Engagement?" *Gallup Business Journal*, August 5, 2014.

9   *Global Human Capital Trends 2014*, Deloitte University Press.

10 "Becoming Irresistible: A New Model for Employee Engagement," *Deloitte Review*, Issue
    16, January 26, 2015.

11 Teresa Amabile and Steven Kramer, *The Progress Principle: Using Small Wins to Ignite Joy,
    Engagement, and Creativity at Work* (Boston: Harvard Business Review Press, 2011).

12 Ordóñez, Schweitzer, Galinsky, and Bazerman, "Goals Gone Wild."

13 Levy, *In the Plex*.

14 Eric Schmidt and Jonathan Rosenberg, *How Google Works* (New York: Grand Central
    Publishing, 2014).

15 Levy, *In the Plex*.

16 Schmidt and Rosenberg, *How Google Works*.

17 *Fortune*, March 15, 2017.

2장. OKR의 아버지

1   내가 참석한 강의 영상은 없지만, 3년 뒤 그로브가 했던 비슷한 세미나 영상은 남아 있다.
    여기서 그로브에 대한 언급은 이 영상 자료를 바탕으로 한 것이며 www.whatmatters.com에
    서 확인할 수 있다.

2   Frederick Winslow Taylor, *The Principles of Scientific Management* (New York and

London: Harper & Brothers, 1911).

3 Andrew S. Grove, *High Output Management* (New York: Random House, 1983).

4 Peter F. Drucker, *The Practice of Management* (New York: Harper & Row, 1954). [한국어 판: 이재규 옮김, 《경영의 실제》, 한국경제신문사, 2006]

5 Robert Rodgers and John E. Hunter, "Impact of Management by Objectives on Organizational Productivity," *Journal of the American Psychological Association*, April 1991.

6 "Management by Objectives," *The Economist*, October 21, 2009.

7 Grove, *High Output Management*.

8 Andrew S. Grove, iOPEC seminar, 1978. 공격적이면서 내향적인 유형의 대표 사례로 래리 페이지를 꼽을 수 있다.

9 Tim Jackson, *Inside Intel: The Story of Andrew Grove and the Rise of the World's Most Powerful Chip Company* (New York: Dutton, 1997).

10 *New York Times*, December 23, 1980.

11 *New York Times*, March 21, 2016.

12 *Time*, December 29, 1997.

3장. 크러시 작전: 인텔 스토리

1 Tim Jackson, *Inside Intel: The Story of Andrew Grove and the Rise of the World's Most Powerful Chip Company* (New York: Dutton, 1997).

2 "Intel Crush Oral History Panel," Computer History Museum, October 14, 2013.

4장. 슈퍼파워 #1: 우선순위에 집중하기

1 Andrew S. Grove, *High Output Management* (New York: Random House, 1983).

2 "Lessons from Bill Campbell, Silicon Valley's Secret Executive Coach," podcast with Randy Komisar, soundcloud.com, February 2, 2016, https://soundcloud.com/venturedpodcast/bill_campbell.

3 Stacia Sherman Garr, "High-Impact Performance Management: Using Goals to Focus the 21st-Century Workforce," Bersin by Deloitte, December 2014.

4 Donald Sull and Rebecca Homkes, "Why Senior Managers Can't Name Their Firms' Top Priorities," London Business School, December 7, 2015.

5 Peter F. Drucker, *The Practice of Management* (New York: Harper & Row, 1954).

6 Grove, *High Output Management*.

7 Mark Dowie, "Pinto Madness," *Mother Jones*, September/October 1977.

8 Ibid. 아이아코카는 종종 이렇게 말했다. "안전하다고 차가 팔리는 것은 아니다."

9 Lisa D. Ordóñez, Maurice E. Schweitzer, Adam D. Galinsky, and Max H. Bazerman, "Goals Gone Wild: The Systematic Side Effects of Overprescribing Goal Setting," Harvard Business School working paper, February 11, 2009, www.hbs.edu/faculty/Publication%20Files/09-083.pdf.

10 Stacy Cowley and Jennifer A. Kingson, "Wells Fargo Says 2 Ex-Leaders Owe $75 Million More," *New York Times*, April 11, 2017.

11 Grove, *High Output Management*.

12 Ibid.

13 Ibid.

5장. 집중: 리마인드 스토리

1   Matthew Kraft, "The Effect of Teacher–Family Communication on Student Engagement: Evidence from a Randomized Field Experiment," *Journal of Research on Educational Effectiveness*, June 2013.

6장. 전념: 누나 스토리

1   Steve Lohr, "Medicaid's Data Gets an Internet–Era Makeover," *New York Times*, January 9, 2017.

7장. 슈퍼파워 #2: 팀의 정렬과 연결

1   10만 개에 달하는 베터웍스의 목표 분석을 바탕으로 한 것이다.

2   Wakefield Research, November 2016.

3   하버드 비즈니스 리뷰에 따르면, 효과적으로 정렬된 기업은 그렇지 않은 기업보다 최고 성과 집단에 두 배 넘게 더 많이 포함된 것으로 드러났다("How Employee Alignment Boosts the Bottom Line," *Harvard Business Review*, June 16, 2016).

4   Robert S. Kaplan and David P. Norton, *The Strategy–Focused Organization: How Balanced Scorecard Companies Thrive in the New Business Environment* (Boston: Harvard Business School Press, 2001).

5   Donald Sull, "Closing the Gap Between Strategy and Execution," *MIT Sloan Management Review*, July 1, 2007.

6   Interview with Amelia Merrill, people strategy leader at RMS.

7   Laszlo Bock, *Work Rules!: Insights from Inside Google That Will Transform How You Live and Lead* (New York: Grand Central Publishing, 2015).

8 Andrew S. Grove, *Only the Paranoid Survive: How to Identify and Exploit the Crisis Points That Challenge Every Business* (New York: Doubleday Business, 1996).

9 Peter Drucker, *The Practice of Management* (New York: Harper & Row, 1954).

10 Andrew S. Grove, *High Output Management* (New York: Random House, 1983).

11 Edwin Locke and Gary Latham, "Building a Practically Useful Theory of Goal Setting and Task Motivation: A 35-Year Odyssey," *American Psychologist*, September 2002.

12 Interview with Laszlo Bock, former head of Google's People Operations.

9장. 연결: 인튜이트 스토리

1 http://beta.fortune.com/worlds-most-admired-companies/intuit-100000.

2 Vindu Goel, "Intel Sheds Its PC Roots and Rises as a Cloud Software Company," *New York Times*, April 10, 2016.

10장. 슈퍼파워 #3: 책임 추적

1 Teresa Amabile and Steven Kramer, *The Progress Principle: Using Small Wins to Ignite Joy, Engagement, and Creativity at Work* (Boston: Harvard Business Review Press, 2011).

2 Daniel H. Pink, *Drive: The Surprising Truth About What Motivates Us* (New York: Riverhead Books, 2009). [한국어판: 김주환 옮김, 《드라이브》, 청림출판, 2011]

3 Peter Drucker, *The Effective Executive: The Definitive Guide to Getting the Right Things Done* (New York: Harper & Row, 1967). [한국어판: 이재규 옮김, 《피터 드러커의 자기경영노트》, 한국경제신문사, 2003]

4 Research by Gail Matthews, Dominican University of California, www.dominican.edu/dominicannews/study-highlights-strategies-for-achieving-goals.

5 Stephen R. Covey, *The 7 Habits of Highly Effective People* (New York: Simon & Schuster, 1989). [한국어판: 김경섭 옮김, 《성공하는 사람들의 7가지 습관》, 김영사, 2003]

6 "Don't Be Modest: Decrypting Google," *The Economist*, September 27, 2014.

7 Giada Di Stefano, Francesca Gino, Gary Pisano, and Bradley Staats, "Learning by Thinking: How Reflection Improves Performance," Harvard Business School working paper, April 11, 2014.

8 Ibid.

12장. 슈퍼파워 #4: 최고를 향한 도전

1 Steve Kerr, "Stretch Goals: The Dark Side of Asking for Miracles," *Fortune*, November 13, 1995.

2 Podcast with Randy Komisar, soundcloud.com, February 2, 2016.

3 Jim Collins, *Good to Great: Why Some Companies Make the Leap ⋯ and Others Don't* (New York: HarperCollins, 2001).

4 Edwin A. Locke, "Toward a Theory of Task Motivation and Incentives, *Organizational Behavior and Human Performance* 3, 1968.

5 Edwin A. Locke and Gary P. Latham, "Building a Practically Useful Theory of Goal Setting and Task Motivation: A 35–Year Odyssey," *American Psychologist*, September 2002.

6 Andrew S. Grove, *High Output Management* (New York: Random House, 1983).

7 "Intel Crush Oral History Panel," Computer History Museum, October 14, 2013.

8 William H. Davidow, *Marketing High Technology: An Insider's View* (New York: Free Press, 1986).

9 Steven Levy, "Big Ideas: Google's Larry Page and the Gospel of 10x," *Wired*, March 30, 2013.

10 Eric Schmidt and Jonathan Rosenberg, *How Google Works* (New York: Grand Central Publishing, 2014).

11 Levy, "Big Ideas."

12 Interview with Bock.

13 Locke and Latham, "Building a Practically Useful Theory of Goal Setting and Task Motivation."

14 iOPEC seminar, 1992.

13장. 도전: 구글 크롬 스토리

1 Laszlo Bock, *Work Rules!: Insights from Inside Google That Will Transform How You Live and Lead* (New York: Grand Central Publishing, 2015).

2 Ibid.

3 https://whatmatters.com/sophie

14장. 도전: 유튜브 스토리

1 Belinda Luscombe, "Meet YouTube's Viewmaster," *Time*, August 27, 2015.

2 Satya Nadella, company—wide email to Microsoft employees, June 25, 2015.

2부_새로운 비즈니스 세상

15장. 지속적 성과 관리: OKR & CFR

1 "Performance Management: The Secret Ingredient," Deloitte University Press, February 27, 2015.

2 "Global Human Capital Trends 2014: Engaging the 21st Century Workforce," Bersin by Deloitte.

3 www.druckerinstitute.com/2013/07/measurement-myopia.

4 Josh Bersin and BetterWorks, "How Goals Are Driving a New Approach to Performance Management," Human Capital Institute, April 4, 2016.

5 Andrew S. Grove, *High Output Management* (New York: Random House, 1983).

6 "Former Intel CEO Andy Grove Dies at 79," *Wall Street Journal*, March 22, 2016. 인텔 시절에 회의를 할 때면, 상사는 업무 상황에 대한 검토보다 핵심결과를 달성하기 위해 자신이 줄 수 있는 조언에 집중했다.

7 Annamarie Mann and Ryan Darby, "Should Managers Focus on Performance or Engagement?" *Gallup Business Journal*, August 5, 2014.

8 Sheryl Sandberg, *Lean In: Women, Work, and the Will to Lead* (New York: Knopf, 2013).

9 Josh Bersin, "Feedback Is the Killer App: A New Market and Management Model Emerges," *Forbes*, August 26, 2015.

10 Josh Bersin, "A New Market Is Born: Employee Engagement, Feedback, and Culture Apps," joshbersin.com, September 19, 2015.

11 "Becoming Irresistible: A New Model for Employee Engagement," *Deloitte Review*, issue 16.

18장. 문화

1 https://rework.withgoogle.com/blog/five-keys-to-a-successful-google-team.

2 Teresa Amabile and Steven Kramer, "The Power of Small Wins," *Harvard Business Review*, May 2011.

3 보스턴 리서치 그룹(Boston Research Group)과 서던 캘리포니아 대학의 효과적 조직 연구소(Center for Effective Organizations), 리서치 데이터 테크놀로지(Research Data Technology, Inc.)가 이 연구 프로젝트를 추진했다.

헌사

1 Ken Auletta, "Postscript: Bill Campbell, 1940~2016," *The New Yorker*, April 19, 2016.

2 Eric Schmidt and Jonathan Rosenberg, *How Google Works* (New York: Grand Central Publishing, 2014).

3 Miguel Helft, "Bill Campbell, 'Coach' to Silicon Valley Luminaries Like Jobs, Page, Has Died," *Forbes*, April 18, 2016.

4 Podcast with Randy Komisar, soundcloud.com, February 2, 2016.

OKR
전설적인 벤처투자자가 구글에 전해준 성공 방식

초판 1쇄 발행   2019년 3월 25일
     16쇄 발행   2023년 10월 4일

지은이 존 도어 ㅣ 옮긴이 박세연 ㅣ 감수 이길상
펴낸이 오세인 ㅣ 펴낸곳 세종서적(주)

주간 정소연 ㅣ 편집 최정미
마케팅 임종호 ㅣ 경영지원 홍성우

출판등록   1992년 3월 4일 제4-172호
주소   서울시 광진구 천호대로132길 15, 세종 SMS 빌딩 3층
전화   경영지원 (02)778-4179, 마케팅 (02)775-7011 ㅣ 팩스 (02)776-4013
홈페이지   www.sejongbooks.co.kr ㅣ 네이버 포스트 post.naver.com/sejongbook
페이스북   www.facebook.com/sejongbooks ㅣ 원고 모집 sejong.edit@gmail.com

ISBN 978-89-8407-756-0 03320